"十二五"职业教育国家规划教材
经全国职业教育教材审定委员会审定

ERP原理与应用

（第三版）

主　编　桂海进
副主编　汤发俊　成　淼
编　写　刘　芳　顾　桢　张广震　张选才　徐林海

中国电力出版社
CHINA ELECTRIC POWER PRESS

内 容 提 要

本教材以工业企业中拉链行业实施信息化历程为主线，共三篇。第一篇企业传统业务流程优化，主要在对企业传统业务流程分析的基础上优化重组企业业务流程；第二篇企业业务流程沙盘体验，主要对重组后的企业业务流程借助企业经营管理模拟沙盘进行体验认知；第三篇 ERP 系统应用，主要依据企业业务运作实际进行 ERP 系统应用。

本教材充分汲取前两版教材在编写思路、内容、体例和结构等方面的创新，对全部的情境设计、实训体系和知识体系进行调整，精简企业传统业务流程分析和重组内容，重新梳理企业业务流程应用体系，并增加开篇情境和单元情境分析等架构体系。全部情境来源于实践，回归于实践，使读者在情境中学习并体会。

本教材可作为高职院校电子商务、会计、计算机及相关专业 ERP 课程的主要教材或参考书，也可作为企事业管理人员的自学用书或培训教材。

图书在版编目（CIP）数据

ERP 原理与应用 / 桂海进主编. —3 版. —北京：中国电力出版社，2015.1（2017.1重印）

“十二五”职业教育国家规划教材

ISBN 978-7-5123-6793-7

Ⅰ. ①E… Ⅱ. ①桂… Ⅲ. ①企业管理－计算机管理系统－高等职业教育－教材 Ⅳ. ①F270.7

中国版本图书馆 CIP 数据核字（2014）第 272286 号

中国电力出版社出版、发行

（北京市东城区北京站西街 19 号 100005 http://www.cepp.sgcc.com.cn）

汇鑫印务有限公司印刷

各地新华书店经售

*

2005 年 9 月第一版

2015 年 1 月第三版 2017年1月北京第十一次印刷

787 毫米×1092 毫米 16 开本 12.25 印张 288 千字

定价 **25.00** 元

前 言

2002年，我国率先提出"以信息化带动工业化，以工业化促进信息化"新型工业化道路的指导思想，其核心就是信息化支撑，追求企业可持续发展模式。经过10多年的发展和完善，企业信息化发展战略成为企业转型发展的必由之路，也助推着企业改革与升级之路。作为企业信息化典型的ERP应用，可以有效地促进企业管理的现代化、科学化，适应日益激烈的市场竞争要求，也为推动社会进步提供最大的技术支持。

自2005年以来，随着ERP知识的发展及应用的逐步普及，《ERP原理与应用》教材也已经是第三版，每次编写都是对前版教材内容的优化更新和补充完善，也是作者对ERP知识和应用的更深一步理解和对课程教学改革的进一步深入。此版教材在充分汲取前两版教材在编写思路、编写内容、编写体例、编写组织等方面创新的基础上，以拉链企业（江苏锡商拉链有限公司）信息化实施项目为主线，对全部的情境设计、实训体系和知识体系进行调整，突出表现以下三方面：

（1）细化情境设计。对前版教材的学习情境进行全面更新和优化：一是增加开篇情境内容，使读者在学习篇章内容之前先对全篇的学习有情境方面的充分认识，合理引导读者有效学习；二是完全按照企业业务流转情况对单元学习情境进行重新梳理和设计，单元情境环环相扣，使读者在熟悉业务流程的基础上更容易掌握学习内容；三是针对每个学习情境进行有效的情境分析和数据准备，使学习情境与后续的学习任务进行有效衔接。

（2）重构实训体系。对前版教材第三篇的实训体系进行调整和优化，完全按照企业的业务流程重新理顺ERP系统应用模块构建全新的实训体系，并增加实训注意点内容，也对综合实训内容进行了更新和补充，使实训内容更加贴近实际，整个实训体系也更加合理。

（3）重梳知识体系。对前版教材的第一篇内容进行比较大的调整，更突出拉链企业传统业务流程的梳理和重组，并对ERP概念性的知识进行补充和更新；对第三篇的ERP系统应用环节的核心知识体系进行优化和完善，使知识内容与对应的技能要求更加有效地衔接，整个知识体系也更加完善。

本教材仍然以工业企业中拉链企业实施信息化历程为主线，共三篇。第一篇企业传统业务流程优化，主要选取拉链企业中几个典型传统业务流程进行充分分析，并在此基础上按照企业ERP实施的要求对传统业务流程进行有效重组；第二篇企业业务流程沙盘体验，主要借助企业经营管理模拟沙盘对重组后的企业业务流程进行体验，充分认识业务流程重组对ERP实施的重要性；第三篇ERP系统应用，主要在企业业务流程重组的基础上，结合业务流程体验的认识，按照企业业务应用ERP系统，包括ERP系统初始化、基础数据采集与编码及各业务模块应用。

本教材由桂海进老师担任主编，汤发俊、成淼老师担任副主编。桂海进老师参与全部情境设计和统稿工作，顾桢老师参与第一篇编写，成淼、张选才老师参与第一篇、第三篇编写，汤发俊、张广震老师参与第二篇、第三篇编写，刘芳、徐林海老师参与第三篇编写。另外，用友新道科技有限公司、江苏利锡拉链股份有限公司等单位领导和专家给予大力支持，在此一并表示感谢。

限于作者水平，教材中不足之处在所难免，敬请各位专家、读者批评指正。

另外，爱课程网站（http://www.icourses.cn/coursestatic/course_2392.html）和无锡商业职业技术学院 Moodle 平台“ERP 原理与应用”课程网站（http://erpkc.wxic.edu.cn）有课程基本教学资源和拓展资源，旨在为本教材提供更多的配套教学支持，为读者提供更全面的帮助。欢迎各位专家、读者提出合理化意见和建议，以便教学资源日臻完善。

编　者

2014 年 11 月

第二版前言

当人类进入21世纪后，信息技术飞速发展和市场竞争的日趋激烈，使企业面临更多挑战，应变速度成为企业生存和发展最关键的竞争要素，信息化浪潮席卷了祖国大地，ERP成为企业管理信息化的主流。可以预知，无论将来在企业中从事何种岗位或职业，ERP专业能力都将是经济管理类职业人士所必备的能力之一。

全书以工业企业中拉链行业实施信息化历程为主线，勾勒了从传统手工管理到信息化ERP管理的整个渐进过程，全书共三篇。第一篇为传统企业业务流程运作与优化，主要介绍企业在传统手工管理阶段所涉及的管理业务流程、流转的手工单据，以及在分析传统企业信息化需求的基础上对企业进行业务流程重组。第二篇为企业经营管理模拟沙盘体验，主要是为了加深学生对企业管理流程、决策方法的理解和信息化需求认识而设计的企业经营模拟沙盘体验内容，包括沙盘运营规则、典型策略、运营流程与实践等。第三篇ERP系统实施，主要讲述在流程重组的基础上企业实施运用ERP的过程，包括基础数据采集与编码规范、ERP系统初始化及各主要功能模块实施等。

本书的主要特点体现在以下几方面：

（1）在编写思路上，理论与实践、角色扮演与岗位体验于一体，设计思路新颖独特，使学生在学习中体验、在体验中学习。

（2）在编写内容上，全书以拉链模拟企业（江苏锡商拉链有限公司）信息化实施项目为主线，包括传统业务、沙盘体验及信息化营运等主要过程，结构清晰，前后内容衔接合理。

（3）在编写体例上，从分析学习目标入手，按照学习情景—学习任务—知识学习—学习小结的线路逐步展开，学习过程循序渐进。

（4）在编写组织上，组建了行业、企业等各方面的专家和高职院校老师共同组成教材编写团队，充分吸纳了行业企业技术标准，做到教材内容新颖、特色鲜明。

本书由桂海进老师担任主编，汤发俊老师担任副主编。顾桢老师参与了第一篇的编写和部分资料的收集工作，桂海进老师参与了第一篇、第二篇的编写和全书的统稿工作，汤发俊老师参与了第二篇、第三篇的编写和全书的整理工作，成淼老师参与了第三篇的编写和全书的排版工作。

本书在编写过程中，得到了用友软件股份有限公司无锡分公司、江苏利锡拉链股份有限公司、华东师范大学职业教育与成人教育研究所等单位领导和专家的大力支持；另外，沈雪龙、刘俭云、张芸潇老师收集、整理了很多资料，并得到了王寿福、黄石安等老师的关心和帮助，在此表示诚挚地谢意。还要特别感谢陈福明教授、方玲玉教授在百忙中审阅了全部书稿并提出了许多建设性的意见。

限于时间和水平，书中不足之处在所难免，敬请各位专家、读者批评指正。

另外，在无锡商业职业技术学院“ERP 原理与应用”国家精品课程网站（http: //www.wxic.edu.cn/erp/）上有大量课程教学资源，旨在为本书提供更多的教学支持，为读者提供更全面的帮助，也欢迎各位读者提出合理化建议，以使教学资源更加完善。

编　者

2011 年 6 月

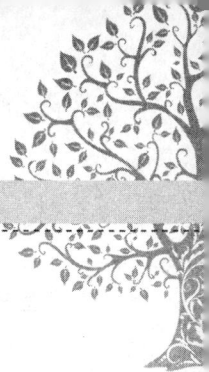

目 录

第一篇 企业传统业务流程优化

第二篇 企业业务流程沙盘体验

第三篇 ERP 系统应用

第一篇　企业传统业务流程优化

企业信息化是企业可持续发展和提高企业核心竞争力的必然选择。但企业为什么应用ERP？企业如何应用ERP？企业应用ERP后成效怎样？诸如此类问题我们有必要通过梳理企业信息化需求得出解决方案，最终达到实施ERP的预期效果。

本篇主要分析企业的组织结构、信息化现状与期望，并在分析企业信息化需求的基础上对企业的产品设计、销售、采购、生产、财务主要业务流程进行优化。

开　篇　情　境

江苏锡商拉链有限公司（简称锡商拉链）创办于1990年，是一家集拉链生产、销售、研发于一体的专业型企业。锡商拉链拥有全套高度自动化的拉链生产设备，能够独立完成从织色、染色、拉头制造到成品拉链生产的整套生产工艺，该公司生产的全部产品符合SGS标准。严格的生产过程控制及高标准的产品品质，为该公司生产的尼龙、树脂、金属三大系列的条装、码装拉链赢得了众多的客户。锡商拉链仅有200多名员工，却有多个国内外大客户，年营业额达600万元，成为江苏地区规模较大的拉链企业。

拉链是服装、箱包、睡袋、帐篷等产品的必备配件，而这些都是个性化非常强的产品，这就要求拉链供货商提供小批量、个性化的拉链产品，这给拉链生产企业带来了许多不便。加之随着公司生产规模的扩大，靠人为干预的经验管理模式逐渐显现了很多弊端。目前，锡商拉链日常管理采取由下至上分层汇报、由上至下逐级下达的方式，从客户到办事处再到总部，然后拟出生产计划单，再下达到各个车间，这其中需要两天时间才能将订单转化为生产任务下达到车间。当各式各样的订单下达到车间后，各个车间主任自行进行协调，分配生产任务，按照自己设计的生产报表样式填写并上报。这些车间上报的报表内容差异较大，有的车间上报的是生产完工量，有的车间上报的是产品入库量，还有的车间甚至根本不上报任何数据，营销计划部和销售业务员根本无法动态掌握客户订单的生产进度。由于对生产计划缺乏事前协调规划、事中控制和调度，常常是销售业务员在客户的催促下急得团团转，而生产部门也给不出订单的准确交期，造成订单反馈迟钝、客户抱怨增加。而全球最大的拉链制造公司已在中国建立了生产基地，该公司产品占其本国市场的90%、世界市场的35%，每年营业额达25亿美元。本土拉链企业必须在企业管理上做出变革才能应对来自国际巨头的压力。

在外来竞争势力吞食国内市场的残酷情形下，锡商拉链在开拓国际市场的过程中也面临着诸多挑战。锡商拉链在与海外客户交涉的过程中，初期的洽谈一直很顺利，然而客户提出了9天之内能准时交货的要求，并希望知道每天的订单完成情况。拉链制造流程分多道工序、多个环节，传递过程长、交期不准、质量不稳等一直以来都是企业管理的大问题，但不能及时交货、不能随时掌握生产情况则意味着将失去优质的海外客户。此时的锡商拉链开始面临严峻的思考：必须尽早调整企业管理模式，满足客户提出的要求，否则国内市场的订单量停滞不前，开拓海外市场也将成为一句空话。拉链生产要改变传统的生产和经营的模式，提高企业运作的速度和运营效率，必须通过构建企业统一信息管理的数据平台才能做到物流、资金流、信息流的有效集成，为管理决策提供依据，从而推动锡商拉链往科学化、规范化的方向良性前进。经过反复咨询、比较、认真选型后，公司董事会决定实施ERP系统。

ERP的运行基于流程管理业务，为了向客户提供创新、增值的产品和服务，保证产品质量并加快市场准入速度，必须改进现有业务流程，只有当流程可视化、闭环、协同，才有可能对业务进行监控和改进。完整的系统流程是从获取客户订单开始到把产品交付并回收货款，企业的经营生产活动就是由这一系列连贯而又交错的业务流程来实现的。实施ERP所做的第一件事就是在充分掌握拉链行业个性特点的基础上，进行项目整体的咨询，确定实施重点、细化流程差异。拉链行业实行按单定制，这是制造型企业中最具难度的生产方式，而且每一个订单拉链的颜色、质料和式样甚至拉头都有区别。虽然拉链行业只有金属、尼龙、塑料三种原料，却有成千上万种半成品和产成品，物料极难平衡，这给物料清单的设计带来了很大的难度，最终在ERP系统设计的过程中把拉链产品分为最大的几类，再用辅助信息表示规格与颜色，把产品的详细信息体现在ERP系统的产品数据、采购业务、销售业务和生产业务中逐步实施运行。解决了这一难题，实施信息化后的锡商拉链与市场的接轨更为紧密，对市场需求的反应更为敏捷，对企业管理的效率也会更增强，从而可以进一步降低运作成本，提高人力资源利用效率，这样企业的综合竞争力必然会大大增强。

单元一 企业传统业务分析

学习目标

（1）熟悉企业传统岗位设置及工作职责。
（2）掌握企业传统业务管理与单据流程。

江苏锡商拉链有限公司（以下简称锡商拉链）是一家专营拉链生产销售的专业企业。企业的主要客户群体是服装工厂。主要产品有：树脂（塑钢）系列拉链的3号、5号、8号、

10 号四大品种的闭尾、开尾、双开尾，配以镀金、镀银、七彩、反光，金属系列拉链的 3 号、4 号、5 号、8 号等品种的闭尾、开尾、双开尾，并配以黄铜、青石铜、黑镍、镀黄、镀白等各种颜色。但锡商拉链近几年的年销售额一直在 600 万元左右徘徊，这令他们的管理者很苦恼。

情境分析：拉链行业是个典型的个性化需求且低价值的行业。在传统管理模式下，随着销量的增长大规模订制化的运营模式变得越来越不可能，这成为制约其快速发展的最主要的瓶颈，分析企业的组织架构，熟悉企业传统管理与单据流转，可以帮助分析其中存在的问题。

任务一 企业业务组织架构

拉链行业最大的特点是一切以订单为中心，一旦生产与订单脱离，就造成废品，而市场与客户的要求又瞬息万变，谁能控制每个订单的生产流程，谁就能对客户的要求反应最快，也就是对市场反应最快，因此必须牢牢控制从半成品到成品的每一道工序。只有在充分理解锡商拉链企业业务现状的基础之上，才能明确企业的信息化需求。

1. 锡商拉链组织结构

锡商拉链组织结构如图 1-1 所示。

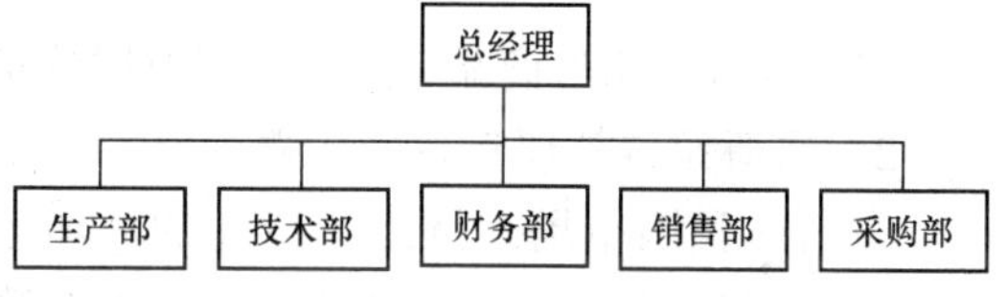

图 1-1 锡商拉链组织结构图

2. 锡商拉链经营特性

（1）客户需求多样化，灵活选配。

（2）原料种类较少，成品种类繁多。

（3）品牌经营，同时按订单生产外包产品。

（4）经常有加急订单，在约定时间内要保质保量。

（5）拉配产品（拉链的下游产品）组合方式无数，产品和物料数据复杂。

（6）主要为接单生产，常规半成品计划生产。

（7）生产周期短，逆推排程。

（8）用料损耗不固定，有废料回收利用。

（9）成本计算复杂。

3. 锡商拉链发展形势

中国入世后，纺织品服装、箱包、旅游产品、体育用品的出口贸易不断增长，国内经济发展和人民生活水平不断提高，为拉链产品提供了更为广阔的市场前景。世界拉链产业开始向中国和东南亚国家转移，产业集中度进一步提高。企业竞争已由产品和质量竞争转向供应链竞争，如何快速满足多批次、差异化订单的交期要求是市场扩大化的另一个管理挑战。拉链在服装等行业的应用已由功能性转向装饰性，所以拉链采购模式一向实行的是按单订制，每个订单的颜色、质料和式样，甚至拉头都有区别。而市场与客户的要求又瞬息万变，只有快速设计、快速生产、快速交付，才能快速响应客户需求。

企业的竞争已经由“静态”转向“动态”，竞争手段已经由拼技术或规模转变为快速满足客户需求和交付。

任务二　企业传统业务管理

1. 锡商拉链传统管理与单据流转

用 5 台 PC 与一个小服务器在生产、销售和财务等几个部门安装了一个简单的管理系统，但是因为系统设计的高度、广度不够，造成各部门之间数据并不能共享，部门间的信息为单向传递，信息交流缺乏有效的沟通和协调。

部门之间流转的单据是根据流程来设计的。以锡商拉链收到一份销售订单开始至货到付款结束。单据在企业各个部门的单据流转流程如下：

（1）销售部门接到客户的订购需求，将所订购的产品进行报价，填写“报价单”，让客户了解产品的价格和各方面的参数。

（2）在与客户达成共识后，客户会确定购买具体产品并签订销售合同，填写“销售订单”。

（3）根据库存的实际情况，相关部门根据需求向采购部门下达“请购单”。

（4）采购部门根据请购单的信息联系供应商，与供应商达成协议签订采购合同，填写“采购订单”。

（5）企业收到供应商的货物后填写到货单，也称“收货单”。

（6）采购产品到货后进行入库处理，根据货物分类存储于不同类别的仓库，在清点货物后填写“入库单”。

（7）材料采购与商品销售时，要根据到货或者发货情况开具相应的采购发票或销售发票。

2. 锡商拉链管理存在的问题

在当前我国市场经济逐步成熟的环境下，产品的种类、规格的需求呈现日益多样化的趋势，而客户对于产品的质量、交货条件等要求越来越高。这意味着在当前市场化、国际化、信息化的商业环境下，企业必须具备更快的市场反应能力，必须通过加强企业内部系统协作来提高市场竞争力。传统的管理思想、模式和手段制约了企业的发展。具体有以下几点：

（1）交易处理繁杂。在手工作业下，职能间沟通的唯一正式书面工具是“表单与报表”。企业投入了大量的精力来设计交易的单据，以及报表的格式，再辅以协商与会议等口头的沟通来推动工作。大量的单据之间，需要由人工来转抄、计算、汇总，不仅要耗费大量的人力，更无法避免人为的疏失与时间的拖延。

（2）决策不对。在手工作业下，各项决策全是由人来做的。在产品生命周期缩短的背景下，用料经常会改变，再加上竞争加大迫使毛利下降，如采购需求的计算、生产计划的制定等都密切影响着企业的利润。而手工作业下计算需求、制定计划等的低效率甚至错误很容易造成“多生产”的浪费。

（3）反应迟缓。全球经济一体化的现象使得各地经济的互动关系都加深、加速，竞争厂商越来越多，传统企业管理下的手工作业使得销售预测也越来越不准确，企业不能依据市场需求的变化作出快速地调整，交易处理反应迟缓。

3. 主要部门存在的管理问题

（1）销售部存在的管理问题。

1）投料时有个放大百分比，由于目前是一个固定的百分比，造成有的拉链品种放大比例不合理，不但多耗用了原材料，同时也产生了最终产品的呆料，据生产部门统计，目前库存呆料的 30%是由此造成的。

2）对车间、仓库反馈的信息没有统一的规范。

3）对各车间计划的执行考核不严，使各车间之间计划的衔接不良，造成加班、等工等情况时有发生，甚至造成拖单。

（2）采购部存在的管理问题。

1）采购与仓库两部门之间的信息沟通较差，造成采购员对供应商送货时间、送货材料的品种、规格、数量了解不及时，采购部获取材料入库的信息滞后，无法及时了解仓库对材料拒收的原因。

2）采购部的付款计划编制依靠手工完成，并且付款金额与采购发票金额不完全一一对应，若公司往来款项频繁，应付账款欠款较多，对采购部或财务部与供应商的对账工作会带来不便。

（3）生产部存在的管理问题。

1）车间组织生产时，不用流转号而用客户名称，使生产管理上显得不规范、不统一。

2）车间在制品管理较乱，虽有专职物料管理员，但物料的收发并不做账。

3）车间与仓库之间信息共享不好，如车间收到施工单时并没有及时到仓库查看是否有料。

4）各车间的生产信息反馈不统一。

5）产品最终检验设置不合理，在关键工序处缺少设置检验岗位。

（4）财务部存在的管理问题。

1）对现金管理不严，现金预留过多，造成资金闲置，不能参加生产周转，资金使用效率低下。

2）内部控制薄弱，领导权力不受约束，财务控制不力，基础管理薄弱，成本分析粗劣等。

3）存货控制薄弱，应收账款周转缓慢，缺乏严格的赊销政策和强有力的催收措施，造成资金回收困难，造成资金呆滞甚至资产流失严重。

知识学习

一、企业概述

1. 企业的定义

企业是一种特殊的社会经济组织，是商品生产和商品交换的产物。企业是根据市场反映的社会需要来组织和安排某种商品（包括有形产品和无形产品）的生产和交换的社会经济单位。

2. 企业组织结构

企业组织结构是企业组织内部各个有机构成要素相互作用的联系方式或形式，以求有效、合理地把组织成员组织起来，为实现共同目标而协同努力。它是企业资源和权力分配的载体，它在人的能动行为下，通过信息传递，承载着企业的业务流动，推动或者阻碍企业使命的进程，规定了管理对象、工作范围和联络事宜。企业组织结构的设计需要遵循目标任务原则、分工协作原则、管理幅度原则、集权分权原则、稳定适应原则。一般来说，企业组织结构有直线制、直线职能制、事业部制、矩阵制、模拟分权制等形式，企业可以根据生产的规模、业务活动的复杂性与稳定性及市场环境的适应性等多方面条件进行合理的组织结构设计。

二、岗位工作职责

为达到企业利润最大化，不同企业，甚至同一个企业在不断发展时期会设置不同的企业组织负责企业整体运作。一般来说，销售部、采购部、生产部、财务部等几个部门是生产型企业的重要部门，它们的岗位职责主要如下。

1. 销售部岗位职责

销售部的职责是负责企业的市场调查和分析，设计企业的营销组合；负责企业新产品的营销活动；负责业务的洽谈和购销合同的订立，进出口货物报检、报关、运输、保险、进出口许可证申领；负责客户的开发及管理；负责客户意见与企业内部各生产、工程、物控、采购、品质等部门的沟通和反馈；按月报送销售统计表等。

2. 采购部岗位职责

采购部的职责是负责物料的适时采购；根据采购计划与供应商签订采购合同，按时、按质、按量完成直接材料、辅助材料和杂料的采购；及时向供应商反馈物料的质量问题，办理不良物料的退换货；物色及评估供应商并出具评估报告；按月报送物料采购统计表等。

3. 生产部岗位职责

生产部的职责是负责制定产品的生产计划，并向各个车间安排生产任务；负责生产进度的控制和调整；负责车间员工管理和培训、机器设备的保养和维修；与技术部及时处理生产中出现的技术问题及品质不良的问题；按日、按月报送生产统计表等。

4. 财务部岗位职责

财务部的职责是负责企业会计和出纳的财务管理工作、企业应收和应付账款；发放企业员工的工资；报销一般的业务费用；进行企业产品的成本核算；缴纳企业应付的有关税费；编制企业每月的资产负债和损益表；编制企业年度总预算和预算报告；协助会计师事务所出具缴费清算报表；配合相关部门的审计和财务检查等。

学习小结

本单元主要分析锡商拉链的组织结构、经营特性、发展形势，列明企业的传统管理与单据流转方式，分析企业的销售、采购、库存、财务等部门存在的主要管理问题，并详细介绍企业的含义、组织结构以及主要部门的工作职责等。

单元练习

1. 什么是企业？企业的最终目标是什么？
2. 简述企业组织结构的形式及各自的特点。

3．选择传统拉链企业实地调研，并思考以下几个问题：

（1）该企业设置哪些岗位及其职责主要有哪些？

（2）该企业的业务流程是什么？该企业管理模式存在哪些问题？

（3）该企业内、外部环境的机遇与挑战有哪些？

（4）针对该企业以上实际情况，有什么改进的建议？

单元二 企业业务流程优化

学习目标

（1）理解ERP基本概念。
（2）掌握企业ERP系统架构与业务规划。
（3）掌握企业主要部门的流程规划重点。
（4）熟悉企业业务流程优化的方法。

学习情境

虽然目前中国已成为世界拉链产量最大的国家，并且随着全球经济一体化、纺织品配额的取消，作为服装、箱包、鞋类辅料的拉链产品将获得更多的发展机遇。但是传统的企业管理体制导致拉链行业存在的诸多问题需要借助现代企业管理手段，依靠信息化的技术，提高企业对市场反应的灵敏度。锡商拉链仅靠人工方式组织大规模的个性需求生产已经达到产能极限，为此对公司信息化进行需求分析，并据此针对传统的业务流程根据现代企业制度和企业信息化的要求进行全面优化和重组，为后续企业实施ERP战略奠定基础。

情境分析：实施ERP的前提是通过流程来管理业务，为向顾客提供创新和增值的产品和服务、保证质量和加快市场准入速度，因而必须规范各个部门流程并且不断改进业务流程。从物料采购、生产管理、财务管理、到产品销售，全面实现规范操作。在全面了解锡商拉链业务管理现行状况的基础之上，为锡商拉链提供了一个科学、合理、可行的流程优化解决方案，使锡商拉链的管理水平得到提高，业务流程的规划更为合理、有效。

学习任务

任务一 ERP系统业务规划

1. 锡商拉链ERP总体规划

在对锡商拉链传统业务进行充分调研和认证的基础上，结合锡商拉链目前的业务流程等情况，其ERP总体业务规划如图1-2所示。

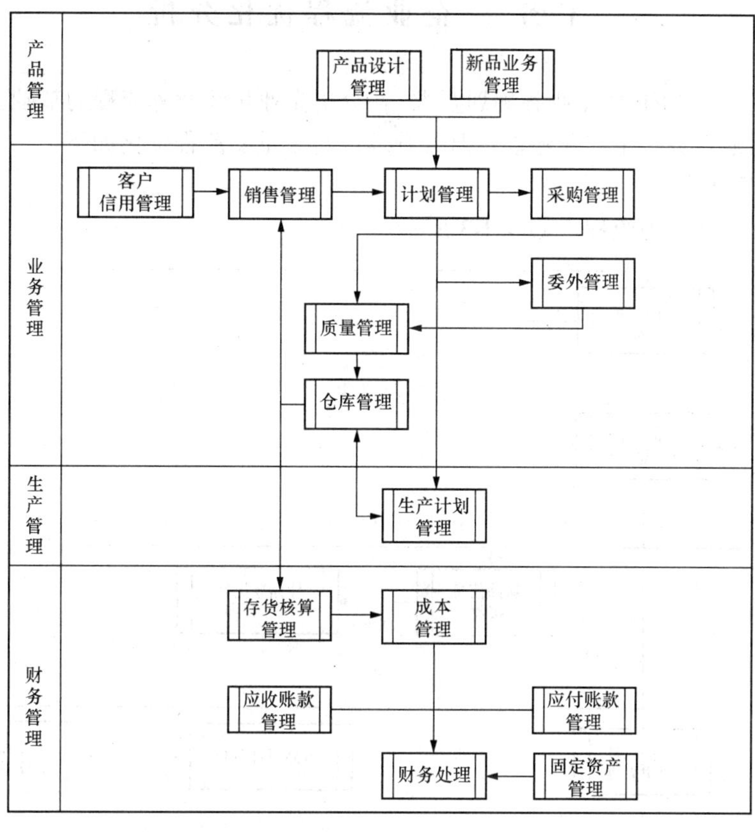

图1-2 ERP总体业务规划图

2. 业务规划目标

（1）整合企业计划与业务管理平台，加强企业内部业务及沟通机制。

（2）规范新品、产品设计划、设计变更管理，加强产品设计变更与业务联动机制。

（3）规范委外管理，明确业务目标，加强委外过程、结算管理。

（4）规范销售管理客户、价格、对账管理，加强企业信用管理。

（5）优化采购管理中采购计划、订货管理，实现生产协同管理。

（6）规范各生产车间生产准备、生产执行、生产结案管理，加强生产执行与保障管理。

（7）规范生产计划管理，减少业务处理工作量、提高工作效率。

（8）加强生产投入与产出分析、生产跟进管理，为企业内耗控制提供指导和分析依据。

（9）优化质量业务管理，加强业务执行质量异常及业务损失处理管理，为企业质量损失、浪费提供指导性依据。

（10）优化业务管理流程，加强业务稽核和内控管理，整合业务与财务一体化管理。

（11）细化存货核算与成本核算管理，为企业精细化经营及差异化管理提供分析依据。

（12）加强财务管理，规范应付账款管理、应收账款管理，提高资金周转使用效率。

任务二 企业流程优化分析

根据锡商拉链 ERP 总体业务规划要求，在分析企业传统业务流程的基础上，对产品设计、销售业务、采购业务、生产业务以及财务管理等几个重要流程优化如下。

1. 产品设计管理

（1）产品设计管理流程，如图 1-3 所示。

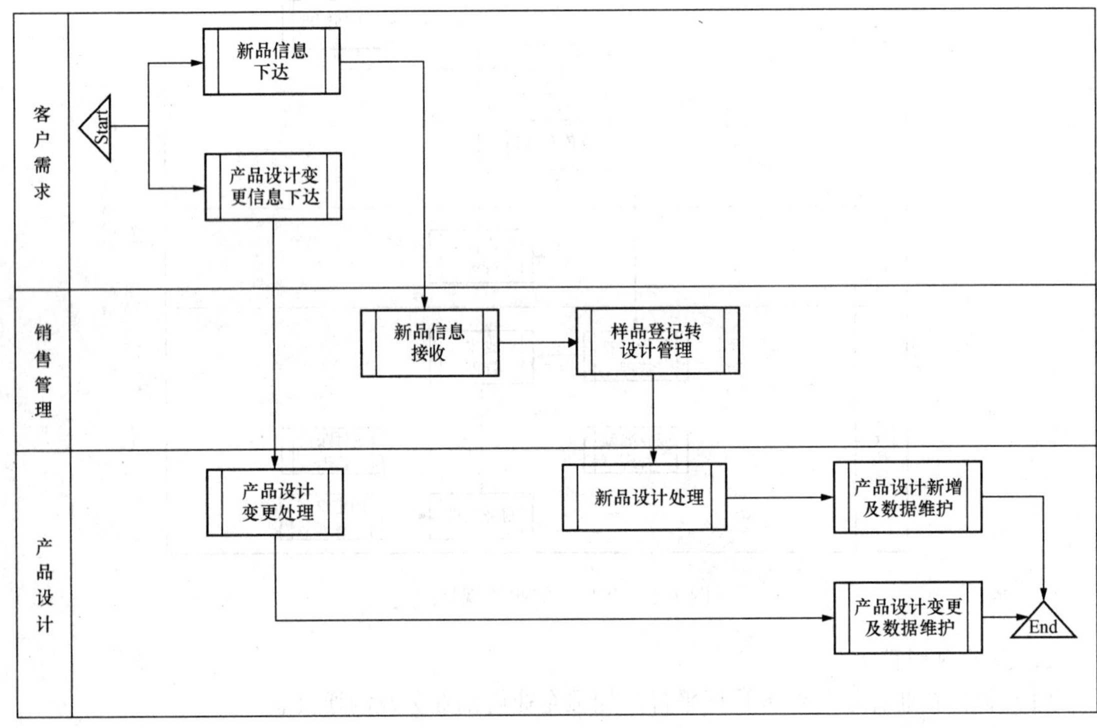

图 1-3 产品设计管理流程图

（2）产品设计管理优化重点。

1）明确新品数据维护标准（存货档案、物料清单、质检标准等）；

2）物料标准化的制定。

（3）产品设计管理业务 ERP 价值体现，见表 1-1。

表 1-1 产品设计管理业务 ERP 价值体现

改 善 点	改 善 前 状 态	价 值 体 现
1）物料系统编码 2）产品属性功能 3）统一订单录入形式	1）所有物料难以识别和维护 2）没有指定的组装编号 3）系统不能自动识别	1）维护方便 2）构建数字化产品数据

2. 销售管理

（1）销售管理流程，如图 1-4 所示。

（2）销售管理优化重点。

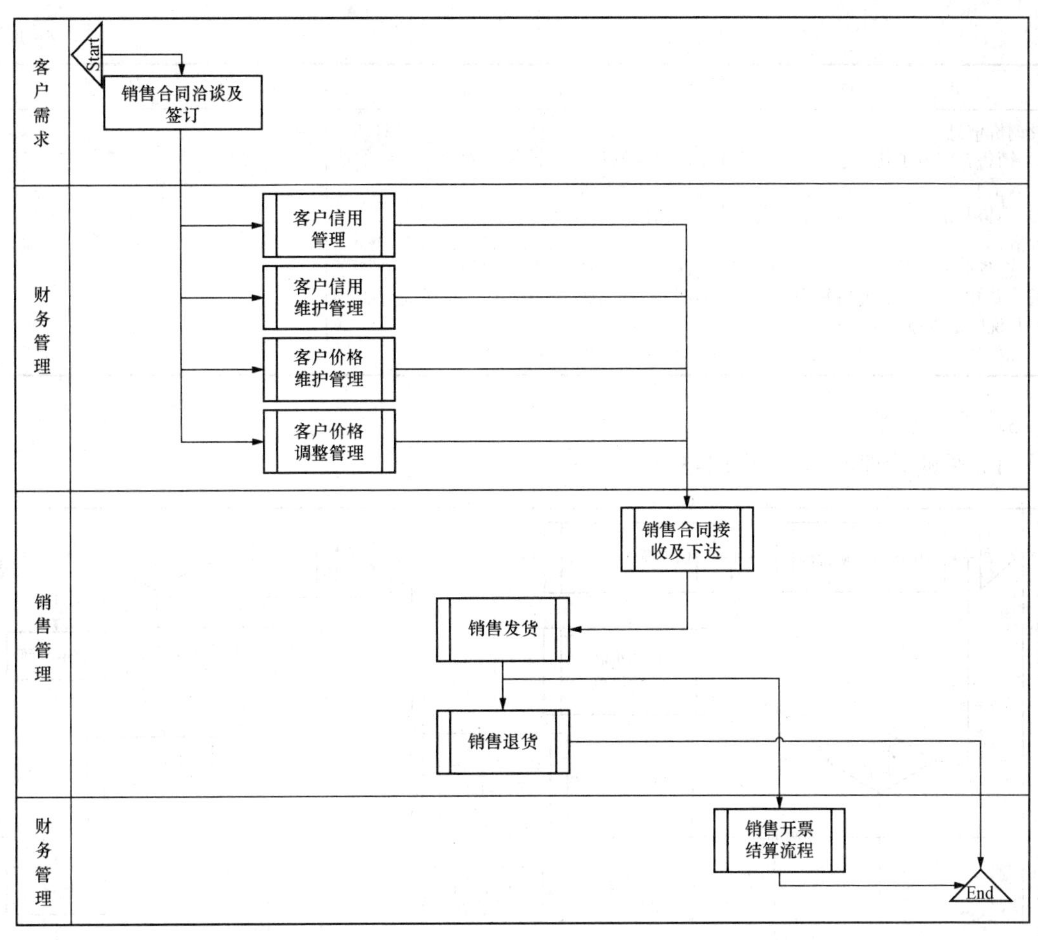

图 1-4 销售管理流程图

1）信用管理。之前没有设定具体的信用期限一般客户都是两个月，特殊客户是三个月；建议对所有的客户设定信用期限及信用额度，经公司审批后进系统，以后通过系统在发货时自动控制超过信用期限的不予下订单，将信用管理前移。

2）销售价格管理。目前每个产品都有底价控制，低于底价的需要提交销售经理及总经理审批。

3）客户销售订单的维护、审核。

4）发货管理。根据发货预警提前做发货通知单，通知仓库备货。

5）物流管理及发货签回。

6）销售发票管理。

7）退货审批及退货入库。通过系统事前做退货审批，并说明退货原因，销售部审批完毕后再做入库处理，建议对业务员进行考核。

（3）销售管理业务 ERP 价值体现，见表 1-2。

表 1-2 销售管理业务 ERP 价值体现

改善点	改善前状态	价值体现
1）销售价格管理，通过调价单进行价格管理，一旦价格改变就通过调价单	1）开票时参照发货单上的价格，在价格波动比较大时经常会导致开票的价格错误	1）降低服务成本 2）提高生产效率

续表

改　善　点	改善前状态	价　值　体　现
记录调价信息 2）销售合同电子化（包含客户、名称、数量） 3）销售开票（价格是取之销售订单的价格） 4）退货通知（业务员提前在 OA 里面做退货申请单，审批后知会销售内勤，并说明退货原因） 5）信用管理	2）在系统中开销售出库单，但不打印，经常出现发货单与销售出库单不一致的情况导致开票错误 3）财务手工，根据收款结算业务费 4）一般都是业务员与销售经理及总经理电话沟通，销售内勤常常是货退到仓库了都不知道是退的哪家客户、退的是什么物料 5）没有设定具体的信用期限	3）减少管理成本，改善业务流程

3．采购管理

（1）采购管理流程，如图 1-5 所示。

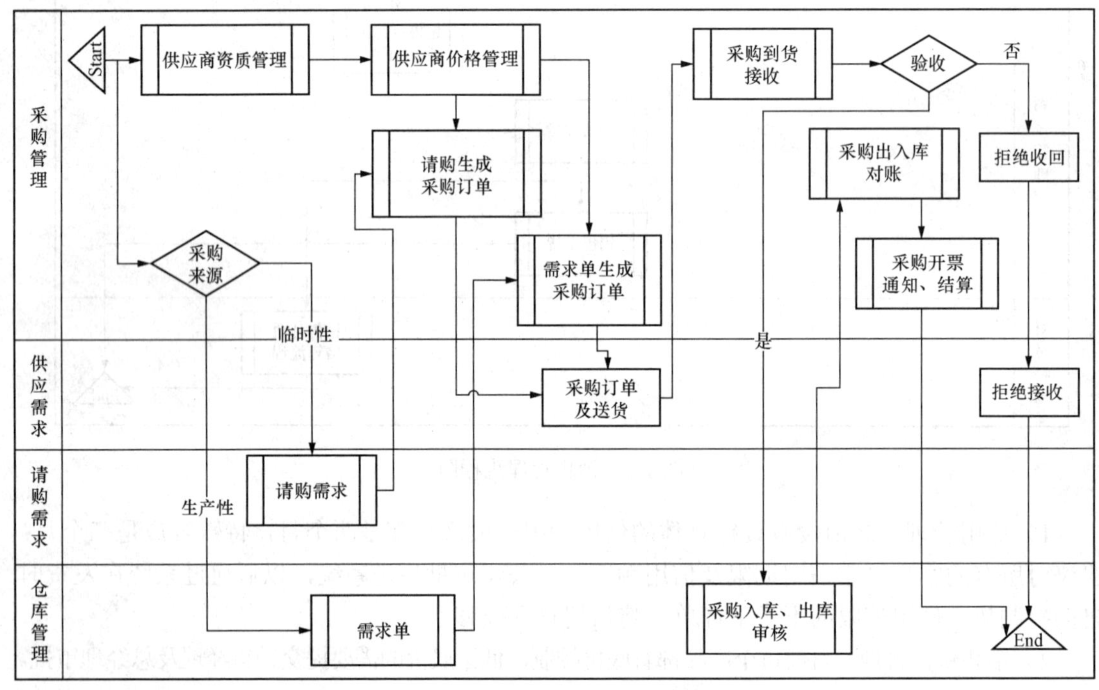

图 1-5　采购管理流程图

（2）采购管理优化重点。

1）供应商资质、供应商价格管理。

2）采购请购、采购订货、到货接收、是否质检、入库作业管理。

3）采购对账、开票、结算管理。

（3）采购管理业务 ERP 价值体现，见表 1-3。

表 1-3　　采购管理业务 ERP 价值体现

改　善　点	改善前状态	价　值　体　现
1）物料分类 2）物料需求计划	1）物料品种规格繁复 2）采购数量和时间不明	1）降低采购运输储存 2）降低库存

续表

改善点	改善前状态	价值体现
3）计划报表 4）请购单 5）最大储量/最长天数 6）供应商业绩考核 7）付款核对	3）采购没有提前期 4）采购员权限及审批层次不清晰 5）库存量无法控制 6）供应商无等级 7）报价无发票	3）避免突击采购 4）控制采购资金支出 5）避免超量存货 6）降低采购成本，保证质量

4. 生产管理

（1）生产管理流程，如图 1-6 所示。

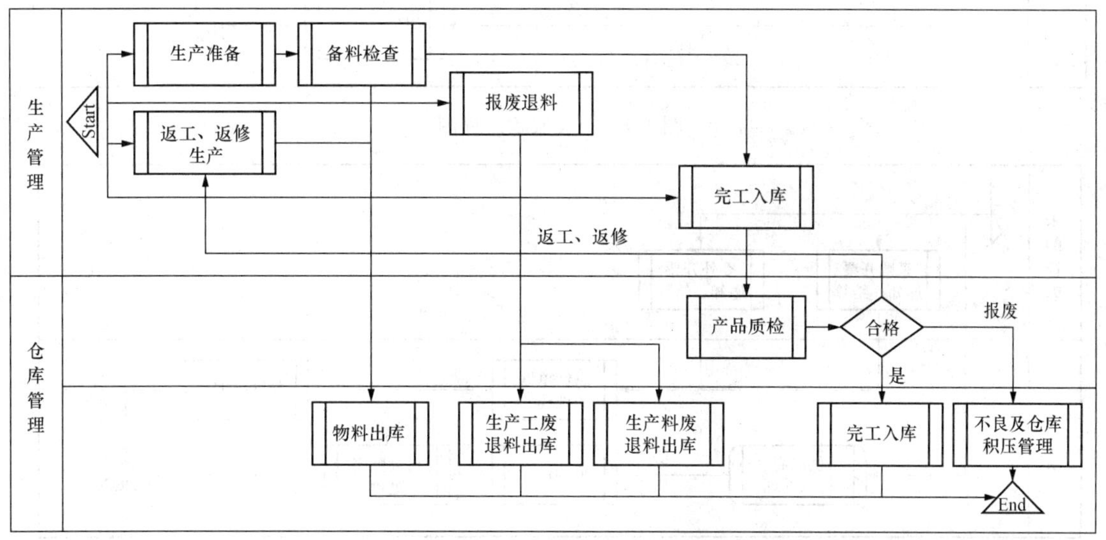

图 1-6 生产管理流程图

（2）生产管理优化重点。

1）计划期的生产任务整套展望分析管理。

2）即将上线生产任务库存整套分析管理。

3）生产任务结案管理。

（3）生产管理业务 ERP 价值体现，见表 1-4。

表 1-4 生产管理业务 ERP 价值体现

改善点	改善前状态	价值体现
1）供应链成本 2）按时发货/货运率 3）货物和服务质量 4）仓储/分销设施利用 5）员工效率 6）劳动成本	1）跟踪订单的不便导致重复发货 2）不足的返回跟踪最终可能导致会计记录、库存水平和客户收费中的错误 3）隔离的库存跟踪流程导致对库存的掌握有限	1）降低供应链成本 2）提高发货/装运率 3）降低劳动成本 4）提高货物和服务质量

5. 财务管理

（1）应收账款流程，如图 1-7 所示。

（2）应付账款流程，如图 1-8 所示。

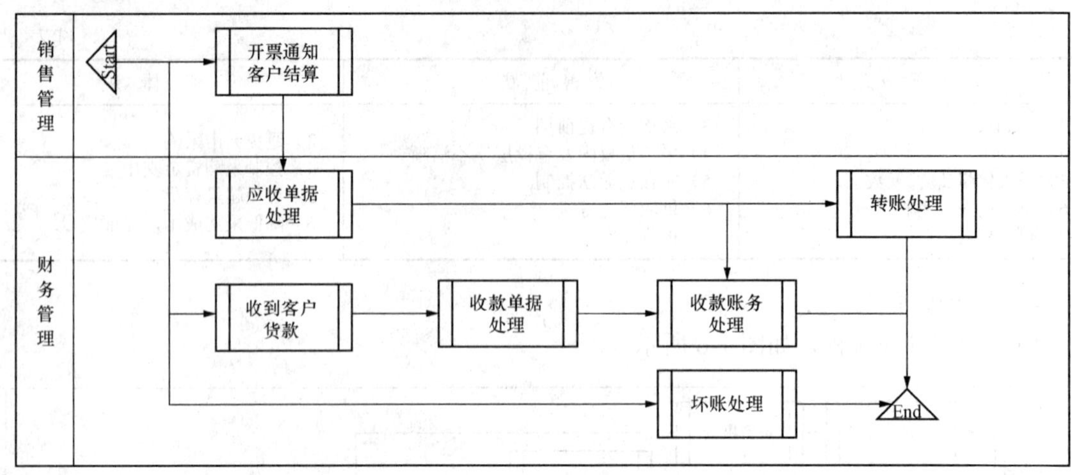

图 1-7 应收账款流程图

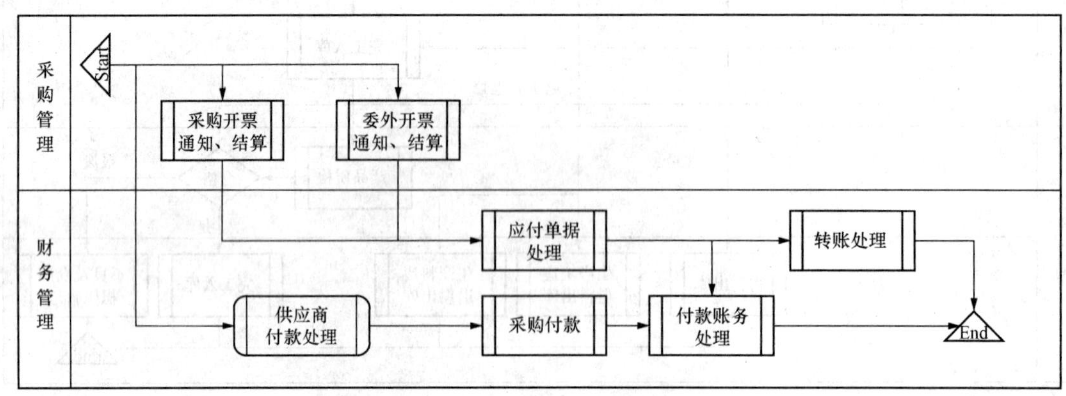

图 1-8 应付账款流程图

（3）财务管理业务 ERP 价值体现，见表 1-5。

表 1-5 财务管理业务 ERP 价值体现

改善点	改善前状态	价值体现
1）现金流和资本融资 2）应收账款周转天数 3）售出货物成本 4）利润率	1）会计软件缺乏灵活性，需要人工处理 2）人工对账耗时且易出错 3）多个系统报告的关键业务数据不一致，例如销售、库存和现金流报告等	1）增强会计的透明度 2）提高流动资金效率

一、企业信息化概述

任何一家企业，不管是规模较小的本地企业，还是资产过亿的跨国公司，都需要获取足够的信息来了解自身业务情况，迅速、高效、准确地对千变万化的市场情况及客户需求做出响应，以便企业做出最佳决策，增强企业核心竞争力，而这就需要企业实施信息化战略。

1. 企业信息化的概念

企业管理者要制定企业的信息化战略，首先要了解什么是企业信息化。简单地说，企业信息化就是在企业运营和管理过程中，将企业的信息化从纵向和横向两个维度进行资源的整合与集成，最终形成集群信息化思想。在纵向上，把传统的企业内部信息系统延展到企业上下游信息系统的集成；在横向上，从数据到业务流程的集成，彻底消除信息孤岛现象，资源达到充分共享，实现对企业的物流、资金流、信息流的集中高效管理，最终形成一个整体上环环相扣、信息畅通的信息化管理格局。

2. 企业信息化的分类

（1）从纵向企业信息化来看，通常有以下四类。

1）部门内部的信息化。主要是指一个企业内部独立部门的信息化应用，如财务管理等。

2）跨部门的信息化。主要指一个企业涉及部门与部门之间的信息化应用，如进销存管理等。

3）企业级的信息化。主要指一个企业的整体业务信息化应用。

4）供应链的信息化。主要指企业与上下游合作伙伴之间的信息化应用。

（2）从横向企业信息化来看，通常有以下三类：

1）数据的信息化。为了完成应用系统和业务过程的信息化，首要解决数据和数据库的信息化问题，这样数据才能在数据库系统中分布和共享。

2）应用系统的信息化。为两个应用系统提供接近实时的信息化。

3）业务流程的信息化。业务流程的信息化包括业务管理、进程模拟以及综合任务、流程、组织和进出信息的工作流，还包括业务处理中每一步都需要的工具。

二、企业资源计划概述

1. ERP 基本概念

企业资源计划（Enterprise Resource Planning，ERP）是由美国 Gartner Group 咨询公司于 20 世纪 90 年代初总结物料需求计划（Material Require Planning，MRP）、制造资源计划（Manufacture Resource Planning，MRPⅡ）发展趋势的基础上提出的，其主要特点是：超越 MRPⅡ范围的集成功能；支持能动的监控能力、模拟分析和决策支持；支持开放的客户/服务器计算环境。作为当今国际上一个最先进的企业管理模式，它在体现当今世界最先进的企业管理理论的同时，也提供了企业信息化集成的最佳解决方案。它把企业的物流、资金流、信息流统一起来进行管理，以求最大限度地利用企业现有资源，实现企业经济效益的最大化。

ERP 的概念至今都没有统一。美国生产与库存管理协会认为企业资源计划系统乃是一个面向财务会计的信息系统，其主要功能是将企业用来满足客户订单所需的资源（涵盖了采购、生产与分销运筹作业所需的资源）进行有效的集成与计划，以扩大整体经营绩效、降低成本。管理界认为 ERP 是一种管理系统，即一种整合了企业管理理念、业务流程、基础数据、人力物力、计算机硬件和软件于一体的企业资源管理系统。IT 界认为 ERP 是一种软件产品，即综合应用了客户机/服务器体系、浏览器/服务器体系、关系数据库结构、面向对象技术、图形用户界面、第四代语言、网络通信等信息产业成果，以 ERP 管理思想为灵魂的软件产品。

2. ERP 理论形成过程

ERP 是随着企业经营管理理论的不断更新和信息技术的不断完善而发展起来的。它的形成也是企业理论和信息技术相互作用的结果。计算机技术特别是数据库技术的发展为企业建立管理信息系统，甚至对改变管理思想起着不可估量的作用，管理思想与信息技术的发展是互成因果的环路。而实践证明，信息技术已在企业的管理层面扮演越来越重要的角色。企业

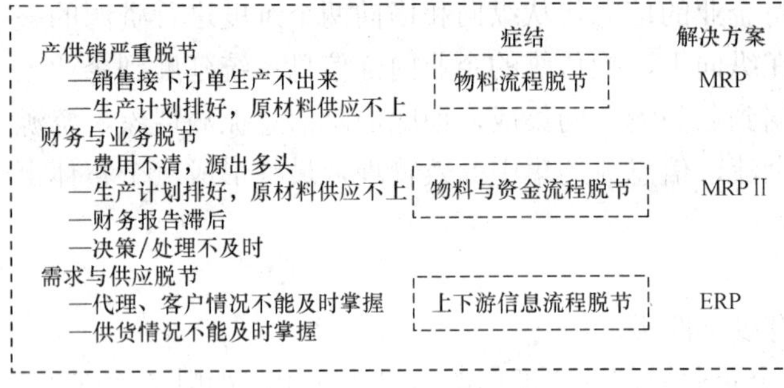

症结
解决方案
产供销严重脱节
—销售接下订单生产不出来
—生产计划排好，原材料供应不上
物料流程脱节
MRP
财务与业务脱节
—费用不清，源出多头
—生产计划排好，原材料供应不上
—财务报告滞后
—决策/处理不及时
物料与资金流程脱节
MRPⅡ
需求与供应脱节
—代理、客户情况不能及时掌握
—供货情况不能及时掌握
上下游信息流程脱节
ERP

图 1-9　企业管理发展演化过程

最初关注的生产系统库存问题，后来扩展到物料需求计划、生产能力、采购、销售，再到后来的财务、工程技术，最终是企业外部资源的管理，其发展演化过程如图 1-9 所示。

三、业务流程重组概述

对于大多数企业而言，决定购买 ERP 系统是一件相对容易的事情，但 ERP 的实施却是充满了挑战与风险。成功实施 ERP 正是遵循了一个简单的实施哲理结果，即首先理解企业的业务流程，然后进行优化、重组，最后才实现企业整体业务流程规范化、智能化。

业务流程重组（Business Process Reengineering，BPR）是指对企业传统业务流程进行充分调研分析、诊断认证的基础上，根据业务流程的自然属性，重新设计业务流程，以求达到业务流程的合理化和规范化。其一般分为以下四个环节：

（1）业务流程调研分析。是指对企业传统业务流程进行充分描述，并初步分析其存在的问题。

（2）业务流程诊断认证。是指对调研分析的业务流程进行诊断，并通过不同途径进行充分认证其合理性和可行性。

（3）业务流程重新设计。是指在诊断认证的基础上，重新设计业务流程，以达到合理化和规范化。

（4）业务流程重组实施。是指将重新设计的业务流程真正落实到企业后续的经营管理过程中。

学 习 小 结

本单元通过锡商拉链主要部门业务流程的梳理，对企业的产品设计、销售、采购、生产、财务业务流程进行优化重组，分析企业主要部门管理业务的 ERP 价值体现；详细介绍企业信息化、企业资源计划的两个基本概念，并对业务流程重组的过程作了简单阐述。

单 元 练 习

1．什么是企业信息化？企业为什么要信息化？

2．什么是 ERP？什么是业务流程重组？

3．根据单元一实地调研的企业情况，完成以下几个任务：

（1）试着对该企业的传统业务流程进行优化。

（2）试着对该企业业务流程优化后的主要单据进行设计。

（3）试着对该企业实施 ERP 的主要价值体现进行分析。

第二篇　企业业务流程沙盘体验

"沙盘"思想源于军事作战指挥所用的地形与布防模型。随着时间的推移，沙盘的概念和用途不断发展演变。企业经营管理模拟沙盘是以企业为对象，模拟该企业诸如战略管理、资金管理、营销管理、产品研发、生产采购等关键环节。在企业经营模拟过程中将企业运营所处的内外部环境抽象为一系列的规则，使管理团队在模拟企业运作过程中了解企业的运营管理规律，提升企业管理能力，同时对企业管理过程有实际的体验。

本篇主要是模拟传统企业运营实施企业管理的过程，同时也借此认识企业信息化的重要性和必要性。

开　篇　情　境

江苏锡商拉链有限公司（简称锡商拉链）是一家专营拉链的专业企业。长期以来锡商拉链一直专注于拉链行业 P 系列产品的生产与销售业务，目前企业拥有大厂房 1 间，安装了 3 条手工拉链生产线和 1 条半自动拉链生产线。经过多年的经营和发展，锡商拉链生产的 P1 产品在本地市场的知名度和客户满意度都很高，深受消费者的喜爱。

由于锡商拉链长期形成的管理体制陈旧，中高级管理层年龄偏大，产品、市场单一，企业经营活力不足，市场竞争力每况愈下，导致企业员工精神状态萎靡不振，公司业绩增长堪忧，这引起了锡商拉链董事会高度重视，经过多方调研及深思熟虑的思考，董事会及全体股东会议一致决定，锡商拉链将交给一批优秀的新人去继续发展，并希望新的管理层能做到以下几点：①及时投资新产品的研发，进一步提升市场地位；②适时开发本地市场以外的新市场，进一步拓展市场领域；③按需扩大生产规模，进一步提高产品产量；④加快革新传统工艺，进一步提高现代化生产能力；⑤继续增强企业核心竞争力，进一步提高管理效率。

单元一　模拟企业运营概况

（1）掌握所要经营的模拟企业初始状态。

（2）了解企业经营模拟沙盘的基本内容。

任务一 模拟企业现状分析

1. 模拟企业财务状况

财务状况是指企业资产、负债、所有者权益的构成情况及其相互关系。企业财务状况主要由企业对外提供的资产负债表来表述。资产负债表是根据企业资产、负债和所有者权益之间的相互关系（“资产＝负债＋所有者权益”恒等关系），按照一定的分类标准和次序，将企业特定日期的资产、负债和所有者权益三项会计要素项目予以适当地排列，并对日常会计中形成的会计数据进行加工、整理后编制而成的，其主要目的是为了反映企业在某一特定日期的财务状况。通过资产负债表，可以了解企业所掌握的经济资源及其分布情况，了解企业的资本结构，分析、评价、预测企业的偿债能力，准确评估企业的经营业绩。

说 明

在企业经营沙盘模拟中，根据所涉及的业务对资产负债表中的项目进行了适当的简化。锡商拉链资产负债表见表 2-1。

表 2-1 资 产 负 债 表 单位：百万元

资 产	期末数	负债和所有者权益	期末数
流动资产：		负债：	
现金	20	长期负债	40
应收款	15	短期负债	
在制品	8	应付账款	
成品	6	应交税金	1
原料	3	一年内到期的长期负债	
流动资产合计	52	负债合计	41
固定资产：		所有者权益：	
土地和建筑	40	股东资本	50
机器与设备	13	利润留存	11
在建工程		年度净利	3
固定资产合计	53	所有者权益合计	64
资产总计	105	负债和所有者权益总计	105

2. 模拟企业经营成果

企业在一定期间的经营成果表现为企业在该期间所取得的经营利润，其是企业经济效益的综合体现。企业经营成果主要由企业利润表（又称损益表、收益表）来表述。利润表是用来反映收入与费用相抵后确定的企业经营成果的会计报表，其项目主要分为收入和费用两大类。

说 明

在企业经营沙盘模拟中，根据所涉及的业务对利润表中的项目进行了适当的简化。锡商拉链利润表见表 2-2。

表 2-2 利 润 表 单位：百万元

项 目	本期数	对应利润表的项目
销售收入	35	主营业务收入
直接成本	12	主营业务成本
毛利	23	
综合费用	11	营业费用、管理费用
折旧前利润	12	
折旧	4	营业费用、管理费用及主营业成本已含折旧，这里单独列出
支付利息前利润	8	营业利润
财务收入/支出	4	财务费用
其他收入/支出		营业外收入/支出
税前利润	4	利润总额
所得税	1	所得税
净利润	3	净利润

任务二 沙盘初始状态设定

从锡商拉链的简易资产负债表和利润表中可以了解现时企业的财务状况及经营成果，但企业经营更为细节的内容，如生产线的具体细节、长期借款到期等问题不能全面分析，为此需要统一设定模拟企业的初始状态。

从锡商拉链简易资产负债表中可以看出，模拟企业总资产为 1.05 亿元（等值模拟货币单位 105M），具体设定如下。

1. 认识沙盘“语言”

在设定初始状态前先认识沙盘“语言”，如图 2-1 所示。

2. 生产中心初始状态

生产中心初始状态设定主要包括生产厂房、生产线及在制品等情况，如图 2-2 所示。

从图 2-2 可以看出，企业拥有大厂房价值 40M。4 条生产线上分别有不同周期的 P1 在制品 1 个，每个价值 2M，共计 8M。设备价值共计 13M，其中手工生产线原值 5M，净值 3M；半自动生产线原值 8M，净值 4M。

3. 物流中心初始状态

物流中心初始状态设定主要包括原材料、成品及原料订单等情况，如图 2-3 所示。

从图 2-3 可以看出，原料库有 3 个 R1 原料，每个价值 1M，共计 3M。成品库有 3 个 P1

产品已完工，每个价值 2M，共计 6M。已下 R1 原料订单 2 个，用放在相应位置的空桶表示。

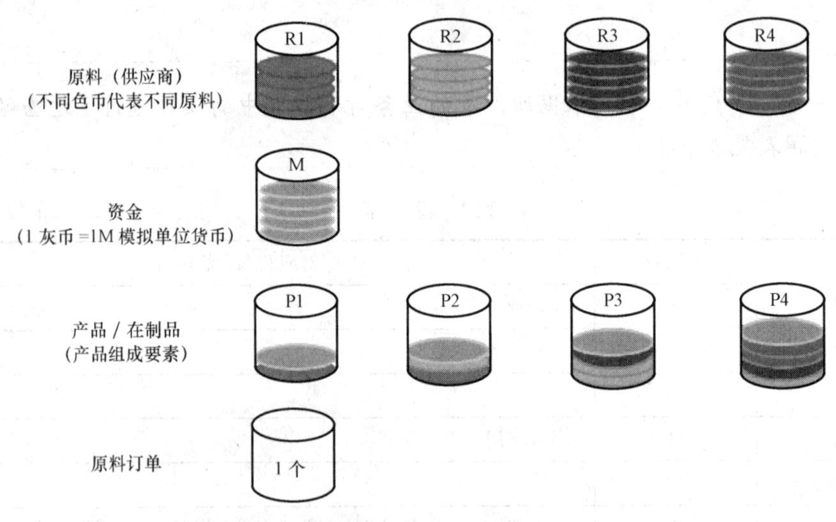

图 2-1 沙盘“语言”

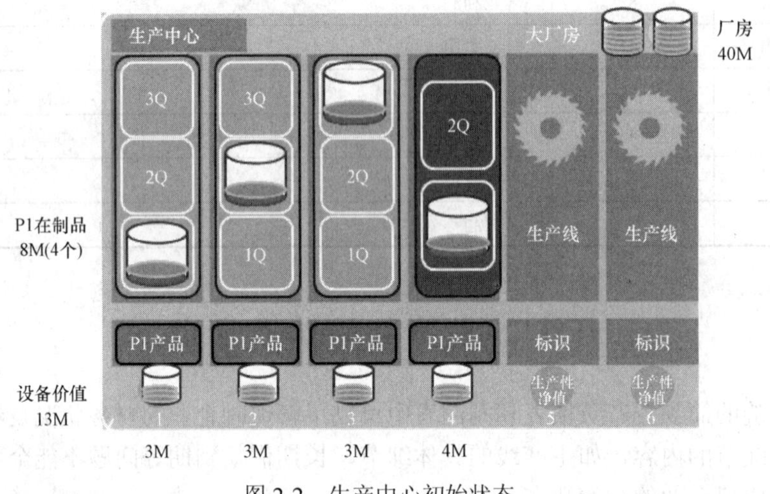

图 2-2 生产中心初始状态

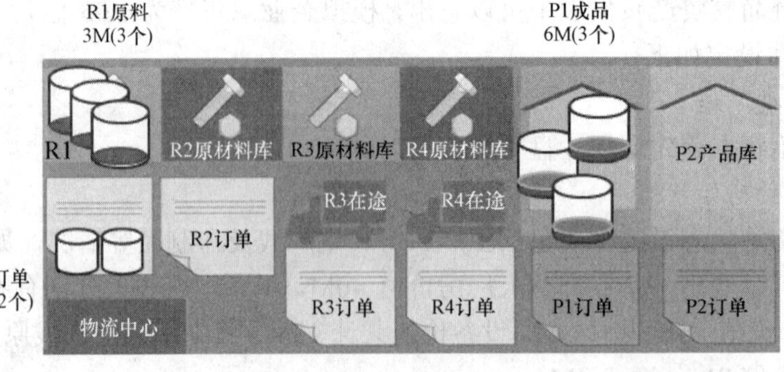

图 2-3 物流中心初始状态

4. 财务中心初始状态

财务中心初始状态设定主要包括现金、长期贷款、短期贷款及应收应付账款等情况，如

图 2-4 所示。

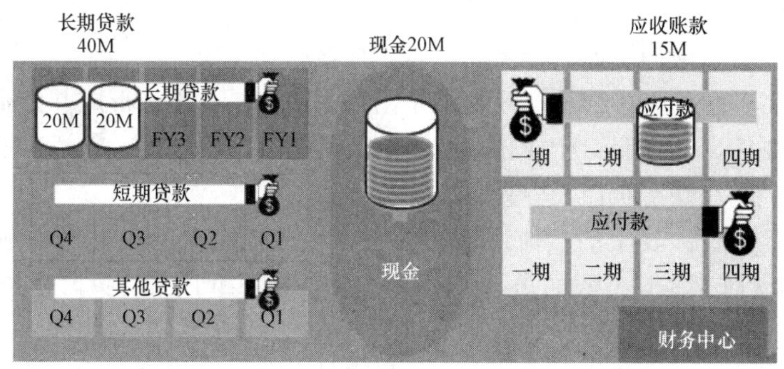

图 2-4 财务中心初始状态

从图 2-4 可以看出，有四、五年的长期负债 40M，放置 2 个空桶来表示。有 3 账期应收款为 15M。有现金资产 20M。

5. 营销与规划中心初始状态

营销与规划中心初始状态设定主要包括产品研发及生产资格、ISO 9000/ISO 14000 研发及资格、市场准入等情况，如图 2-5 所示。

从图 2-5 可以看出，公司具备 P1 产品生产资格、本地市场准入条件。

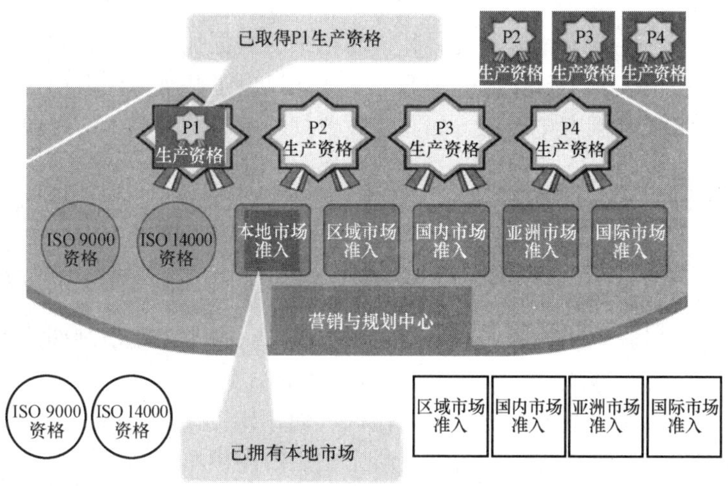

图 2-5 营销与规划中心初始状态

企业运作的最终目标是实现赢利，而日常考察企业赢利能力的主要工具则是企业资产负债表和利润表。

一、资产负债表

资产负债表是反映企业在某一特定时点（如月末、季末、年末）全部资产、负债和所有者权益情况的会计报表，其表明企业在某一特定时点所拥有或控制的经济资源、所承担的现有义务和所有者对净资产的要求权，是一张揭示企业在一定时点完全财务状况的静态报表。

1. 主要内容

企业资产负债表一般由资产、负债和所有者权益三项组成。

（1）资产。资产负债表中的资产反映的是由过去的交易、事项形成并由企业在某一特定时点所拥有或控制的、预期会给企业带来经济利益的资源。一般而言，资产按照流动资产和非流动资产两大类别在资产负债表中列示。

（2）负债。资产负债表中的负债反映在某一特定时点企业所承担的、预期会导致经济利益流出企业的现时义务。一般而言，负债按照流动负债和非流动负债在资产负债表中进行列示。

（3）所有者权益。资产负债表中的所有者权益是企业资产扣除负债后的剩余权益，反映企业在某一特定时点企业股东所拥有净资产的总额。一般而言，所有者权益按照实收资本、资本公积、盈余公积和未分配利润在资产负债表中进行分项列示。

2. 编制原理

资产负债表基于“资产=负债+所有者权益”会计恒等式原理进行编制。资产负债表既是一张平衡报表，反映资产总计（左方）与负债及所有者权益总计（右方）相等；又是一张静态报表，反映企业在某一时点的财务状况。通过在资产负债表上设立“年初数”和“期末数”栏，也能反映企业财务状况的变动情况。

3. 编制方法

会计报表的编制，主要通过对日常会计核算记录的数据加以归集、整理而形成规定的财务信息。企业资产负债表各项目数据的来源，主要通过以下几种方法取得：

（1）根据总账科目余额直接填列。如“应收票据”项目，根据“应收票据”总账科目的期末余额直接填列。

（2）根据总账科目余额计算填列。如“货币资金”项目，根据“库存现金”、“银行存款”、“其他货币资金”等科目的期末余额合计数计算填列。

（3）根据明细科目余额计算填列。如“长期借款”项目，根据“长期借款”总账科目期末余额，扣除“长期借款”科目所属明细科目中反映的、将于一年内到期的长期借款部分，分析计算填列。

（4）根据科目余额减去其备抵项目后的净额填列。如“存货”项目，根据“存货”科目的期末余额，减去“存货跌价准备”备抵科目余额后的净额填列。

二、企业利润表

企业利润表的具体内容取决于收入、费用、利润等会计要素及其内容。从反映企业经营资金运动的角度看，它是一种反映企业经营资金动态表现的报表，主要提供有关企业经营成果方面的信息，属于动态会计报表。

1. 主要内容

一般而言，企业利润表主要包括四个方面的内容：①构成主营业务利润的各项要素；②构成营业利润的各项要素；③构成利润总额（或亏损总额）的各项要素；④构成净利润（或净亏损）的各项要素等。

2. 编制方法

企业利润表是基于“利润=收入–费用”基本关系进行编制的。企业利润表各项目数据的来源，主要通过以下几种方法取得：①以营业收入为基础，计算营业利润；②以营业利润为基础，计算利润总额；③以利润总额为基础，计算净利润等。

学习小结

本单元主要介绍企业经营模拟沙盘的基本情况，对即将要运作的模拟企业的股东期望、财务状况和经营成果进行了详细阐述，并将模拟企业的初始状态在沙盘盘面上进行了设定。

单元练习

1. 什么是资产负债表？资产负债表有哪些项目？
2. 什么是企业利润表？企业利润表有哪些项目？
3. 在沙盘运营中，原料订单可用什么来表示？灰币代表什么？
4. 在沙盘运营中，手工生产线和半自动生产线的生产周期分别是几个季度？
5. 简述沙盘在实际生活中的应用。

单元二　模拟企业运营规则

学习目标

（1）通过沙盘了解企业与企业的组织架构。

（2）熟练掌握企业经营模拟沙盘运营规则。

（3）了解企业各角色的任务和作用。

（4）深刻认识自己所担任角色的重要性。

（5）学会分析竞争市场信息预测。

学习任务

任务一　模拟企业管理团队组建

新管理层首要任务之一是设定企业组织架构以及组建企业的管理团队并进行职责分工，这是企业是否可持续发展的重要基础，也是新管理层能否兑现董事会期望的关键环节之一。

1. 企业组织架构

在社会信息化迅猛发展的今天，根据企业经营现状，新的管理层考虑通过信息化手段加强企业管理，向管理要效益。为此企业设定了几个主要的管理部门，其简单的组织架构如图 2-6 所示。

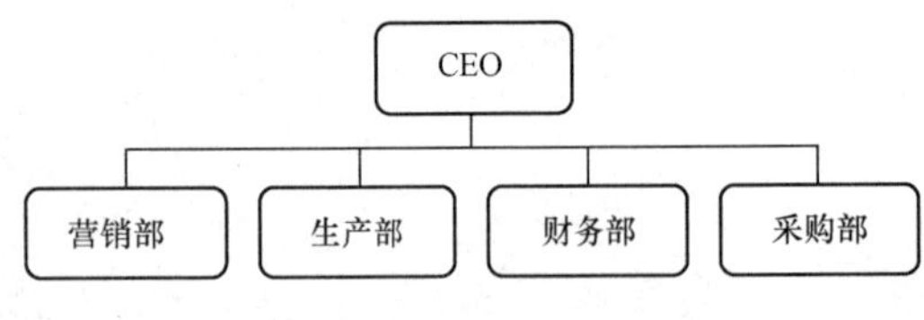

图 2-6　企业组织架构简图

2. 组建团队及管理职责

在企业经营模拟沙盘中，根据企业运营的实际，锡商拉链组建了包含 CEO、财务总监、营销总监、生产总监和采购总监等为核心成员的管理团队，其核心成员工作职责及分工如下：

（1）CEO 职责。企业所有的重要决策均由首席执行官带领团队成员共同决定，如果大家意见相左，由 CEO 拍板决定。

（2）财务总监职责。在企业中，财务与会计的职能常常是分离的，它们有着不同的目标和工作内容。会计主要负责日常现金收支管理，定期核查企业的经营状况，核算企业的经营成果，制订预算及对成本数据的分类和分析。财务的职责主要负责资金的筹集、管理；做好现金预算，管好、用好资金。在这里，我们将两者职能归入到财务总监，其主要任务是管好现金流，按需求支付各项费用、核算成本，按时报送财务报表并做好财务分析；进行现金预算、采用经济有效的方式筹集资金，将资金成本控制到较低水平。

（3）营销总监职责。企业的利润是由销售收入带来的，销售实现是企业生存和发展的关键，营销总监在企业中的地位不言自明。营销总监所担负的主要责任：开拓市场、销售管理。

开拓市场：作为一家民营企业，最初大都在其所在地注册企业并开始运营，经过几年的经营，在本地市场上已站稳脚跟。在全球市场广泛开放之时，一方面要稳定企业现有市场，另一方面要积极拓展新市场，争取更大的市场空间，才能力求在销售量上实现增长。

销售管理：销售和收款是企业的主要经营业务之一，也是企业联系客户的门户。销售主管应结合市场预测及客户需求制订销售计划，有选择地进行广告投放，取得与企业生产能力相匹配的客户订单，与生产部门做好沟通，保证按时交货给客户，监督货款的回收，进行客户关系管理。

（4）生产总监职责。生产总监是企业生产部门的核心人物，对企业的一切生产活动进行管理，并对企业的一切生产活动及产品负最终的责任。生产总监既是计划的制订者和决策者，又是生产过程的监控者，对企业目标的实现负有重大的责任，他的工作是通过计划、组织、指挥和控制等手段实现企业资源的优化配置，创造最大的经济效益。

生产管理的范畴主要包括负责公司生产、仓储及现场管理等方面的工作，协调完成生产计划，维持生产低成本稳定运行，并处理好有关的外部工作关系；生产计划的制订落实及生产和能源的调度控制，保持生产正常运行，及时交货；组织新产品研发，扩充并改进生产设备，不断降低生产成本；做好生产车间的现场管理，保证安全生产；协调处理好有关外部工作关系。

（5）采购总监职责。采购是企业生产的基础环节。采购总监负责编制并实施采购供应计划，分析各种物料供应渠道及市场供求变化情况，力求从价格上、质量上把好第一关，确保在合适的时间点、采购合适的品种及数量的物料，为企业生产做好后勤保障。

组建企业管理团队后，企业管理团队将领导公司未来的发展，在变化的市场中进行开拓，应对激烈的竞争。企业能否顺利运营下去取决于管理团队正确决策的能力。每个团队成员尽可能在做出决策时利用所掌握的知识和经验，不要匆忙行动而陷入混乱。

说明

在指定了首席执行官、营销总监、生产总监、采购总监、财务总监的基础上，根据企业经营模拟沙盘运营实际，还可以考虑分配财务助理、CEO助理等角色。此外，还可以选择不同的任职职位，以体验换位思考，熟悉不同职位的工作及流程。企业经营模拟沙盘中各角色的布局如图2-7所示。

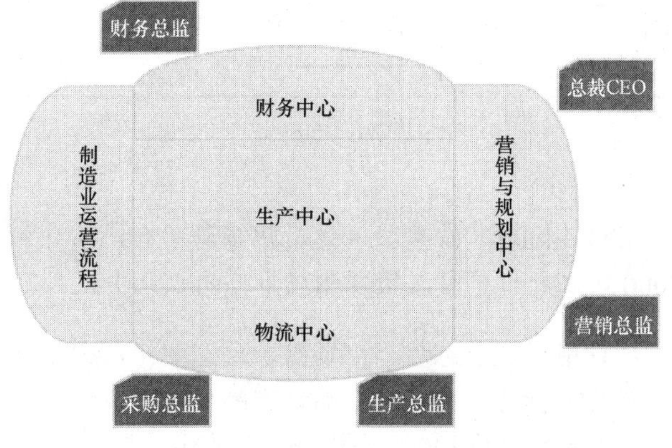

图2-7 模拟沙盘中各角色的布局图

任务二 模拟企业运营规则分析

企业的生存和发展离不开市场这个大环境。企业的实际运营受到来自各方面条件的制约，为此必须熟练掌握企业运营规则，做到合法经营，在竞争中赢得市场。

1. 市场划分与市场准入

市场	开拓费用	持续时间
区域	1M	1年
国内	2M	2年
亚洲	3M	3年
国际	4M	4年

图 2-8 市场划分与准入示意图

目前锡商拉链拥有本地市场准入资格，新市场还包括区域市场、国内市场、亚洲市场、国际市场。不同市场投入的费用及时间不同（见图 2-8），只有市场投入全部完成后方可接单。所有已进入的市场，每年最少需投入 1M 维持，否则视为放弃了该市场。

市场开发投资按年度支付，各个市场间没有必然联系，允许多个市场同时开发，但每个市场每年最多投入 1M，不允许加速投入，但当企业资金短缺时可随时中断或终止投入。

2. 销售会议与订单争取

（1）销售会议。每年初各企业的销售经理与客户见面并召开销售会议，根据市场地位、产品广告投入、市场广告投入和市场需求及竞争态势，按顺序选择订单。

（2）市场地位。市场地位是针对每个市场而言的。企业市场地位根据上一年度各企业的销售额排列，销售额最高的企业成为该市场的“市场领导者”，又称“市场老大”。

（3）广告投放。广告投放是分市场、分产品投放进行的，投入 1M 有一次选取订单的机会，以后每多投 2M 增加一次选单机会。但选单机会能否变成现实要视订单数量、竞争态势等情况而定。广告投放表见表 2-3。

表 2-3 广告投放表

本地市场				区域市场				国内市场				亚洲市场				国际市场			
产品	广告	9K	14K	产品	广告	9K	14K	产品	广告	9K	14K	产品	广告	9K	14K	产品	广告	9K	14K
P1				P1				P1				P1				P1			
P2				P2				P2				P2				P2			
P3				P3				P3				P3				P3			
P4				P4				P4				P4				P4			

说 明

关于 ISO 9000、ISO 14000 广告费投入是对该市场所有产品有效。如希望获得标有 ISO 9000 或 ISO 14000 认证的订单时必须在相应市场的栏目中投入 1M 广告费。

（4）客户订单。客户订单视竞争态势、市场需求动态变化，在企业经营沙盘模拟中客户订单以卡片形式呈现。卡片上标注了市场、产品、产品数量、单价、订单总金额、账期及特殊要求（如是否加急、ISO 9000/ISO 14000 资格）等。其中：

1）订单中账期代表企业在交付订单后产品应收款的账期。

2）ISO 9000 或 ISO 14000 认证的订单必须是企业完成相应 ISO 认证和投入对应广告费两者都具备的企业才有机会接单。

3）加急订单表示必须在当年第一季度交货。其他订单在当年任何季度都可以交货。所有订单如没有按时交货，则企业会受到相应处罚：因不守信用市场地位下降一级；下年度该订单必须最先交货，且交货时扣除订单总金额的25%作为违约金。

（5）订单争取。客户订单是按照市场、产品按序进行。具体选单次序如下：

首先，由上一年在该市场的订单价值决定市场领导者，并由其最先选择订单；其次，按产品广告投入量的多少，依次选择订单；若在同一产品上有多家企业的广告投入相同，则按该市场上全部产品的广告投入量决定选单顺序；若市场的广告投入量也相同，则按上一年订单销售额的排名决定顺序；否则通过招标方式选择订单。

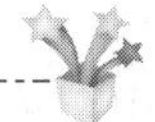

说明

只有市场老大在该市场、该产品投入至少 1M 广告费才有优先选单权利。另外，无论投入多少广告费，每次有选单机会时只能选择 1 张订单；然后再等待下一轮选单机会。各个市场的产品数量是有限的，并非打广告一定得到订单，能分析清楚“市场预测”，并且“商业间谍”得力的专家，一定占据优势。

3. 厂房购买、租赁与出售

目前锡商拉链拥有大厂房 1 个。每年年底决定厂房是购买、租赁还是出售，购买厂房时将购买款放在相应的厂房价值处，厂房不提折旧。厂房可以在运营的每个季度规定时点进行出售，出售款计入 4 账期的应收款。厂房购买、租赁与出售示意如图 2-9 所示。

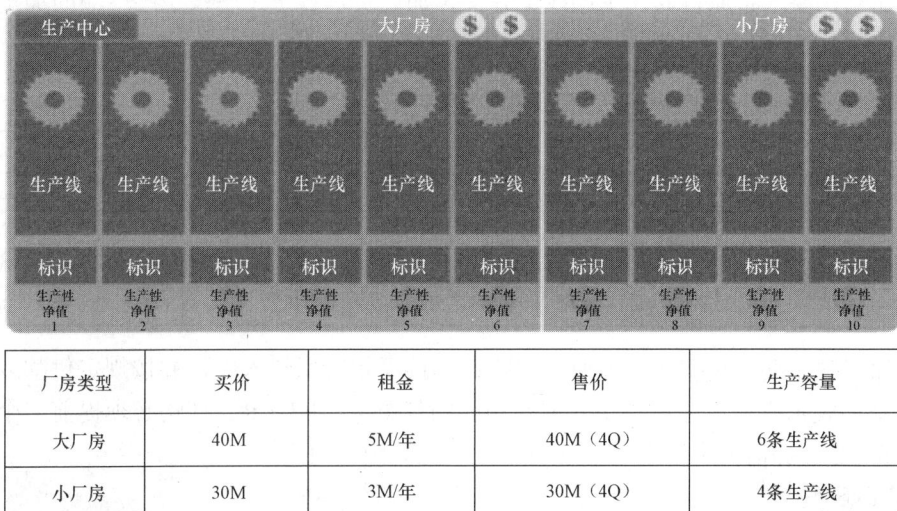

厂房类型	买价	租金	售价	生产容量
大厂房	40M	5M/年	40M（4Q）	6条生产线
小厂房	30M	3M/年	30M（4Q）	4条生产线

图 2-9　厂房购买、租赁与出售示意图

4. 生产线购买、转产与维护、出售

目前，锡商拉链拥有 3 条手工生产线和 1 条半自动生产线，另外还可选择全自动生产线、柔性生产线。不同类型生产线的主要区别是生产效率和灵活性。生产效率主要是指单位时间生产产品的数量；灵活性是指转产生产新产品时设备调整的难易程度。生产线购买、转产与维护、出售示意如图 2-10 所示。

所有生产线都能生产所有产品，所需支付的加工费相同，1M/产品。

生产线类型	购买价格	安装周期	生产周期	转产周期	转产费用	维护费用	出售残值
手工线	5M	无	3Q	无	无	1M/年	1M
半自动	8M	2Q	2Q	1Q	1M	1M/年	2M
全自动	16M	4Q	1Q	2Q	4M	1M/年	4M
柔性线	24M	4Q	1Q	无	无	1M/年	6M

图 2-10 生产线购买、转产与维护、出售示意图

购买：投资新生产线时按安装周期平均支付投资，全部投资到位的下一个季度领取产品标识，开始生产。

转产：现有生产线转产生产新产品时可能需要一定转产周期并支付一定转产费用，最后一笔支付到期一个季度后方可更换产品标识。

维护：当年在建的生产线和当年出售的生产线不用交维护费。

出售：出售生产线时，如果生产线净值小于残值，将净值转换为现金；如果生产线净值大于残值，将相当于残值的部分转换为现金，将差额部分作为费用处理（综合费用—其他）。

折旧：每年按生产线净值的 1/3 取整计算折旧。当年建成的生产线不提折旧，当生产线净值小于 3M 时，每年提 1M 折旧。

5. 产品生产与原材料采购

（1）产品生产。产品研发完成后即可投入生产，生产不同产品需要不同原材料。开始生产时按产品结构要求将原料放在生产线上并支付加工费，各条生产线生产产品的加工费均为 1M，见表 2-4。

表 2-4　　产品构成与成本一览表

产　品	产 品 构 成	加工费	总成本
P1	1R1	1M	2M
P2	1R1+1R2	1M	3M
P3	2R2+1R3	1M	4M
P4	1R2+1R3+2R4	1M	5M

（2）原材料采购。根据上季度所下采购订单接受相应原料入库，并按规定付款或计入应付款。用空桶表示原材料订货，将其放在相应的订单上，R1、R2 订购必须提前一个季度；R3、R4 订购必须提前两个季度。原材料采购示意如图 2-11 所示。

6. 产品研发

新产品研发投资可以同时进行，按研发周期平均支付研发费用，当资金短缺时可以随时中断或完全终止投资，全部投资完成后方可接单生产。研发投资计入综合费用，研发投资完成后持全部投资换取产品生产资格证。产品研发示意如图 2-12 所示。

7. 市场开发和 ISO 认证

（1）市场开发。市场开发投资按年度支付，允许同时开发多个市场，但每个市场每年最

多投资为 1M，不允许加速投资，但允许中断。市场开发完成后持开发费用换取市场准入证，之后才允许进入该市场竞单。研发投资计入当年综合费用。市场开发示意如图 2-13 所示。

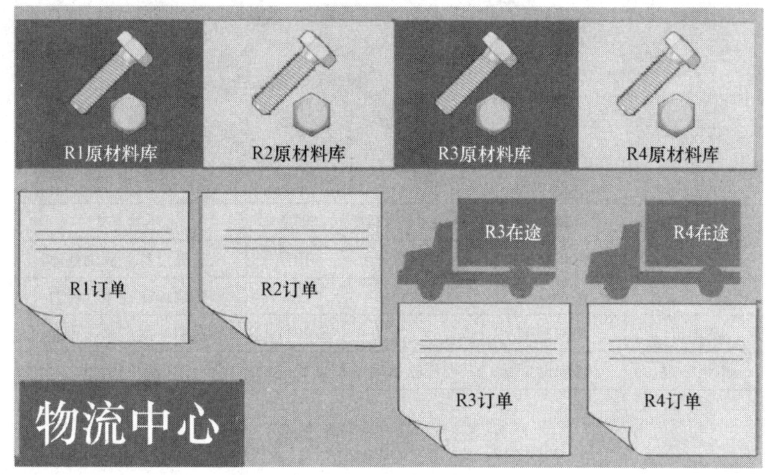

图 2-11 原材料采购示意图

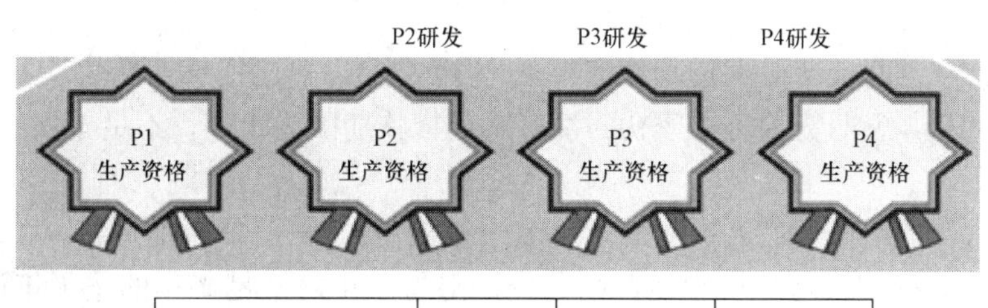

产品类型	P2	P3	P4
研发时间	6Q	6Q	6Q
研发投资	6M	12M	18M

图 2-12 产品研发示意图

（2）ISO 认证。ISO 9000 和 ISO 14000 两项认证投资可同时进行或延期，相应投资完成后换取 ISO 资格证。只有获得 ISO 相应资格后才能在市场中投入 ISO 宣传费，也才有机会获得具有 ISO 要求的特殊订单。ISO 认证投资计入当年综合费用。ISO 认证示意如图 2-14 所示。

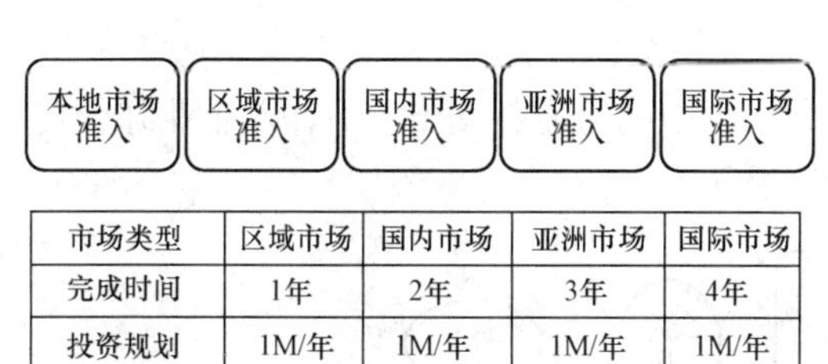

市场类型	区域市场	国内市场	亚洲市场	国际市场
完成时间	1年	2年	3年	4年
投资规划	1M/年	1M/年	1M/年	1M/年

图 2-13 市场开发示意图

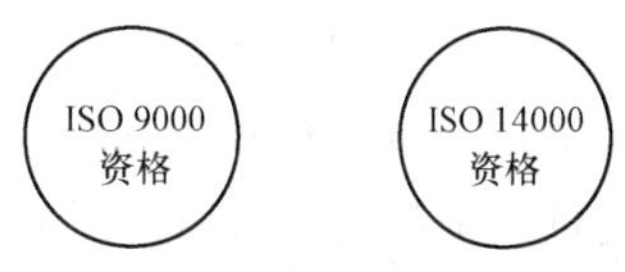

管理体系	ISO 9000	ISO 14000
建立时间	2年	3年
所需投资	1M/年	1M/年

图 2-14 ISO 认证示意图

8. 融资贷款与资金贴现

资金是企业的血液，是企业任何活动的支撑。在企业经营沙盘模拟中，融资渠道主要包括银行长短贷、高利贷和资金贴现等，如图 2-15 所示。

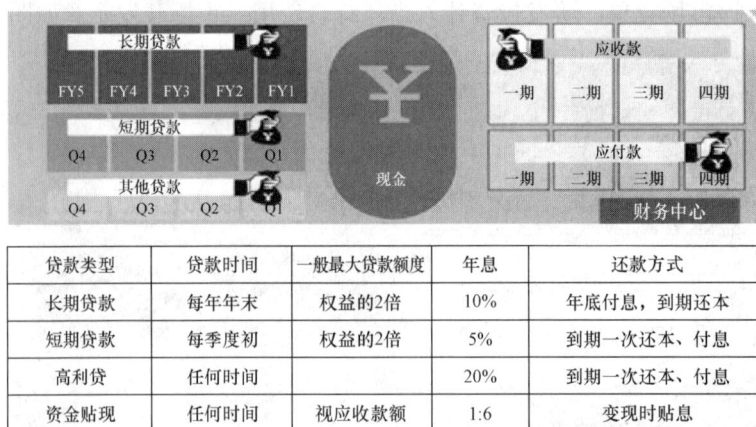

贷款类型	贷款时间	一般最大贷款额度	年息	还款方式
长期贷款	每年年末	权益的2倍	10%	年底付息，到期还本
短期贷款	每季度初	权益的2倍	5%	到期一次还本、付息
高利贷	任何时间		20%	到期一次还本、付息
资金贴现	任何时间	视应收款额	1:6	变现时贴息

图 2-15 企业融资渠道

（1）长期贷款。长期贷款每年年末一次，长期贷款最长期限为 5 年，每年必须支付利息，到期还本。

当期长期最大贷款额度＝上一年权益×2－已贷长期贷款

（2）短期贷款。短期贷款每季季初一次，短期贷款期限为 1 年，不足 1 年的按 1 年计息，到期还本付息。

当期短期最大贷款额度＝上一年权益×2－已贷短期贷款

（3）高利贷。高利贷可随时申请，高利贷期限为 1 年，不足 1 年的按 1 年计息，到期还本付息。具体额度与银行协商。

（4）资金贴现。当有应收款时随时可以进行资金贴现，金额是 7 的倍数，不论应收款期限长短，拿出 7M 交 1M 的贴现费。

以上所有贷款都必须以 20 的整数倍申请，发放贷款以 20M 为基本贷款单位。

9. 综合费用与折旧、税金等

（1）综合费：行政管理费、市场开拓、产品研发、ISO 认证、广告费、生产线转产、设备维修、厂房租金等计入综合费用。

（2）折旧：设备折旧按余额递减法计算，每年按生产线净值的 1/3 取整计算折旧。当年建成的生产线不提折旧，当生产线净值小于 3M 时，每年提 1M 折旧。

（3）税金：每年所得税计入应付税金，在下一年初交纳。

（4）利息：企业发生的利息、贴息等费用在利润表中列为财务支出，不计入企业综合费用。

企业综合费用与折旧、税金等示意如图 2-16 所示。

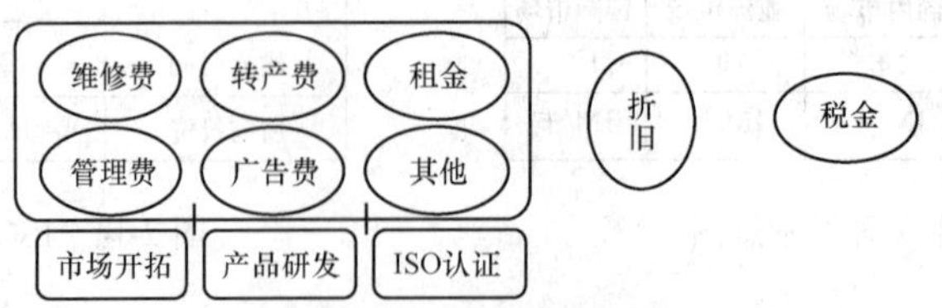

图 2-16 企业综合费用与折旧、税金等示意图

注意

以上的企业经营模拟沙盘运营规则，可以结合模拟企业运营的实际情况进行适当调整，以期达到最佳沙盘体验效果。

任务三 竞争市场信息分析预测

在企业经营模拟沙盘运作中，市场预测信息是各企业能够得到的关于未来几年产品市场需求趋势的唯一有参考价值的信息，与市场预测的分析和企业营销方案的制订息息相关。

权威市场调研机构对未来6年各个市场对拉链行业P系列产品需求进行了预测。P1产品是目前市场上主流技术产品，P2作为P1的技术改良产品也容易获得大众的认同。P3和P4产品作为P系列产品里的高端技术产品，在各个市场上对它们的认同度不尽相同，需求量与价格在不同市场也会有较大差异。以下为8组拉链企业竞争的市场预测信息。

1. 本地市场信息预测

本地市场将会持续发展，对低端产品的需求可能要下滑，伴随着需求的减少，低端产品的价格很有可能走低。后几年，随着高端产品的成熟，市场对P3、P4产品的需求将会逐渐增大。由于客户对质量意识的不断提高，后几年可能对产品的ISO 9000和ISO 14000认证有更多的需求。本地市场P系列产品市场预测如图2-17所示。

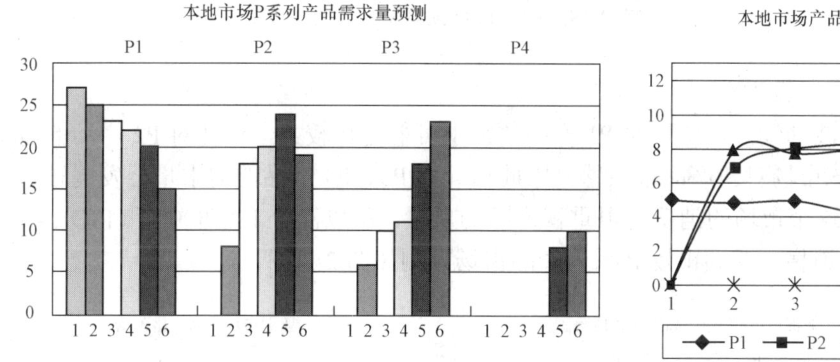

图2-17 本地市场预测图

2. 区域市场信息预测

区域市场的客户相对稳定，对P系列产品需求的变化很有可能比较平稳。因为紧邻本地市场，所以产品需求量的走势可能与本地市场相似，价格趋势也大致一样。该市场容量有限，对高端产品的需求也可能相对较小，但客户会对产品的ISO 9000和ISO 14000认证有较高的要求。区域市场P系列产品市场预测如图2-18所示。

3. 国内市场信息预测

因P1产品带有较浓的地域色彩，估计国内市场对P1产品不会有持久的需求。但P2产品因更适合于国内市场，估计需求一直比较平稳。随着对P系列产品的逐渐认同，估计对P3产品的需求会发展较快。但对P4产品的需求就不一定像P3产品那样旺盛。当然，对高价值的产品来说，客户一定会更注重产品的质量认证。国内市场 P 系列产品市场预测如图 2-19 所示。

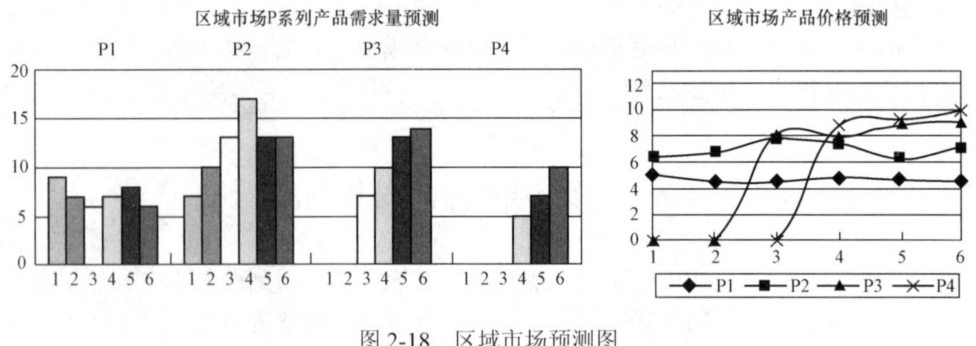

图 2-18 区域市场预测图

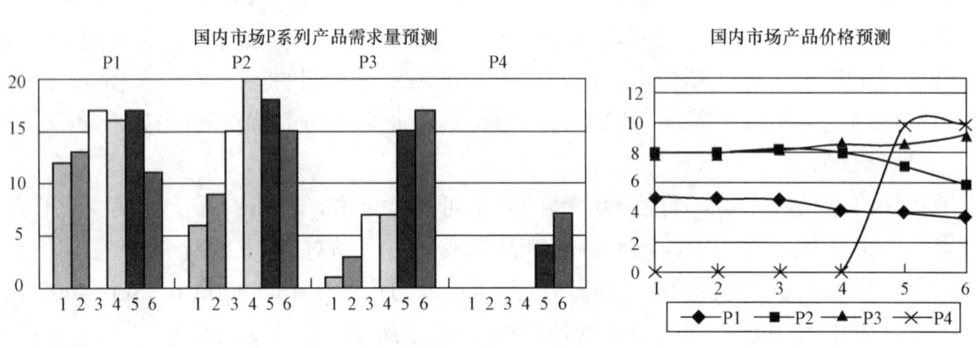

图 2-19 国内市场预测图

4. 亚洲市场信息预测

亚洲市场一向波动较大，所以对 P1 产品的需求可能起伏较大，估计对 P2 产品的需求走势与 P1 相似。但该市场对新产品很敏感，因此估计对 P3、P4 产品的需求量会发展较快，价格也不菲。另外，这个市场的消费者很重视产品的质量，所以没有 ISO 9000 和 ISO 14000 认证的产品可能很难销售。亚洲市场 P 系列产品市场预测如图 2-20 所示。

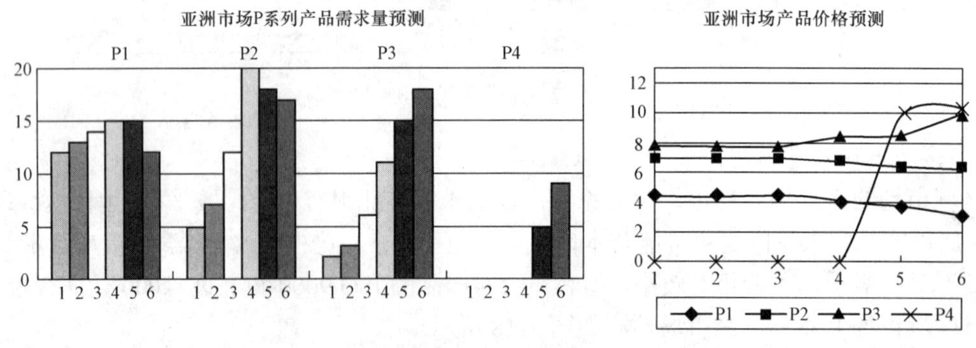

图 2-20 亚洲市场预测图

5. 国际市场信息预测

P 系列产品进入国际市场可能需要一个较长的时期。有迹象表明，对 P1 产品已经有所认同，但还需要一段时间才能被市场接受。同样，对 P2、P3 和 P4 产品也会很谨慎地接受，需求发展较慢。当然，国际市场的客户也会关注具有 ISO 认证的产品。国际市场 P 系列产品市场预测如图 2-21 所示。

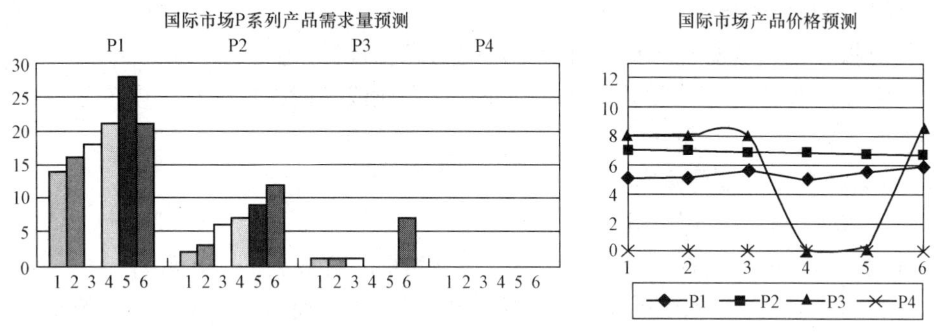

图 2-21 国际市场预测图

市场预测是企业或部门运作的必备环节之一，其结果直接影响企业或部门的经济效益和社会效益。

一、市场预测概述

1. 市场预测特点

（1）预见性。市场预测的主要目的就是对市场未来的发展趋势作出预见性的判断，它必须是在深入分析市场既往历史和现状的基础上进行的合理判断，其目标是最大限度地减少未来市场的不确定性，使预测结果和未来的实际情况的偏差概率达到最小化。

（2）科学性。市场预测必须以周密的调查研究为基础，充分收集各种真实可靠的数据并运用科学的预测理论和预测方法，找出预测对象的客观运行规律，反复推算得出近乎实际的结论，从而有效地指导人们的实践。

（3）针对性。每一次市场调查和预测，只能针对某一具体的经济、社会活动或某一产品的发展前景。一般而言，选定的预测对象越明确，市场预测的现实指导意义就越大。

（4）时效性。市场预测是针对预测对象在未来一定时段内进行的要素预测，一般而言，越接近预测时段其预测效用越小。

2. 市场预测分类

市场预测按照不同的分类标准可以分成不同类别。

（1）按预测的范围分，可以分为宏观市场预测和微观市场预测。宏观市场预测是对大范围或整体现象的未来所作的综合预测。微观市场预测是某一部门或某一经济实体对特定市场产品供需变化情况、新产品开发前景等进行的分析预测。

（2）按预测的时间分，可以分为短期预测、中期预测和长期预测。根据预测对象的不同其分类的时间段有所不同，一般而言，1 年内的预测称为短期预测，1 年至 3～5 年的预测是中期预测，3～5 年以上的预测是长期预测。

（3）按预测的方法分，可以分为定性预测和定量预测。定性预测一般是借助预测者的经验、业务水平及逻辑推理能力进行预测，定量预测一般是在数据调查的基础上构建数学模型进行的预测。

二、市场预测报告

1. 市场预测报告的概念

市场预测报告是指依据已掌握的有关市场的信息和资料，通过科学的方法分析进行研究，从而预测未来发展趋势的一种预见性报告，为有关企业或部门提供信息，以改善经营管理，促使产销对路，提高经济效益。

2. 市场预测报告的主要内容

市场预测报告一般包括以下几方面内容。

（1）标题。标题一般由预测及预测展望等要素组成，标题要简明、醒目。

（2）前言。主要说明预测的主旨，或概括介绍报告的主要内容，也可以将预测的结果先提到这个部分来写，以引起读者的注意。

（3）正文。报告正文是市场预测报告的主体部分，此部分要求能运用资料数据，准确说明现状，分析研究数据，科学推断未来。一般应包括基本情况分析、预测内容等多个部分。

（4）结论或者建议。在科学预测的基础上提出合理的综合性的结论或者对企业和部门在未来运作方面的具体建议。

学习小结

本单元列举企业经营模拟沙盘管理团队组建要素及工作职责，重点介绍模拟企业在沙盘运作中诸如市场准入、订单争取、厂房建设、生产线建设、产品研发与生产、市场开拓及资金、综合费用等相关运营规则，同时对模拟企业经营期间的本地、区域、国内、亚洲和国际市场对不同产品的市场预期作了详细地分析和说明。

单元练习

1. 在沙盘运营中，管理团队有几种角色？每个角色的主要职责分别是什么？
2. 在沙盘运营中，长期贷款和短期贷款的资金用途侧重点会有什么不同？
3. 简述市场预测对企业运作的重要意义。
4. 简述客户选单的次序。
5. 简述广告投放的规则。

单元三　模拟企业运营流程

学习目标

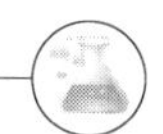

（1）掌握模拟企业常见的竞争策略。

（2）掌握模拟企业运营流程和要求。

（3）掌握编制利润表和资产负债表的方法。

（4）体验模拟企业初始年的运营。

学习任务

任务一　模拟企业典型竞争策略

在企业经营模拟沙盘运营前，要有一整套策略成型于心，这样才能使你的团队临危不乱，镇定自若，在变幻莫测的比赛中赢到最后。

1. 力压群雄——霸王策略

（1）策略介绍。在开赛初，筹到大量资金用于扩大产能，保证产能第一，以高广告策略夺取本地市场老大，并随着产品开发的节奏，成功实现P1向P2，P2向P3的主流产品过渡。在竞争中始终保持主流产品销售量和综合销售量第一。后期再用高广告策略争夺主导产品的最高价市场的老大，保持权益最高，使对手望尘莫及，难以超越。

（2）运作要点。运作好此策略的关键有两点：①资本运作，使自己有充足的资金用于产能扩大，并能抵御强大的还款压力，使资金运转正常，所以此策略对财务总监要求很高。②精确的产能测算与生产成本预算，如何安排自己的产能扩大节奏？如何实现零库存？如何进行产品组合与市场开发？这些将决定着最终的成败！

（3）策略评述。采取霸王策略的团队要有相当的魄力，谨小慎微者不宜采用。此策略的劣势在于如果资金或广告在某一环节出现失误，则会使自己限于十分艰难的处境，过大的还款压力，可能将自己压至破产，所以此策略风险很高。

2. 忍辱负重——越王策略

（1）策略介绍。采取此策略者通常是有很大的产能潜力，但由于期初广告运作失误，导致权益过低，处于劣势地位。所以要在第二、三年不得不靠P1维持生计，延缓产品开发计划，或进行 P2 产品开发，积攒力量，度过危险期。在第四年时，突然推出 P3 或 P4 产品，配以精确广告策略，出其不意地攻占对手们的薄弱市场！在对手忙于应对时，自己早已把 P3、P4 的最高价市场把持在手，并抓住不放，不给对手机会，最终称霸。

（2）运作要点。此策略制胜的关键点在于广告运作和现金测算上，因为要采取精确广告策略，所以一定要仔细分析对手的情况，找到他在市场中的薄弱环节，以最小的代价夺得市场，减少成本。其次，因为要出奇兵（P3 或 P4），但这些产品对现金要求很高，所以现金测算必须准确，因为倘若完不成订单遭罚，那将前功尽弃，功亏一篑。

（3）策略评述。越王策略，不是一种主动的策略，多半是在不利的情况下采取的，所以团队成员要有很强的忍耐力与决断力，不要为眼前一时的困境所压倒，并学会“好钢用在刀刃上”，节约开支，降低成本，先图生存，再想夺占！

3. 见风使舵——渔翁策略

（1）策略介绍。当市场上有两家实力相当的企业争夺第一时，渔翁策略就派上用场了，首先在产能上要努力跟随前两者的开发节奏，同时内部努力降低成本，在每次新市场开辟时均采用低广告策略，规避风险，稳健经营，在双方两败俱伤时立即占领市场。

（2）运作要点。此策略的关键是：①“稳”字当头，经营过程中一切按部就班，广告投入，产能扩大都是循序渐进，逐步实现，稳扎稳打。②要利用好时机，因为时机是稍纵即逝的，对对手一定要仔细分析。

（3）策略评述。渔翁策略在比赛中是常见的，但要成功一定要做好充分准备，只有这样才能抓住机会，从而使对手无法超越。

任务二　模拟企业运营流程分析

企业运营流程表是企业经营模拟中各项工作需要遵守的执行次序，共分为年初 4 项工作、每季 19 项工作和年末 6 项工作。执行任务清单时由 CEO 主持，团队成员各司其职，每执行完一项任务，CEO 在方格中打钩作为完成标志。

1. 年初 4 项工作

（1）新年度规划会议。新的一年开始之际，企业管理团队要制订（调整）企业战略，做出经营规划、设备投资规划、营销策划方案等。具体来说，需要进行销售预算和可承诺量的计算。

预算是企业经营决策和长期投资决策目标的一种数量表现，即通过有关的数据将企业全部经济活动的各项目标具体地、系统地反映出来。销售预算是编制预算的关键和起点，主要是对本年度要达成的销售目标的预测，销售预算的内容是销售数量、单价和销售收入等。

可承诺量的计算：参加订货会之前，需要计算企业的可接单量。企业可接单量主要取决于现有库存和生产能力，因此产能计算的准确性直接影响到销售交付。

（2）参加订货会/登记销售订单。

1）参加订货会。各企业派营销总监参加销售会议，按照市场地位、广告投放、竞争态势、市场需求等条件分配客户订单。

2）登记销售订单。客户订单相当于与企业签订的订货合同，需要进行登记管理。营销总监领取订单后，负责将订单登记在“订单登记表”中，记录每张订单的订单号、所属市场、所订产品、产品数量、订单销售额、应收账期；将广告费放置在沙盘上的“广告费”位置。财务总监记录支出的广告费。

（3）制定新年度计划。在明确今年的销售任务后，需要以销售为龙头，结合企业对未来的预期，编制生产计划、采购计划、设备投资计划并进行相应的资金预算。将企业的供产销活动有机地结合起来，使企业各部门的工作形成一个有机的整体。

（4）支付应付税。依法纳税是每个企业及公民的义务。财务总监按照上一年度利润表的“所得税”一项的数值取出相应的现金放置于沙盘上的“税金”处并做好现金收支记录。

2. 每季 19 项工作

（1）季初现金盘点。财务总监盘点目前现金库中的现金，并记录现金余额。

（2）更新短期贷款/还本付息/申请短期贷款（高利贷）。

1）更新短期贷款。如果企业有短期贷款，财务总监将空桶向现金库方向移动一格。移至现金库时，表示短期贷款到期。

2）还本付息。短期贷款的还款规则是利随本清。短期贷款到期时，每桶需要支付相应的利息并放置于沙盘盘面上的“利息”处以做好现金收支记录。

3）申请短期贷款。短期贷款只有在这一时点上可以申请。可以申请的最高额度依据运营规则进行。

（3）更新应付款/归还应付款。财务总监将应付款向现金库方向推进一格。到达现金库时，从现金库中取现金付清应付款并做好现金收支记录。

（4）原材料入库/更新原料订单。供应商发出的订货已运抵企业时，企业必须无条件接受货物并支付料款。采购总监将原料订单区中的空桶向原料库方向推进一格，到达原料库时，向财务总监申请原料款，支付给供应商，换取相应的原料。如果现金支付，财务总监要做好现金收支记录。如果启用应付账款，在沙盘上做相应标记。

（5）下原料订单。采购总监根据年初制定的采购计划，决定采购原料的品种及数量，每个空桶代表一批原料，将相应数量的空桶放置于对应品种的原料订单处。

（6）更新生产/完工入库。生产总监将各生产线上的在制品上推进一格。产品下线表示产品完工，将产品放置于相应的产成品库。

（7）投资新生产线/变卖生产线/生产线转产。

1）投资新生产线。投资新设备时，生产总监向指导老师领取新生产线标识，翻转放置于某厂房相应位置，其上放置与该生产线安装周期相同的空桶数，每个季度向财务总监申请建设资金，额度＝设备总购买价值/安装周期，财务总监做好现金收支记录。在全部投资完成后的下一季度，将生产线标识翻转过来，领取产品标识，可以开始投入使用。

2）变卖生产线。当生产线上的在制品完工后，可以变卖生产线。如果此时该生产线净值＜残值，将生产线净值直接转到金库中；如果该生产线净值＞残值，从生产线净值中取出等同于残值的部分置于现金库，将现金差额部分置于综合费用的其他项。财务总监做好现金收支记录。

3）生产线转产。生产线转产是指某生产线转产生产其他产品。如果需要转产且该生产线需要一定的转产周期及转产费用，生产总监翻转生产线标识，按季度向财务总监申请并支付转产费用，停工满足转产周期要求并支付全部的转产费用后，再次翻转生产线标识，领取新的产品标识，开始新的生产。财务总监做好现金收支记录。

（8）向其他企业购买原材料/出售原材料。新产品上线时，原料库中必须备有足够的原料，否则需要停工待料。这时采购总监可以考虑向其他企业购买。如果按原料的原值购入，购买方视同“原材料入库”处理，出售方采购总监从原料库中取出原料，向购买方收取回值现金，放入现金库并做好现金收支记录。如果高于原料价值购入，购买方将差额（支出现金－原料价值）记入利润表中的其他支出；出售方将差额记入利润表中的其他收入，财务总监做好现金收支记录。

（9）开始下一批生产。当更新生产/完工入库后，某些生产线的在制品已经完工，可以考虑开始生产新产品。生产总监按照产品结构从原料库中取出原料，并向财务总监申请产品加工费，将上线产品摆放到离原料库最近的生产周期。

（10）更新应收款/应收款收现。财务总监将应收款向现金库方向盘推进一格，到达现金库时即成为现金，做好现金收支记录。

（11）出售厂房。资金不足时可以出售厂房，厂房按购买价值出售，但得到的是 4 账期应收账款。

（12）向其他企业购买成品/出售成品。如果产能计算有误，有可能本年度不能交付客户订单，这样不仅信誉尽失，且要接受订单总额 25%的罚款。这时营销总监可以考虑向其他企业购买产品。如果以成本价购买，买卖双方正常处理；如果高于成本价购买，购买方将差价（支付现金－产品成本）记入直接成本，出售方将差价记入销售收入，财务总监做好现金收支记录。

（13）按订单交货。营销总监检查各成品库中的成品数量是否满足客户订单要求，满足则按照客户订单交付约定数量的产品给客户，并在订单登记表中登记该批产品的成本。客户按订单收货，并按订单上列明的条件支付货款，若为现金（0 账期）付款，营销总监直接将现金置于现金库，财务总监做好现金收支记录；若为应收账款，营销总监将现金置于应收账款相应账期处。

（14）产品研发投资。按照年初制定的产品研发计划，运营总监向财务总监申请研发资金，置于相应产品生产资格位置。财务总监做好现金收支记录。

（15）支付行政管理费。管理费用是企业为了维持经营发放的管理人员工资、必要的差旅费、招待费等。财务总监取出 1M 摆放在沙盘盘面“管理费”处，并做好现金收支记录。

（16）其他现金收支情况登记。除以上引起现金流动的项目外，还有一些没有对应项目的，如应收账款贴现、高利贷支付的费用等，可以直接记录在该项中。

（17）现金收入合计。统计本季度现金收入总额。

（18）现金支出合计。统计本季度现金支出总额。每年第 4 季度的统计数字中包括第 4 季度本身的和年底发生的支出。

（19）期末现金对账。财务总监盘点现金余额并做好登记。

3. 年末 6 项工作

（1）支付利息/更新长期贷款/申请长期贷款。

1）支付利息。长期贷款的还款规则是每年付息，到期还本。如果当年未到期，每桶需要支付相应的利息，财务总监从现金库中取出长期借款利息置于沙盘盘面上的“利息”处，并做好现金收支记录。长期贷款到期时，财务总监从现金库中取出现金归还本金及当年的利息，并做好现金收支记录。

2）更新长期贷款。如果企业有长期贷款，财务总监将空桶向现金库方向移动一格；当移至现金库时，表示长期贷款到期。

3）申请长期贷款。长期贷款只有在年末可以申请。可以申请的额度依据运营规则进行。

（2）支付设备维护费。在用的每条生产线支付 1M 的维护费。财务总监取相应现金置于沙盘盘面上的“维修费”处，并做好现金收支记录。

（3）支付租金/购买厂房。如果已经使用未购买的厂房，年底需决定厂房是购买还是租用，如果购买，财务总监取出与厂房价值相等的现金置于沙盘盘面上的厂房价值处；如果租赁，财务总监取出与厂房租金相等的现金置于沙盘盘面上的“租金”处。财务总监应做好现金收支记录。

（4）计提折旧。厂房不提折旧，设备按余额递减法计提折旧，在建工程及当年新建设备不提折旧。折旧＝原有设备价值/3 向下取整。财务总监从设备价值中取折旧费放置于沙盘盘面上的“折旧”处。当设备价值下降至 3M 时，每年折旧 1M。

（5）新市场开拓/ISO 资格认证投资。

1）新市场开拓。财务总监取出现金放置在要开拓的市场区域，并做好现金支出记录。市场开发完成后换取相应市场准入证。

2）ISO 认证投资。财务总监取出现金放置在要认证的区域，并做好现金支出记录。认证完成后换取相应 ISO 资格证。

（6）结账。年终做“盘点”，编制利润表和资产负债表。

任务三 利润表和资产负债表编制

1. 编制利润表

每年年底，要核算企业当年的经营利润，编制利润表。利润表中各项目的计算细则见表 2-5。

表 2-5 利润表的编制 单位：百万元

项 目	行次	数 据 来 源
销售收入	1	产品核算统计表中的销售额合计
直接成本	2	产品核算统计表中的成本合计
毛利	3	第 1 行数据－第 2 行数据
综合费用	4	管理费＋广告费＋维修费＋租金＋转产费＋市场准入开拓＋ISO 资格认证＋产品研发＋其他
折旧前利润	5	第 3 行数据－第 4 行数据
折旧	6	上年设备价值的 1/3 向下取整
支付利息前利润	7	第 5 行数据－第 6 行数据
财务收入/支出	8	借款、高利贷、贴现等支付的利息计入财务支出
其他收入/支出	9	出租厂房的收入、购销原材料的收支等
税前利润	10	第 7 行数据＋财务收入＋其他收入－财务支出－其他支出
所得税	11	第 10 行数据除以 3 取整
净利润	12	第 10 行数据－第 11 行数据

注 如果前几年净利润为负数，今年的盈利可用来弥补以前的亏损，可以减除的亏损至多为 5 年。

2. 资产负债表

每年年底，要核算企业年底时的完全财务状况，编制资产负债表。资产负债表中各项目的计算细则见表 2-6。

表 2-6 资产负债表的编制 单位：百万元

资 产	数 据 来 源	负债和所有者权益	数 据 来 源
流动资产：		负债：	
现金	盘点现金	长期负债	长期负债－1 年外到期的长期负债
应收款	盘点应收账款	短期负债	盘点短期借款
在制品	盘点生产线上的在制品	应付账款	盘点应付账款
成品	盘点成品库中的成品	应交税金	根据利润表中的所得税填列
原料	盘点原料库中的原料	一年内到期的长期负债	盘点一年内到期的长期借款
流动资产合计	以上五项之和	负债合计	以上五项之和
固定资产：		所有者权益：	
土地和建筑	厂房价值之和	股东资本	股东不增资的情况下为初值（50）
机器与设备	设备价值之和	利润留存	上一年利润留存＋上一年利润
在建工程	在建设备价值之和	年度净利	利润表中的净利润
固定资产合计	以上三项之和	所有者权益合计	以上三项之和
资产总计	流动资产合计＋固定资产合计	负债和所有者权益总计	负债合计＋所有者权益合计

任务四 模拟企业初始年运营

在起始年，新任管理层仍受制于老领导，企业的决策由老领导定夺，新管理层只能执行。主要目的是团队磨合、进一步熟悉规则，明晰企业的运营过程。

由于起始年的决策仍决定于原有管理层，因此，继续保守经营，不投资新产品研发，不购置固定资产，不尝试新的融资，只是维持原有的生产规模，第一、二季度各订购一批 R1 原料，第三、第四季度各订购一批 R1 原料。

根据模拟企业运营流程，初始年运营相关单据见表 2-7～表 2-13。

表 2-7 初始年企业运营流程表

经 营 流 程	第 1 季度	第 2 季度	第 3 季度	第 4 季度
新年度规划会议	★			
参加订货会/登记销售订单	1			
制定新年度计划	★			
支付应付税	1			
季初现金盘点（请填余额）	18	14	10	22
更新短期贷款/还本付息/申请短期贷款（高利贷）	★	★	★	★
更新应付款/归还应付款	×	×	×	×

续表

经 营 流 程	第1季度	第2季度	第3季度	第4季度
原材料入库/更新原料订单	2	1	1	1
下原料订单	★	★	★	★
更新生产/完工入库	★	★	★	★
投资新生产线/变卖生产线/生产线转产	★	★	★	★
向其他企业购买原材料/出售原材料	×	×	×	×
开始下一批生产	1	2	1	2
更新应收款/应收款收现	★	★	15	32
出售厂房	×	×	×	×
向其他企业购买成品/出售成品	×	×	×	×
按订单交货	×	★	×	×
产品研发投资	×	×	×	×
支付行政管理费	1	1	1	1
其他现金收支情况登记	×	×	×	×
支付利息/更新长期贷款/申请长期贷款				4
支付设备维护费				4
支付租金/购买厂房				★
计提折旧				（4）
新市场开拓/ISO资格认证投资				★
结账				★
现金收入合计	0	0	15	32
现金支出合计	4	4	3	12
期末现金对账（请填余额）	14	10	22	42

表2-8 **初始年现金预算表** 单位：百万元

经 营 流 程	第1季度	第2季度	第3季度	第4季度
期初库存现金	20	14	10	22
支付上年应交税	1			
市场广告投入	1			
贴现费用				
利息（短期贷款）				
支付到期短期贷款				
原料采购支付现金	2	1	1	1
转产费用				

续表

经 营 流 程	第 1 季度	第 2 季度	第 3 季度	第 4 季度
生产线投资				
工人工资	1	2	1	2
产品研发投资				
收到现金前的所有支出	5	3	2	3
应收款到期			15	32
支付管理费用	1	1	1	1
利息（长期贷款）				4
支付到期长期贷款				
设备维护费用				4
租金				
购买新建筑				
市场开拓投资				
ISO 认证投资				
其他				
库存现金余额	14	10	22	42

表 2-9 初始年订单登记表

订单号	×××									合计
市场	本地									
产品	P1									
数量	6									
账期	2Q									
销售额										
成本										
毛利										
未售										

表 2-10 初始年产品核算统计表

项 目	P1	P2	P3	P4	合计
数量	6				6
销售额	32				32
成本	12				12
毛利	20				20

表 2-11 初始年综合管理费用明细表 单位：百万元

项 目	金 额	备 注
管理费	4	
广告费	1	
保养费	4	
租 金		
转产费		
市场准入开拓		□区域 □国内 □亚洲 □国际
ISO 资格认证		□ISO 9000 □ISO 14000
产品研发		P2（ ） P3（ ） P4（ ）
其 他		
合 计	9	

表 2-12 初始年利润表 单位：百万元

项 目	上 年 数	本 年 数
销售收入	35	32
直接成本	12	12
毛利	23	20
综合费用	11	9
折旧前利润	12	11
折旧	4	4
支付利息前利润	8	7
财务收入/支出	4	4
其他收入/支出		
税前利润	4	3
所得税	1	1
净利润	3	2

表 2-13 初始年资产负债表 单位：百万元

资 产	期初数	期末数	负债和所有者权益	期初数	期末数
流动资产：			负债：		
现金	20	42	长期负债	40	40
应收款	15		短期负债		
在制品	8	8	应付账款		
成品	6	6	应交税金	1	1
原料	3	2	一年内到期的长期负债		
流动资产合计	52	58	负债合计	41	41

续表

资　　产	期初数	期末数	负债和所有者权益	期初数	期末数
固定资产：			所有者权益：		
土地和建筑	40	40	股东资本	50	50
机器与设备	13	9	利润留存	11	14
在建工程			年度净利	3	2
固定资产合计	53	49	所有者权益合计	64	66
资产总计	105	107	负债和所有者权益总计	105	107

加强企业战略管理有助于企业走向成功之路，既是企业得以可持续发展的重要基石，也是企业核心竞争力的重要组成部分。

一、企业战略管理

企业战略管理贯穿对企业战略的分析、规划、控制及实施的全过程，涉及企业发展的全局性、长远性、基本性的重大问题和决策。

1. 基本特征

（1）全局性。全局性是相对于局部性而言。任何企业战略管理都涉及企业重大决策，是企业全局的事项，在实施过程中也需要通盘整体加以管理。

（2）长期性。长期性是相对于短期性而言。任何企业战略管理的时间跨度一般在 3 年以上，5～10 年之内。

（3）基本性。基本性是相对于具体性而言。任何企业战略决策的都是基本性问题，而不是具体性问题。

2. 制订企业战略步骤

因为企业战略决策涉及企业的重大事项，其制定一般要经过严格的程序。一般步骤包括：①战略思想确定；②外部环境和内部条件分析研究；③战略目标制定；④战略重点确定；⑤战略对策制订；⑥综合平衡；⑦方案比较及战略评价等。

二、SWOT 分析法

SWOT 分析法（Superiority Weakness Opportunity Threats，SWOT），又称态势分析法或优劣势分析法，用来确定企业自身的竞争优势（strength）、竞争劣势（weakness）、机会（opportunity）和威胁（threat），从而将公司的战略与公司内、外部环境有机地结合起来。其中第一部分 SW，主要用来分析内部环境，第二部分 OT，主要用来分析外部环境。

1. 内部环境分析

主要分析企业的人员素质、技术素质、管理素质，同时分析企业管理全环节的现状及在同行业中的地位等，明确企业的优势和薄弱环节。

2. 外部环境分析

主要分析国家经济发展战略、国民经济和社会发展的长远规划和年度计划、产业发展与调整政策、本部门、本行业和本地区的经济发展战略以及客户情况、竞争对手情况、供应厂家情况、潜在竞争对手情况等外部环境，明确企业产品或服务的外围环境及政府主导的发展方向等。

利用 SWOT 分析法，企业可以从中找出对自己有利的、值得继续发展的因素，以及对自己不利的、要避开的东西，发现存在的问题，找出解决办法，并明确以后的发展方向。

学习小结

本单元列举企业经营模拟沙盘经营的典型竞争策略，重点介绍年初 4 项工作、每季 19 项工作和年末 6 项工作的具体运作流程，并对如何编制模拟企业经营期间的利润表和资产负债表进行了说明，最后还较详细地按照模拟企业经营流程对企业初始年的具体工作进行了模拟运作。

单元练习

1．在沙盘运营中，企业竞争策略有哪些？
2．什么是企业运营流程表？其意义是什么？
3．在沙盘运营中，年初有哪几项工作？年末有哪几项工作？
4．在新年度规划时，企业管理团队要制订哪些计划和战略？
5．什么是生产线转产？生产线转产的条件是什么？

单元四　模拟企业运营实训

学习目标

（1）按照企业运营实施流程履行岗位职责。
（2）通过企业经营沙盘模拟提升团队协作能力。
（3）各负其责赢得竞赛胜利，总结团队得失。

学习任务

任务一　模拟企业第一年运营实训

进入第 1 年，按经营流程顺序执行下列各项操作。每执行完一项操作， CEO 在相应的方格内打钩。各总监在相关表格的方格中填写实际发生数据，见表 2-14～表 2-20。

表 2-14　　企业运营流程表（第 1 年）

经　营　流　程	第 1 季度	第 2 季度	第 3 季度	第 4 季度
新年度规划会议				
参加订货会/登记销售订单				
制定新年度计划				
支付应付税				
季初现金盘点（请填余额）				
更新短期贷款/还本付息/申请短期贷款（高利贷）				
更新应付款/归还应付款				
原材料入库/更新原料订单				
下原料订单				
更新生产/完工入库				
投资新生产线/变卖生产线/生产线转产				
向其他企业购买原材料/出售原材料				
开始下一批生产				

续表

经　营　流　程	第 1 季度	第 2 季度	第 3 季度	第 4 季度
更新应收款/应收款收现				
出售厂房				
向其他企业购买成品/出售成品				
按订单交货				
产品研发投资				
支付行政管理费				
其他现金收支情况登记				
支付利息/更新长期贷款/申请长期贷款				
支付设备维护费				
支付租金/购买厂房				
计提折旧				
新市场开拓/ISO 资格认证投资				
结账				
现金收入合计				
现金支出合计				
期末现金对账（请填余额）				

表 2-15　　**现金预算表（第 1 年）**　　单位：百万元

经　营　流　程	第 1 季度	第 2 季度	第 3 季度	第 4 季度
期初库存现金				
支付上年应交税				
市场广告投入				
贴现费用				
利息（短期贷款）				
支付到期短期贷款				
原料采购支付现金				
转产费用				
生产线投资				
工人工资				
产品研发投资				
收到现金前的所有支出				
应收款到期				
支付管理费用				
利息（长期贷款）				
支付到期长期贷款				
设备维护费用				
租金				

续表

经 营 流 程	第1季度	第2季度	第3季度	第4季度
购买新建筑				
市场开拓投资				
ISO 认证投资				
其他				
库存现金余额				

表 2-16 订单登记表（第1年）

订单号											合计
市场											
产品											
数量											
账期											
销售额											
成本											
毛利											
未售											

表 2-17 产品核算统计表（第1年）

项 目	P1	P2	P3	P4	合计
数量					
销售额					
成本					
毛利					

表 2-18 综合管理费用明细表（第1年） 单位：百万元

项 目	金 额	备 注
管理费		
广告费		
保养费		
租 金		
转产费		
市场准入开拓		□区域 □国内 □亚洲 □国际
ISO 资格认证		□ISO 9000 □ISO 14000
产品研发		P2（ ） P3（ ） P4（ ）
其 他		
合 计		

表 2-19 利润表（第1年） 单位：百万元

项目	上年数	本年数
销售收入		
直接成本		
毛利		
综合费用		
折旧前利润		
折旧		
支付利息前利润		
财务收入/支出		
其他收入/支出		
税前利润		
所得税		
净利润		

表 2-20 资产负债表（第1年） 单位：百万元

资产	期初数	期末数	负债和所有者权益	期初数	期末数
流动资产：			负债：		
现金			长期负债		
应收款			短期负债		
在制品			应付账款		
成品			应交税金		
原料			一年内到期的长期负债		
流动资产合计			负债合计		
固定资产：			所有者权益：		
土地和建筑			股东资本		
机器与设备			利润留存		
在建工程			年度净利		
固定资产合计			所有者权益合计		
资产总计			负债和所有者权益总计		

在企业经营管理中，还会涉及如广告投放表、生产计划及采购计划表等相关基础表格，这些表格是贯穿整个模拟企业运营实训环节。广告投放表、生产计划及采购计划表分别见表 2-21 和表 2-22。

表 2-21 **广告投放表**

时间	本地市场						区域市场						国内市场						亚洲市场						国际市场					
	P1	P2	P3	P4	9K	14K	P1	P2	P3	P4	9K	14K	P1	P2	P3	P4	9K	14K	P1	P2	P3	P4	9K	14K	P1	P2	P3	P4	9K	14K
第1年																														
第2年																														
第3年																														
第4年																														
第5年																														
第6年																														

表 2-22 **生产计划及采购计划表**

生产线		第1年				第2年				第3年				第4年				第5年				第6年			
		1	2	3	4	1	2	3	4	1	2	3	4	1	2	3	4	1	2	3	4	1	2	3	4
1	产品																								
	原料																								
2	产品																								
	原料																								
3	产品																								
	原料																								
4	产品																								
	原料																								
5	产品																								
	原料																								
6	产品																								
	原料																								
7	产品																								
	原料																								
8	产品																								
	原料																								

续表

生产线		第1年				第2年				第3年				第4年				第5年				第6年			
		1	2	3	4	1	2	3	4	1	2	3	4	1	2	3	4	1	2	3	4	1	2	3	4
9	产品																								
	原料																								
10	产品																								
	原料																								
合计	产品																								
	原料																								

任务二　模拟企业第二年运营实训

进入第2年，按经营流程顺序执行下列各项操作。每执行完一项操作，CEO在相应的方格内打钩。各总监在相关表格的方格中填写实际发生的数据，见表2-23～表2-29。

表2-23　　**企业运营流程表（第2年）**

经　营　流　程	第1季度	第2季度	第3季度	第4季度
新年度规划会议				
参加订货会/登记销售订单				
制定新年度计划				
支付应付税				
季初现金盘点（请填余额）				
更新短期贷款/还本付息/申请短期贷款（高利贷）				
更新应付款/归还应付款				
原材料入库/更新原料订单				
下原料订单				
更新生产/完工入库				
投资新生产线/变卖生产线/生产线转产				
向其他企业购买原材料/出售原材料				
开始下一批生产				
更新应收款/应收款收现				
出售厂房				
向其他企业购买成品/出售成品				
按订单交货				
产品研发投资				
支付行政管理费				
其他现金收支情况登记				

续表

经 营 流 程	第 1 季度	第 2 季度	第 3 季度	第 4 季度
支付利息/更新长期贷款/申请长期贷款				
支付设备维护费				
支付租金/购买厂房				
计提折旧				
新市场开拓/ISO 资格认证投资				
结账				
现金收入合计				
现金支出合计				
期末现金对账（请填余额）				

表 2-24 **现金预算表（第 2 年）** 单位：百万元

经 营 流 程	第 1 季度	第 2 季度	第 3 季度	第 4 季度
期初库存现金				
支付上年应交税				
市场广告投入				
贴现费用				
利息（短期贷款）				
支付到期短期贷款				
原料采购支付现金				
转产费用				
生产线投资				
工人工资				
产品研发投资				
收到现金前的所有支出				
应收款到期				
支付管理费用				
利息（长期贷款）				
支付到期长期贷款				
设备维护费用				
租金				
购买新建筑				
市场开拓投资				
ISO 认证投资				
其他				
库存现金余额				

表 2-25 订单登记表（第 2 年）

订单号										合计
市场										
产品										
数量										
账期										
销售额										
成本										
毛利										
未售										

表 2-26 产品核算统计表（第 2 年）

项　目	P1	P2	P3	P4	合计
数量					
销售额					
成本					
毛利					

表 2-27 综合管理费用明细表（第 2 年） 单位：百万元

项　目	金　额	备　注
管理费		
广告费		
保养费		
租　金		
转产费		
市场准入开拓		□区域　□国内　□亚洲　□国际
ISO 资格认证		□ISO 9000　□1SO 14000
产品研发		P2（　）P3（　）P4（　）
其　他		
合　计		

表 2-28 利　润　表（第 2 年） 单位：百万元

项　目	上　年　数	本　年　数
销售收入		
直接成本		
毛利		
综合费用		
折旧前利润		

续表

项　目	上　年　数	本　年　数
折旧		
支付利息前利润		
财务收入/支出		
其他收入/支出		
税前利润		
所得税		
净利润		

表 2-29 **资产负债表（第 2 年）** 单位：百万元

资　产	期初数	期末数	负债和所有者权益	期初数	期末数
流动资产：			负债：		
现金			长期负债		
应收款			短期负债		
在制品			应付账款		
成品			应交税金		
原料			一年内到期的长期负债		
流动资产合计			负债合计		
固定资产：			所有者权益：		
土地和建筑			股东资本		
机器与设备			利润留存		
在建工程			年度净利		
固定资产合计			所有者权益合计		
资产总计			负债和所有者权益总计		

任务三　模拟企业第三年运营实训

进入第 3 年，按经营流程顺序执行下列各项操作。每执行完一项操作， CEO 在相应的方格内打钩。各总监在相关表格的方格中填写实际发生的数据，见表 2-30～表 2-36。

表 2-30 **企业运营流程表（第 3 年）**

经　营　流　程	第 1 季度	第 2 季度	第 3 季度	第 4 季度
新年度规划会议				
参加订货会/登记销售订单				
制定新年度计划				
支付应付税				
季初现金盘点（请填余额）				

续表

经　营　流　程	第1季度	第2季度	第3季度	第4季度
更新短期贷款/还本付息/申请短期贷款（高利贷）				
更新应付款/归还应付款				
原材料入库/更新原料订单				
下原料订单				
更新生产/完工入库				
投资新生产线/变卖生产线/生产线转产				
向其他企业购买原材料/出售原材料				
开始下一批生产				
更新应收款/应收款收现				
出售厂房				
向其他企业购买成品/出售成品				
按订单交货				
产品研发投资				
支付行政管理费				
其他现金收支情况登记				
支付利息/更新长期贷款/申请长期贷款				
支付设备维护费				
支付租金/购买厂房				
计提折旧				
新市场开拓/ISO资格认证投资				
结账				
现金收入合计				
现金支出合计				
期末现金对账（请填余额）				

表2-31　　现金预算表（第3年）　　单位：百万元

经　营　流　程	第1季度	第2季度	第3季度	第4季度
期初库存现金				
支付上年应交税				
市场广告投入				
贴现费用				
利息（短期贷款）				
支付到期短期贷款				
原料采购支付现金				
转产费用				

续表

经 营 流 程	第1季度	第2季度	第3季度	第4季度
生产线投资				
工人工资				
产品研发投资				
收到现金前的所有支出				
应收款到期				
支付管理费用				
利息（长期贷款）				
支付到期长期贷款				
设备维护费用				
租金				
购买新建筑				
市场开拓投资				
ISO认证投资				
其他				
库存现金余额				

表2-32 订单登记表（第3年）

订单号											合计
市场											
产品											
数量											
账期											
销售额											
成本											
毛利											
未售											

表2-33 产品核算统计表（第3年）

项 目	P1	P2	P3	P4	合计
数量					
销售额					
成本					
毛利					

表 2-34　**综合管理费用明细表（第 3 年）**　单位：百万元

项　目	金　额	备　注
管理费		
广告费		
保养费		
租　金		
转产费		
市场准入开拓		□区域　□国内　□亚洲　□国际
ISO 资格认证		□ISO 9000　□ISO 14000
产品研发		P2（　）P3（　）P4（　）
其　他		
合　计		

表 2-35　**利润表（第 3 年）**　单位：百万元

项　目	上 年 数	本 年 数
销售收入		
直接成本		
毛利		
综合费用		
折旧前利润		
折旧		
支付利息前利润		
财务收入/支出		
其他收入/支出		
税前利润		
所得税		
净利润		

表 2-36　**资产负债表（第 3 年）**　单位：百万元

资　产	期初数	期末数	负债和所有者权益	期初数	期末数
流动资产：			负债：		
现金			长期负债		
应收款			短期负债		
在制品			应付账款		
成品			应交税金		
原料			一年内到期的长期负债		
流动资产合计			负债合计		

续表

资　产	期初数	期末数	负债和所有者权益	期初数	期末数
固定资产：			所有者权益：		
土地和建筑			股东资本		
机器与设备			利润留存		
在建工程			年度净利		
固定资产合计			所有者权益合计		
资产总计			负债和所有者权益总计		

任务四　模拟企业第四年运营实训

进入第 4 年，按经营流程顺序执行下列各项操作。每执行完一项操作，CEO 在相应的方格内打对勾。各总监在相关表格的方格中填写实际发生的数据，见表 2-37～表 2-43。

表 2-37　　企业运营流程表（第 4 年）

经　营　流　程	第 1 季度	第 2 季度	第 3 季度	第 4 季度
新年度规划会议				
参加订货会/登记销售订单				
制定新年度计划				
支付应付税				
季初现金盘点（请填余额）				
更新短期贷款/还本付息/申请短期贷款（高利贷）				
更新应付款/归还应付款				
原材料入库/更新原料订单				
下原料订单				
更新生产/完工入库				
投资新生产线/变卖生产线/生产线转产				
向其他企业购买原材料/出售原材料				
开始下一批生产				
更新应收款/应收款收现				
出售厂房				
向其他企业购买成品/出售成品				
按订单交货				
产品研发投资				
支付行政管理费				
其他现金收支情况登记				

续表

经 营 流 程	第1季度	第2季度	第3季度	第4季度
支付利息/更新长期贷款/申请长期贷款				
支付设备维护费				
支付租金/购买厂房				
计提折旧				
新市场开拓/ISO资格认证投资				
结账				
现金收入合计				
现金支出合计				
期末现金对账（请填余额）				

表2-38 **现金预算表（第4年）** 单位：百万元

经 营 流 程	第1季度	第2季度	第3季度	第4季度
期初库存现金				
支付上年应交税				
市场广告投入				
贴现费用				
利息（短期贷款）				
支付到期短期贷款				
原料采购支付现金				
转产费用				
生产线投资				
工人工资				
产品研发投资				
收到现金前的所有支出				
应收款到期				
支付管理费用				
利息（长期贷款）				
支付到期长期贷款				
设备维护费用				
租金				
购买新建筑				
市场开拓投资				
ISO认证投资				
其他				
库存现金余额				

表 2-39 订单登记表（第 4 年）

订单号										合计
市场										
产品										
数量										
账期										
销售额										
成本										
毛利										
未售										

表 2-40 产品核算统计表（第 4 年）

项　目	P1	P2	P3	P4	合计
数量					
销售额					
成本					
毛利					

表 2-41 综合管理费用明细表（第 4 年） 单位：百万元

项　　目	金　　额	备　　注
管理费		
广告费		
保养费		
租　金		
转产费		
市场准入开拓		□区域　□国内　□亚洲　□国际
ISO 资格认证		□ISO 9000　□ISO 14000
产品研发		P2（　　）P3（　　）P4（　　）
其　他		
合　计		

表 2-42 利润表（第 4 年） 单位：百万元

项　　目	上　年　数	本　年　数
销售收入		
直接成本		
毛利		
综合费用		
折旧前利润		

续表

项　目	上 年 数	本 年 数
折旧		
支付利息前利润		
财务收入/支出		
其他收入/支出		
税前利润		
所得税		
净利润		

表 2-43　　资产负债表（第 4 年）　　单位：百万元

资　产	期初数	期末数	负债和所有者权益	期初数	期末数
流动资产：			负债：		
现金			长期负债		
应收款			短期负债		
在制品			应付账款		
成品			应交税金		
原料			一年内到期的长期负债		
流动资产合计			负债合计		
固定资产：			所有者权益：		
土地和建筑			股东资本		
机器与设备			利润留存		
在建工程			年度净利		
固定资产合计			所有者权益合计		
资产总计			负债和所有者权益总计		

任务五　模拟企业第五年运营实训

进入第 5 年，按经营流程顺序执行下列各项操作。每执行完一项操作，CEO 在相应的方格内打钩。各总监在相关表格的方格中填写实际发生的数据，见表 2-44～表 2-50。

表 2-44　　企业运营流程表（第 5 年）

经 营 流 程	第 1 季度	第 2 季度	第 3 季度	第 4 季度
新年度规划会议				
参加订货会/登记销售订单				
制定新年度计划				
支付应付税				

续表

经营流程	第1季度	第2季度	第3季度	第4季度
季初现金盘点（请填余额）				
更新短期贷款/还本付息/申请短期贷款（高利贷）				
更新应付款/归还应付款				
原材料入库/更新原料订单				
下原料订单				
更新生产/完工入库				
投资新生产线/变卖生产线/生产线转产				
向其他企业购买原材料/出售原材料				
开始下一批生产				
更新应收款/应收款收现				
出售厂房				
向其他企业购买成品/出售成品				
按订单交货				
产品研发投资				
支付行政管理费				
其他现金收支情况登记				
支付利息/更新长期贷款/申请长期贷款				
支付设备维护费				
支付租金/购买厂房				
计提折旧				
新市场开拓/ISO资格认证投资				
结账				
现金收入合计				
现金支出合计				
期末现金对账（请填余额）				

表2-45　　现金预算表（第5年）　　单位：百万元

经营流程	第1季度	第2季度	第3季度	第4季度
期初库存现金				
支付上年应交税				
市场广告投入				
贴现费用				
利息（短期贷款）				
支付到期短期贷款				
原料采购支付现金				

续表

经 营 流 程	第1季度	第2季度	第3季度	第4季度
转产费用				
生产线投资				
工人工资				
产品研发投资				
收到现金前的所有支出				
应收款到期				
支付管理费用				
利息（长期贷款）				
支付到期长期贷款				
设备维护费用				
租金				
购买新建筑				
市场开拓投资				
ISO 认证投资				
其他				
库存现金余额				

表 2-46　　订单登记表（第 5 年）

订单号										合计
市场										
产品										
数量										
账期										
销售额										
成本										
毛利										
未售										

表 2-47　　产品核算统计表（第 5 年）

项　目	P1	P2	P3	P4	合计
数量					
销售额					
成本					
毛利					

表 2-48 综合管理费用明细表（第 5 年） 单位：百万元

项 目	金 额	备 注
管理费		
广告费		
保养费		
租 金		
转产费		
市场准入开拓		□区域 □国内 □亚洲 □国际
ISO 资格认证		□ISO 9000 □ISO 14000
产品研发		P2（ ） P3（ ） P4（ ）
其 他		
合 计		

表 2-49 利润表（第 5 年） 单位：百万元

项 目	上 年 数	本 年 数
销售收入		
直接成本		
毛利		
综合费用		
折旧前利润		
折旧		
支付利息前利润		
财务收入/支出		
其他收入/支出		
税前利润		
所得税		
净利润		

表 2-50 资产负债表（第 5 年） 单位：百万元

资 产	期初数	期末数	负债和所有者权益	期初数	期末数
流动资产：			负债：		
现金			长期负债		
应收款			短期负债		
在制品			应付账款		
成品			应交税金		
原料			一年内到期的长期负债		
流动资产合计			负债合计		

续表

资　　产	期初数	期末数	负债和所有者权益	期初数	期末数
固定资产：			所有者权益：		
土地和建筑			股东资本		
机器与设备			利润留存		
在建工程			年度净利		
固定资产合计			所有者权益合计		
资产总计			负债和所有者权益总计		

任务六　模拟企业第六年运营实训

进入第 6 年，按经营流程顺序执行下列各项操作。每执行完一项操作，CEO 在相应的方格内打钩。各总监在相关表格的方格中填写实际发生的数据，见表 2-51～表 2-57。

表 2-51　　企业运营流程表（第 6 年）

经　营　流　程	第 1 季度	第 2 季度	第 3 季度	第 4 季度
新年度规划会议				
参加订货会/登记销售订单				
制定新年度计划				
支付应付税				
季初现金盘点（请填余额）				
更新短期贷款/还本付息/申请短期贷款（高利贷）				
更新应付款/归还应付款				
原材料入库/更新原料订单				
下原料订单				
更新生产/完工入库				
投资新生产线/变卖生产线/生产线转产				
向其他企业购买原材料/出售原材料				
开始下一批生产				
更新应收款/应收款收现				
出售厂房				
向其他企业购买成品/出售成品				
按订单交货				
产品研发投资				
支付行政管理费				
其他现金收支情况登记				
支付利息/更新长期贷款/申请长期贷款				

续表

经 营 流 程	第1季度	第2季度	第3季度	第4季度
支付设备维护费				
支付租金/购买厂房				
计提折旧				
新市场开拓/ISO资格认证投资				
结账				
现金收入合计				
现金支出合计				
期末现金对账（请填余额）				

表2-52 **现金预算表（第6年）** 单位：百万元

经 营 流 程	第1季度	第2季度	第3季度	第4季度
期初库存现金				
支付上年应交税				
市场广告投入				
贴现费用				
利息（短期贷款）				
支付到期短期贷款				
原料采购支付现金				
转产费用				
生产线投资				
工人工资				
产品研发投资				
收到现金前的所有支出				
应收款到期				
支付管理费用				
利息（长期贷款）				
支付到期长期贷款				
设备维护费用				
租金				
购买新建筑				
市场开拓投资				
ISO认证投资				
其他				
库存现金余额				

表 2-53 订单登记表（第 6 年）

订单号											合计
市场											
产品											
数量											
账期											
销售额											
成本											
毛利											
未售											

表 2-54 产品核算统计表（第 6 年）

项　目	P1	P2	P3	P4	合计
数量					
销售额					
成本					
毛利					

表 2-55 综合管理费用明细表（第 6 年） 单位：百万元

项　目	金　额	备　注
管理费		
广告费		
保养费		
租　金		
转产费		
市场准入开拓		□区域　□国内　□亚洲　□国际
ISO 资格认证		□ISO 9000　□ISO 14000
产品研发		P2（　）P3（　）P4（　）
其　他		
合　计		

表 2-56 利润表（第 6 年） 单位：百万元

项　目	上　年　数	本　年　数
销售收入		
直接成本		
毛利		
综合费用		
折旧前利润		

续表

项　目	上　年　数	本　年　数
折旧		
支付利息前利润		
财务收入/支出		
其他收入/支出		
税前利润		
所得税		
净利润		

表 2-57　资产负债表（第 6 年）　单位：百万元

资　产	期初数	期末数	负债和所有者权益	期初数	期末数
流动资产：			负债：		
现金			长期负债		
应收款			短期负债		
在制品			应付账款		
成品			应交税金		
原料			一年内到期的长期负债		
流动资产合计			负债合计		
固定资产：			所有者权益：		
土地和建筑			股东资本		
机器与设备			利润留存		
在建工程			年度净利		
固定资产合计			所有者权益合计		
资产总计			负债和所有者权益总计		

知识学习

企业运作绩效评价的主要指标是资产收益率和净资产收益率，其全面反映企业一段时期以来企业经营状况。

一、企业经营本质

企业经营就是利用一定的经济资源，通过向社会提供产品和服务最终获取利润。而为使企业利润最大化，企业运作过程必须开源节流。开源就是努力扩大销售，一般而言，企业可以通过开拓市场、增加品种、扩大产能等途径实现。节流就是尽量降低成本，一般而言，企业可以通过降低直接成本、可变成本等途径实现。

二、企业经营绩效评价

1. 资产收益率

资产收益率（Return on Assets，ROA），又称资产回报率，是衡量每单位资产创造多少净利润的指标。

资产收益率=净利润率×资产利用率

其中：

净利润率=税后净收入/营业总收入，反映费用管理（或成本控制）的有效性。

资产利用率=营业总收入/资产总额=（主营业务收入+非主营业务收入）/资产总额，其反映业务经营及获利能力。

2. 净资产收益率

净资产收益率（Rate of Return on Common Stockholders' Equity，ROE)，又称股东权益收益率，是净利润与平均股东权益的百分比，是税后利润除以净资产得到的百分比率，该指标反映股东权益的收益水平，用以衡量公司运用自有资本的效率。指标值越高，说明投资带来的收益越高。

净资产收益率=净利润/平均净资产=（息税前利润−负债×负债利息率）×（1−所得税率）/平均净资产。

学习小结

本单元主要列举模拟企业在经营期间需要用到的相关表格，供模拟企业运营实训使用。

单元练习

1. 简述企业经营的本质及实现方法。
2. 什么是资产收益率？其实际意义是什么？
3. 什么是净资产收益率？其实际意义是什么？
4. 在沙盘运营中，综合管理费用包含哪些明细？
5. 怎样计算资产负债表中的利润留存?

第三篇　ERP 系统应用

信息化时代要求企业必须寻找一种适合自己企业并能提高资源配置效率的有效管理工具。在激烈的市场竞争中，企业的目标不仅仅是生存，更多的是需要持续发展，为此要不断地寻求新的先进管理模式和具体方式，使企业管理者高效地管理企业。对企业而言，ERP 的出现就像茫茫大海中的一叶孤舟看到不远处的灯塔。

本篇描述企业信息化具体应用的过程，也就是说如何运用 ERP 对企业进行有效的管理。

开篇情境

江苏锡商拉链有限公司是一家专营拉链生产销售的专业企业，在遇到公司快速发展瓶颈之后，公司董事会迅速作出信息化战略，锡商拉链和第三方信息化管理软件专业公司经过前期一段时间的商业洽谈、流程重组、ERP 实施等过程后，现已正式进入 ERP 应用环节，自此锡商拉链迈进了信息化企业行列。

根据锡商拉链和第三方信息化管理软件专业公司的工作计划，在推进 ERP 应用过程中，按照重组后的业务流程，公司已对相关基础数据进行分析和整理，例如在企业供应链方面，目前公司主要有国豪公司、新力公司、爱华公司、友好公司等相对稳定的订货商，根据市场状况及订单需求情况，公司也建立了相对稳定的供应商渠道，其中金玲公司、华宝公司是主要原材料供应商，而容声商行、机电公司是主要半成品供应商；在企业产品方面，目前主要生产有金属拉链、尼龙拉链、树脂拉链等等。另外公司在 ERP 应用过程中特别注重公司计划管理，根据 2013 年公司年度计划，预测四个季度销量分别为 10 万条、30 万条、20 万条、10 万条，全年总销售额 1 千万元以上。

锡商拉链根据 ERP 运作流程，年初计划部门根据当年的销售计划编制主生产计划、能力需求计划、物料需求计划来确定什么时候采购、生产？采购多少？企业的生产能力能不能跟得上？采购部门根据物料需求计划产生的采购需求进行按需按时采购。生产部门根据主生产计划产生的生产需求来安排生产计划，这样企业生产就能做到定量、及时、高效、准确生产。加之 ERP 信息的共享性，仓库部门就能对仓库里的原材料、半成品、产成品等库存量一目了然，知道什么时候需要补货？补货多少？什么时候能出货？从而使销售部门根据销售订单能及时发货给客户，真正能做到产品不积压、库存成本不增加。

通过 ERP 系统的实施与应用，锡商拉链在诸多方面取得了一定的成效。企业的产品产量稳中有升，销售结构不断优化，质量管理得到明显加强，经济效益稳步增长。更为重要的是，企业应用 ERP 后，建立了科学的管理体系，使企业业务流程、管理流程更具精细化、规范化和制度化，真正构建了以“供应链”为导向、以订单信息流为中心，带动物流和资金流的运行管理机制，整体上提高企业对市场迅速作出反应的能力。

单元一 ERP 系统初始化

学习目标

（1）学会建立账套以及为账套设置用户权限。

（2）学会基础数据的梳理与设置。

（3）学会对 ERP 各子系统进行初始化设置。

（4）掌握数据编码的含义及其重要意义。

（5）理解 ERP 相关概念。

学习情境

锡商拉链经过前期的准备和实施，现已进入 ERP 系统试运行阶段。在应用初始必须先对 ERP 系统进行初始化，需在系统中建立企业账套，存放企业的业务信息，并由企业相关人员来进行基础数据的设置，各子系统的初始设置，为在 ERP 系统中进行后续各业务的开展打下基础。

情境分析：ERP 系统初始化包含三个具体任务，分别为账套信息初始化、基础数据初始化、业务模块初始化。在账套信息初始化中主要进行账套的建立、用户权限的设置、系统的启用、备份和引入账套等。在基础数据初始化中主要设置部门和人员信息、存货信息、库存信息、销售管理信息、采购管理信息、财务信息、生产信息等。业务模块初始化主要是为销售管理系统、采购管理系统、库存管理系统、存货核算管理系统、应付应收款管理系统等子系统进行期初设置。

学习任务

任务一 账套信息初始化

1. 建立账套

建立账套是将会计核算主体的名称、所属行业、启用时间和编码规则等信息设置到系统中。建账完成之后，才可以启用各个子系统，进行相关业务处理。

实施步骤：

（1）在“系统管理”窗口中，以系统管理员（admin）的身份注册，然后单击“账套”菜单下的“建立选项”，系统弹出“创建账套”窗口，输入账套名称，设置账套路径，启用会计期。创建账套信息如图 3-1 所示。

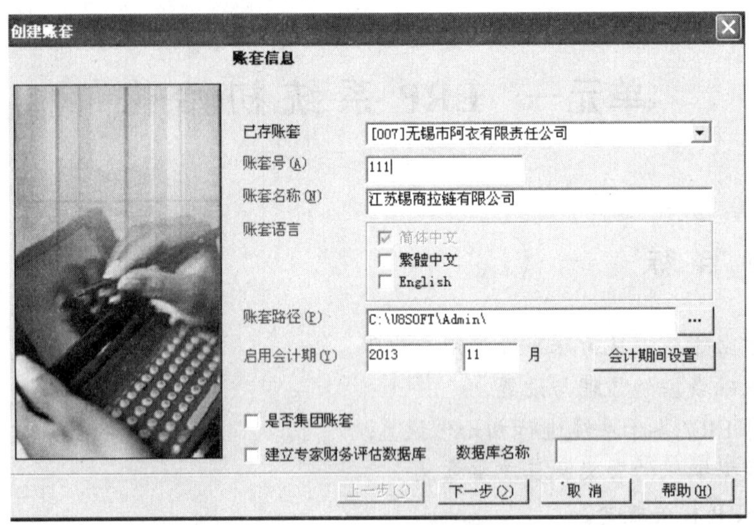

图 3-1 创建账套信息

（2）单击“下一步”按钮，输入单位信息。

（3）单击“下一步”按钮，弹出“核算类型”窗口，将“企业类型”设置为“工业”，“行业性质”设置为“新会计制度科目”，并设置该账套主管。设置账套核算类型如图 3-2 所示。

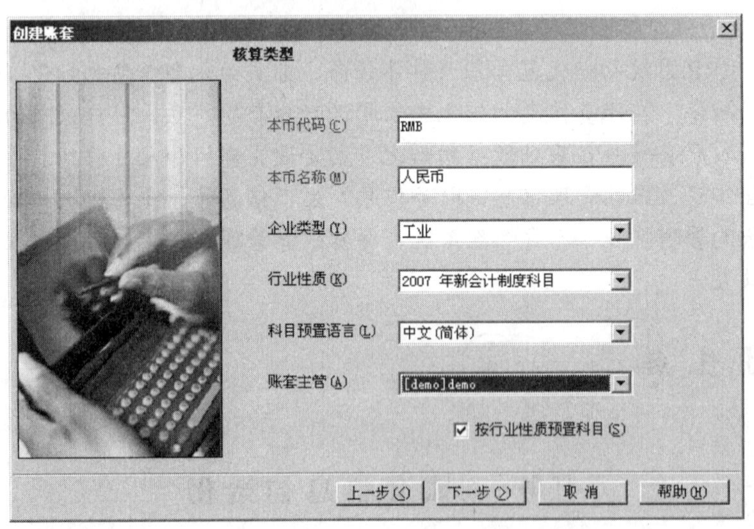

图 3-2 设置账套核算类型

（4）单击“下一步”按钮，弹出“基础信息”窗口，设置如图 3-3 所示。

（5）单击“完成”按钮，系统显示“是否可以建账了？”，单击“是”按钮开始建账。建账完成后，系统弹出“分类编码方案”窗口，将科目编码设置为4—2—2，客户分类级次设置为2—2—2—2，供应商分类编码级次设为2—2—2—2，存货分类编码级次设置为2—2—2—2，部门编码级次2—2，其余使用系统默认编码方案。

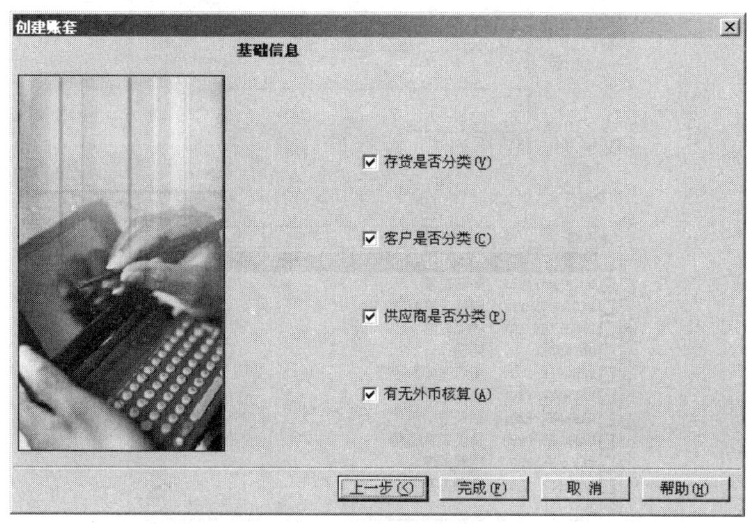

图 3-3　设置账套基础信息

（6）单击“确定”按钮，系统弹出“资料精度定义”窗口，使用系统默认设置。

（7）单击“确定”按钮，账套建立完毕。此时系统提示是否启用模块。

（8）单击“是”按钮直接进入“系统启用”设置窗口，勾选相应模块，系统会提示录入启用会计日期。

注 意

（1）系统最多可以建立999个账套。

（2）每个账套里都存放有企业不同年度的数据，称为年度账。年度账管理包括年度账的建立、引入、输出和结转上年数据，清空年度数据等。

2. 用户的权限设置

实施步骤：

（1）以系统管理员的身份注册进入“系统管理”平台，选择“权限”→“用户”命令，进入“用户管理”对话框。

（2）单击“增加”按钮，打开“增加用户”对话框，输入001王海、口令为空等信息，并在“所属角色”栏中为该用户设置角色，如图3-4所示。单击“增加”按钮，保存新增设置。

（3）选择“权限”→“权限”命令，进入“操作员权限”对话框。

（4）单击选中操作员“王海”，选择账套“[111]江苏锡商拉链有限公司”，然后勾选“账套主管”项，将编号为“001”操作员设置为账套主管，如图3-5所示。

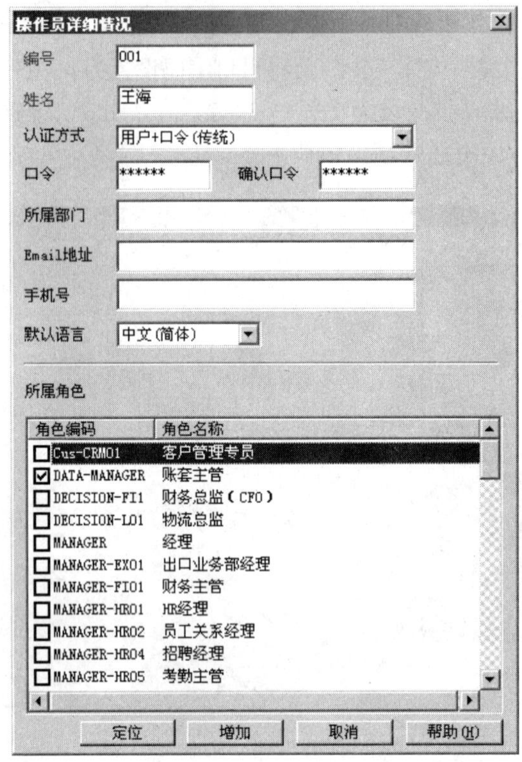

图 3-4 增加用户

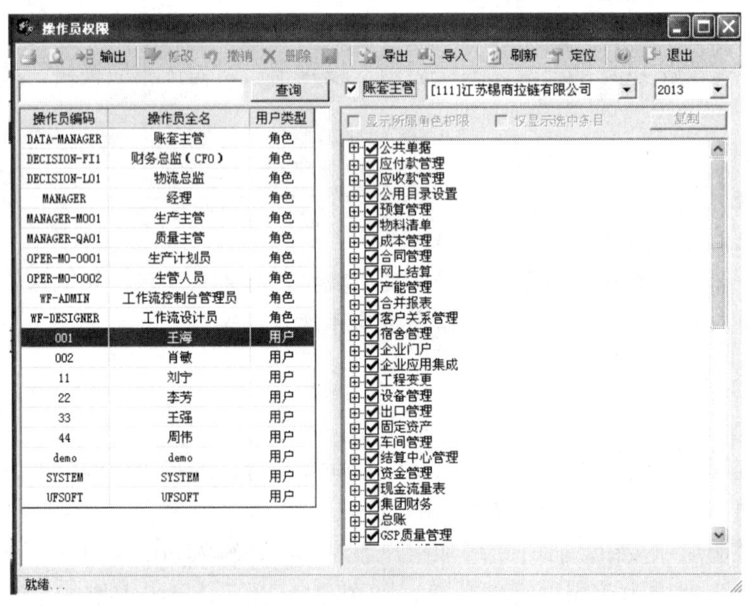

图 3-5 设置操作员权限

（5）参照“王海”，增加 002 肖敏，密码为空，单击“修改”，具有总账、应收款管理、应付款管理、采购管理、销售管理、库存管理、存货核算的全部操作权限，单击“保存”。

注意

在用友 ERP-U8 系统中，提供了三个层次的权限管理，分别是功能级权限管理、数据级权限管理、金额级权限管理。

（1）功能级权限管理，提供了对不同的用户分配不同功能模块的操作权限。例如：用户“肖敏”分配了“总账-出纳”的全部权限。

（2）数据级权限管理，该权限可通过两个方面进行控制，一个是字段级权限控制，另一个是记录级权限控制。

（3）金额级权限管理，该权限主要用于完善内部金额控制，实现对具体金额数量划分级别，对不同岗位和职位的操作员金额级别控制，限制他们制单时可以使用的金额数量。

3. 启用系统

实施步骤：

（1）以账套主管 001 王海，密码为空，选择账套“[111] 江苏锡商拉链有限公司”，操作日期 2013-11-01，登录“企业应用平台”，进入企业应用平台窗口。

（2）在“基础设置”窗口，选择“基础信息”→“系统启用”，打开“系统启用”窗口。勾选“总账”，弹出日历对话框，选择启用日期为 2013-11-01，系统提示“是否启用当前系统”窗口，单击“是”，确定启用总账系统。

（3）按照以上步骤，依次启用应收款管理系统、应付款管理系统、采购管理系统、销售管理系统、库存管理系统和存货核算系统。

4. 账套备份

实施步骤：

（1）在 d 盘中建立“锡商拉链”文件夹。

（2）由 admin 进入系统管理，单击账套，打开“输出”对话框，选择 111 账套，单击确定。

（3）在“选择账套备份路径”中，打开 d 盘“锡商拉链”文件夹，该文件夹一定处于打开状态，单击确定，系统弹出“输出成功”，备份完成。

5. 账套引入

实施步骤：

（1）由 admin 进入系统管理，单击账套，打开“引入”对话框，弹出“请选择账套备份文件”，选择 d 盘中建立“锡商拉链”文件夹，账套文件“UfErpAct.Lst，单击确定。

（2）系统提示“正在引入账套，请等待”，最后提示“引入成功”，单击确定。

注意

（1）只有系统管理员才可以引入、备份账套。

（2）若要删除账套，在账套输出时，选择“删除当前输出账套”选项。

任务二 基础数据初始化

以账套主管 001 王海，密码为空，选择账套“[111] 江苏锡商拉链有限公司”，操作日期

2013-11-01，登录“企业应用平台”，进行基础数据的设置。

1. 机构人员设置

（1）部门档案设置。部门指核算单位管辖的具有财务核算或业务管理要求的单元体。部门档案信息包含部门编码、名称、属性等。部门编码最多可分为5级，总长12位。锡商拉链部门档案见表3-1。

表3-1 部 门 档 案

部门编码	部门名称	部门编码	部门名称
01	人力资源部	04	生产计划部
02	销售部	05	生产部
0201	销售一部	06	仓储部
0202	销售二部	07	财务部
03	采购部		

实施步骤：

1）在“基础设置”窗口，选择“基础档案”→“机构人员”→“部门档案”选项，打开“部门档案”窗口。窗口分为左右两部分，左侧显示部门的结构，右侧显示新增部门的明细资料，如图3-6所示。

2）单击“增加”按钮，按表3-1中的资料增加部门档案，然后单击“保存”按钮即可。

（2）人员档案设置。人员档案是指企业各职能部门中需要进行核算和业务管理的职员信息，不需要将公司所有的职员信息都设置进来。设置人员档案之前必须设置部门档案。锡商拉链人员档案见表3-2。

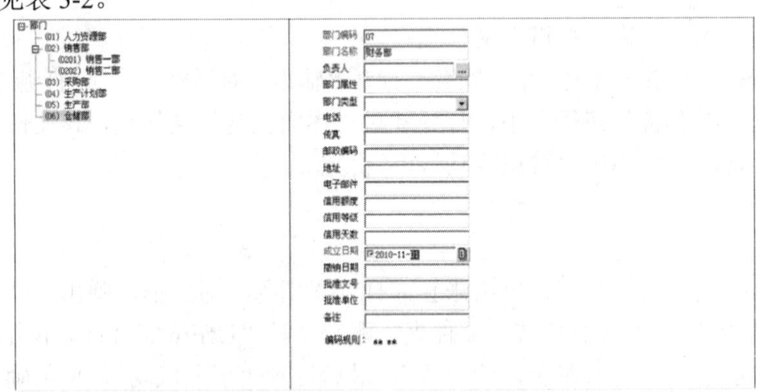

图3-6 增加部门档案

表3-2 人 员 档 案

人员编码	姓名	性别	人员类别	所属部门	是否为业务员
001	唐红	女	在职人员	人力资源部	否
002	秦丽	女	在职人员	销售部	否
003	王宏	男	在职人员	销售一部	是
004	李伟	男	在职人员	销售二部	是

续表

人员编码	姓名	性别	人员类别	所属部门	是否为业务员
005	吴坚	男	在职人员	采购部	是
006	张立	男	在职人员	生产计划部	是
007	李勇	男	在职人员	生产部	是
008	赵明	男	在职人员	仓储部	是
009	肖敏	女	在职人员	财务部	是
010	王海	男	在职人员	财务部	是

实施步骤：

1）在“基础设置”窗口，选择“基础档案”→“机构人员”→“人员档案”选项，打开“人员档案”窗口。窗口分为左右两部分，左侧显示现有部门结构，右侧显示某一部门内人员状况明细，如图 3-7 所示。

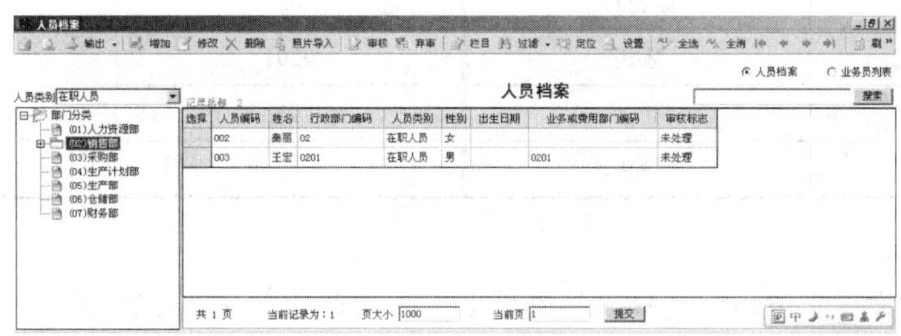

图 3-7　显示人员档案

2）单击“增加”按钮，输入表 3-2 中的资料，如图 3-8 所示。然后单击“保存”按钮即可。

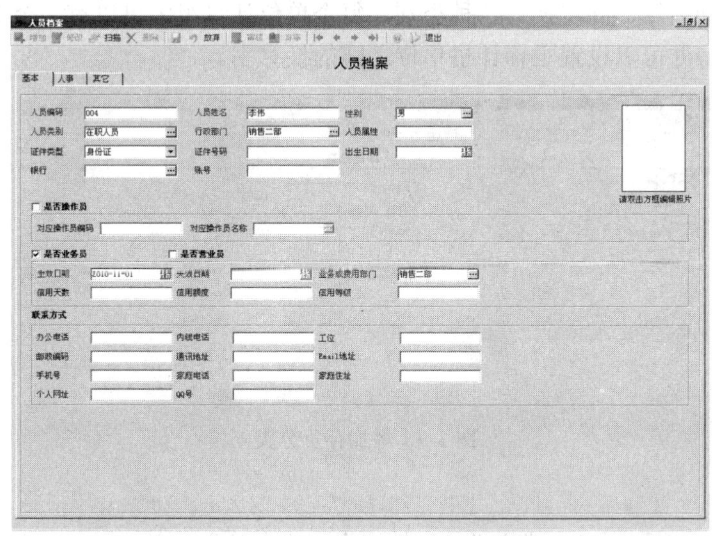

图 3-8　增加人员档案

注意

(1) 必须先录入部门档案，才能录入人员档案。

(2) 非黑色显示的内容均为必录，黑色显示的信息可以为空。

(3) 部门参照部门档案选择录入，人员类别参照人员类别档案选择录入。

(4) 对已审核的人员档案不能删除。如要删除，需先对该人员档案弃审。

2. 存货信息设置

(1) 存货分类设置。存货分类是指按照存货固有的特征或者属性将存货划分为不同的类别，企业可以根据存货的管理要求对存货进行分类管理，以便于企业统计和分析业务数据。锡商拉链存货分类见表 3-3。

表 3-3 存货分类

分类编码	分类名称	分类编码	分类名称
01	原材料	02	产成品
0101	牙齿	0201	拉链
0102	布带	03	应税劳务
0103	拉头		

实施步骤：

1）在“基础设置”窗口，选择“基础档案”→“存货”→“存货分类”选项，打开“存货分类”窗口。

2）窗口分为左右两部分，在窗口右侧单击“增加”按钮，输入表 3-3 中的资料，如图 3-9 所示，然后单击“保存”按钮即可。

(2) 计量单位组设置。计量单位组是对物料的采购单位和使用单位的换算。计量单位组分为无换算、浮动换算、固定换算三种类别，每个单位计量组中可以有一个主计量单位、多个辅助计量单位，并可以设置主辅计量单位之间的换算率。

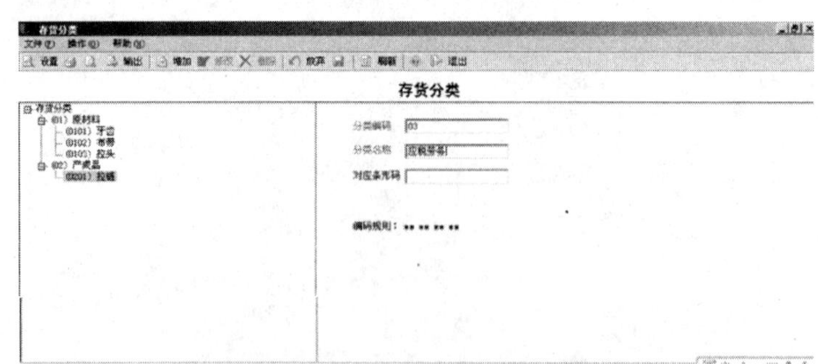

图 3-9 增加存货分类

实施步骤：

1）在“基础设置”窗口，选择“基础档案”→“存货”→“计量单位”选项，打开“计量单位”窗口。

2）单击“分组”按钮，弹出“计量单位组”界面，单击“增加”按钮，如图 3-10 所示，输入“计量单位组编码”、“计量单位组名称”、“计量单位组类别”，然后单击“保存”按钮。

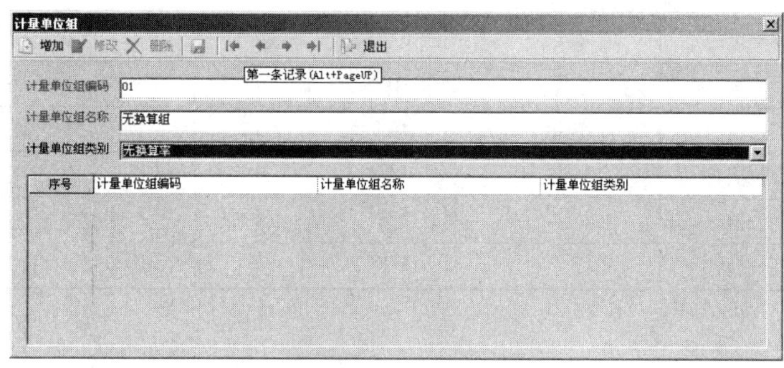

图 3-10 增加计量单位组

（3）编辑计量单位设置。计量单位是系统在进行存货核算时，为不同存货设置的计量标准。存货的计量单位可以是单计量单位，也可以是多计量单位。锡商拉链计量单位见表 3-4。

表 3-4 计量单位

计量单位编号	计量单位名称	所属计量单位组	计量单位组类别
01	只	无换算关系	无换算组
02	个	无换算关系	无换算组
03	条	无换算关系	无换算组
04	千米	无换算关系	无换算组

实施步骤：

1）在“基础设置”窗口，选择“基础档案”→“存货”→“计量单位”选项，打开“计量单位”窗口。

2）单击“单位”按钮，弹出“计量单位”界面，单击“增加”按钮，输入表 3-4 中的资料，如图 3-11 所示，然后单击“保存”按钮。

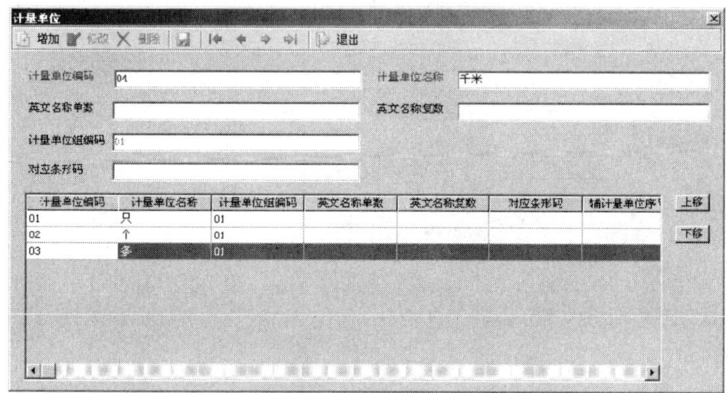

图 3-11 增加计量单位

（4）存货档案设置。存货档案用于保存企业生产经营中的存货信息，便于企业管理数据并进行统计分析。锡商拉链存货档案见表 3-5。

表 3-5 存 货 档 案

存货编码	存货名称	所属类别	计量单位	税率	存 货 属 性
001	牙齿	牙齿	个	17	外购、生产耗用、内销、外销
002	布带	布带	条	17	外购、生产耗用、内销、外销
003	拉头	拉头	只	17	外购、生产耗用、内销、外销
004	拉链	拉链	个	17	外购、自制、内销、外销
005	运输费	应税劳务	千米	7	外购、内销、外销、应税劳务

实施步骤：

1）在“基础设置”窗口中，选择“基础档案”→“存货”→“存货档案”选项，打开“存货档案”窗口。

2）单击“增加”按钮，弹出“增加存货档案”界面，如图 3-12 所示，输入表 3-5 中的存货资料。对话框中包括“基本”、“成本”、“控制”等 9 个标签，对存货不同的属性分别进行归类，在对应的栏目中输入存货信息，然后单击“保存”按钮。

注 意

（1）存货编码不能修改，若要修改只能删除存货档案后重新录入。

（2）其余项目均可进入修改界面加以修改。

3. 库存资料设置

（1）仓库档案设置。存货一般是用仓库来保管的。对存货进行核算管理，首先应对仓库进行管理，因此进行仓库设置是库存管理系统的重要基础准备工作之一。锡商拉链仓库档案见表 3-6。

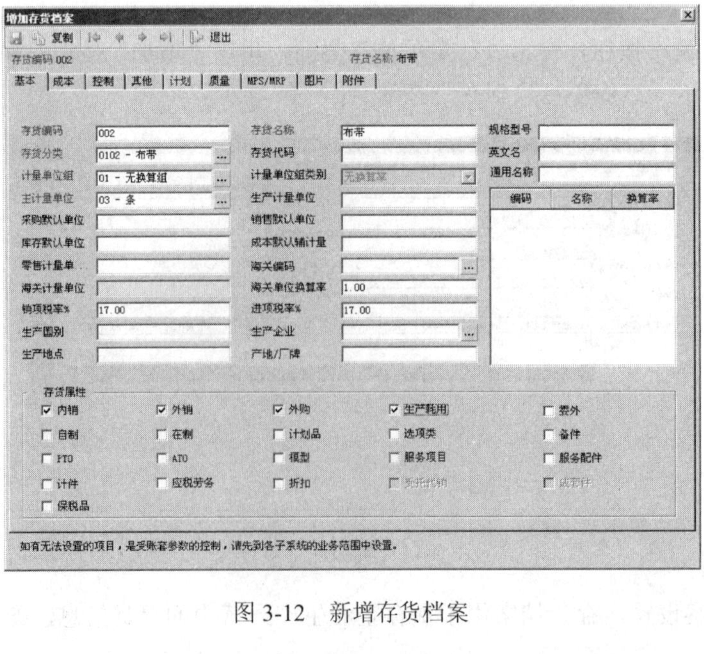

图 3-12 新增存货档案

表 3-6 仓库档案

仓库编码	仓库名称	计价方式	参与 MRP 运算
001	原料仓库	移动平均	是
002	成品仓库	移动平均	是
003	外购品仓库	移动平均	是

实施步骤：

1）在“基础设置”窗口中，选择“基础档案”→“业务”→“仓库档案”选项，打开“仓库档案”窗口。

2）单击“增加”按钮，弹出“增加仓库档案”界面，如图 3-13 所示，输入表 3-6 中的仓库资料，然后单击“保存”按钮。

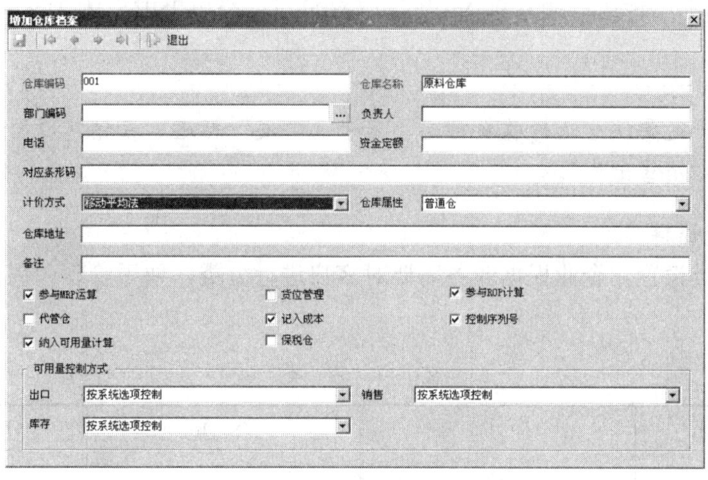

图 3-13 增加仓库档案

（2）收发类别设置。收发类别是为企业对材料的出入库情况进行分类汇总统计而设置的，表示材料的出入库类型。锡商拉链收发类别见表 3-7。

表 3-7 收发类别

收发类别编码	收发类别名称	收发类别编码	收发类别名称
1	入库	2	出库
11	采购入库	21	销售出库
12	产成品入库	22	生产领用
13	调拨入库	23	调拨出库
14	盘盈入库	24	盘亏出库
15	其他入库	25	其他出库

实施步骤：

1）在“基础设置”窗口，选择“基础档案”→“业务”→“收发类别”选项，打开“收发类别”窗口，如图 3-14 所示。

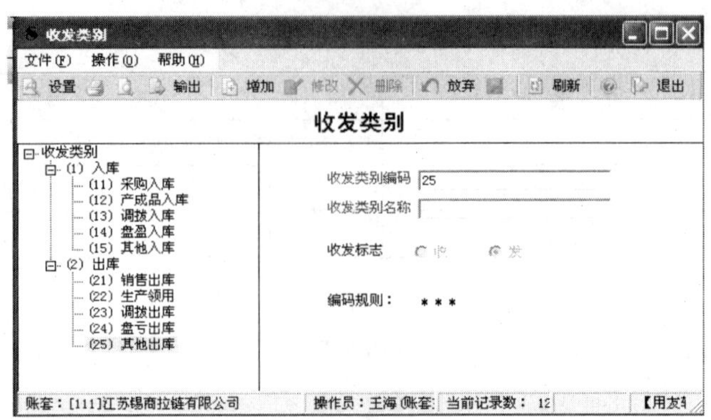

图 3-14　设置收发类别

2）单击“增加”按钮，输入表 3-7 中的收发资料，然后单击“保存”按钮。

注 意

在录入时一定要注意选择收发标志，若未选“发”标志，在销售类型设置时“出库类别”找不到“销售出库”。

4. 销售管理资料

（1）客户分类设置。企业根据业务需要对客户进行分类，便于管理。锡商拉链客户分类见表 3-8。

表 3-8　　客 户 分 类

分类编码	分类名称	分类编码	分类名称
01	批发	03	代销
02	零售	04	专柜

实施步骤：

1）在“基础设置”窗口，选择“基础档案”→“客商信息”→“客户分类”选项，打开“客户分类”窗口。

2）单击“增加”按钮，分别输入客户分类“批发（01）、零售（02）、代销（03）、专柜（04）”，如图 3-15 所示，然后单击“保存”按钮。

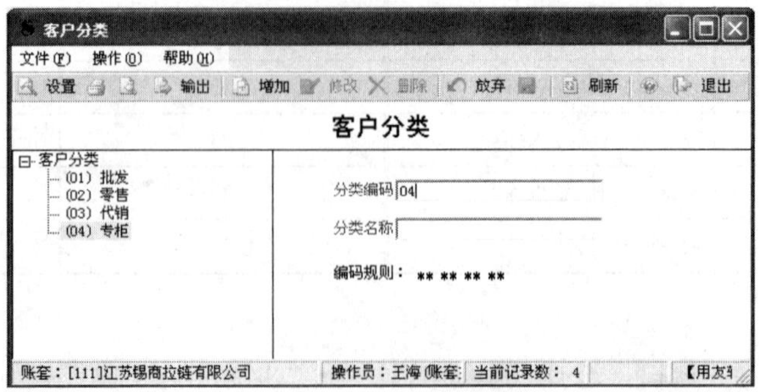

图 3-15　增加客户分类

（2）客户档案设置。客户档案用于存放往来客户的档案信息，便于管理客户资料以及录入、统计分析。锡商拉链客户档案见表 3-9。

表 3-9 客户档案

客户编码	客户简称	所属分类	税号	开户银行	账号	是否默认值
01	国豪公司	批发	310003154	工商银行	112	是
02	新力公司	批发	310108777	中国银行	225	是
03	爱华公司	专柜	315000123	建设银行	369	是
04	友好公司	代销	315452453	招商银行	158	是

实施步骤：

1）在“基础设置”窗口，选择“基础档案”→“客商信息”→“客户档案”选项，打开“客户档案”窗口。

2）单击“增加”按钮，输入表 3-9 中的客户资料，如图 3-16 所示。

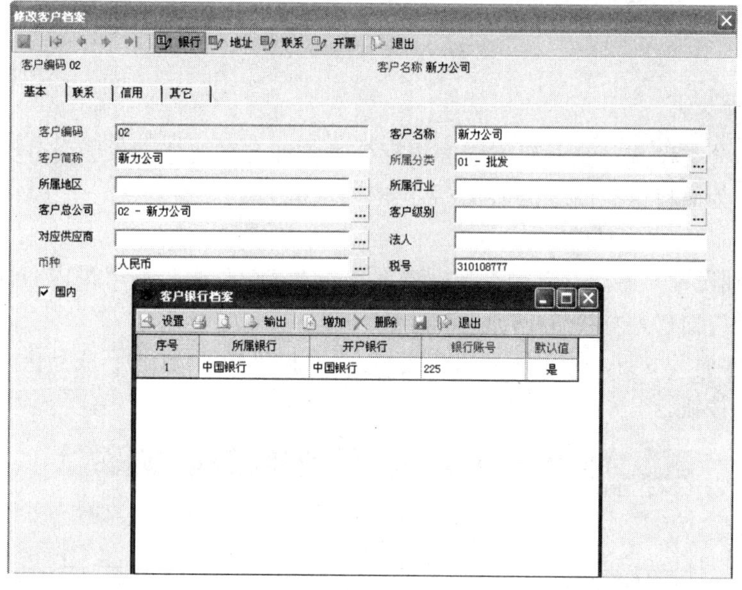

图 3-16 增加客户档案

3）单击“保存”按钮，单击“银行”按钮，继续输入表 3-9 中的客户资料，单击“保存”按钮。

注意

开户银行、银行账号、税号必须要录入，否则无法开具增值税专用发票。

（3）销售类型。企业在处理销售业务时，可以根据自身的实际情况自定义销售类型，以便于按销售类型对销售业务数据进行统计和分析。

实施步骤：

1）在“基础设置”窗口，选择“基础档案”→“业务”→“销售类型”选项，打开“销售类型”窗口。

2）单击“增加”按钮，分别输入以下资料：“经销（01）、代销（02）”，出库类别均为“销售出库”，然后单击“保存”按钮，如图 3-17 所示。

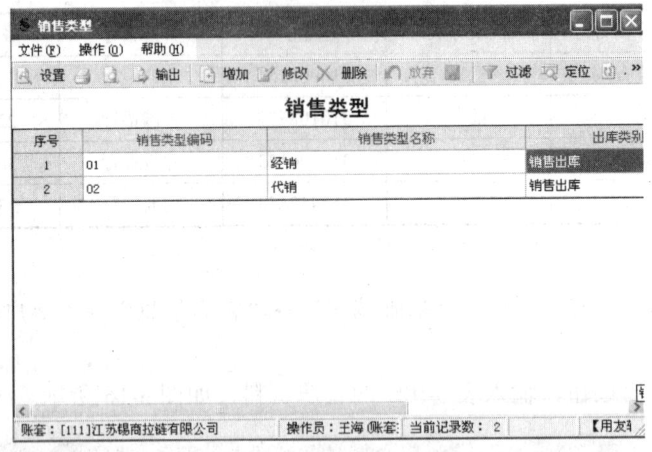

图 3-17 增加销售类型

5. 采购管理资料

（1）供应商分类设置。企业对供应商进行分类管理，需要建立供应商分类体系。锡商拉链将供应商分类为原料供应商（01）、成品供应商（02）。

实施步骤：

1）在“基础设置”窗口，选择“基础档案”→“客商信息”→“供应商分类”选项，打开“供应商分类”窗口，如图 3-18 所示。

2）单击“增加”按钮，分别输入以下资料：“原料供应商（01）、成品供应商（02）”，然后单击“保存”按钮。

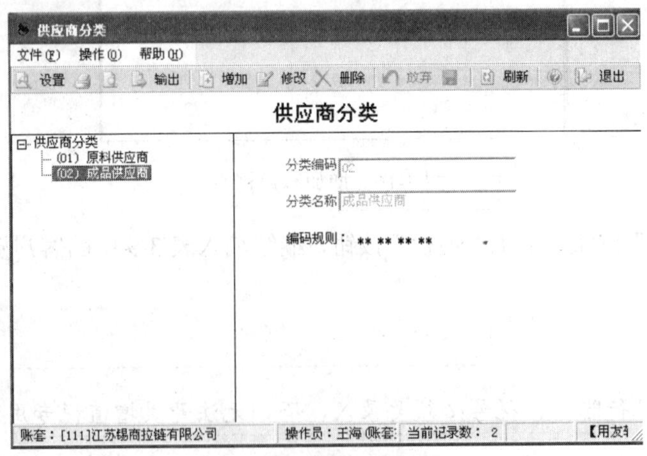

图 3-18 增加供应商分类

（2）供应商档案设置。设置供应商档案信息，便于管理供应商资料，录入、统计和分析业务数据。锡商拉链供应商档案见表 3-10。

表 3-10 供应商档案

供应商编码	供应商简称	所属分类
01	金玲公司	原料供应商
02	华宝公司	原料供应商
03	容声商行	成品供应商
04	机电公司	成品供应商

实施步骤：

1）在“基础设置”窗口，选择“基础档案”→“客商信息”→“供应商档案”选项，打开“供应商档案”窗口，如图 3-19 所示。

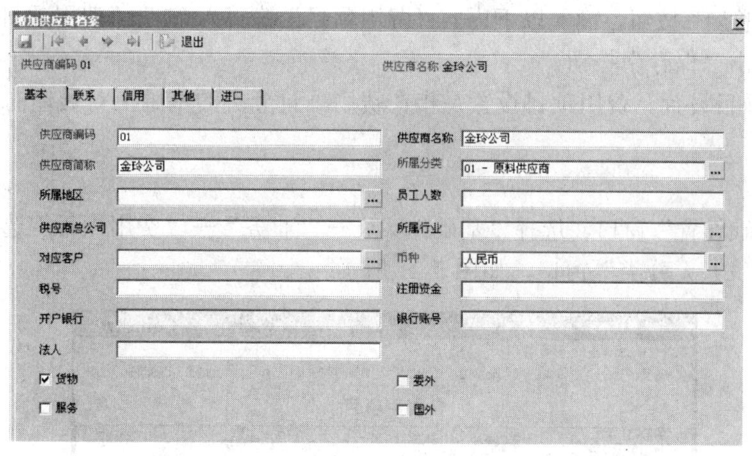

图 3-19 增加供应商档案

2）单击“设置”按钮，输入表 3-10 中的资料，单击“保存”按钮。

（3）采购类型设置。

设置采购类型信息，便于对不同类别的采购信息进行统计和分析。锡商拉链将采购类型为普通采购（01）、紧急采购（02）。

实施步骤：

1）在“基础设置”窗口，选择“基础档案”→“业务”→“采购类型”选项，打开“采购类型”窗口。

2）单击“增加”按钮，输入以下资料：“采购类型编码”为“普通采购”，编码为“01”，“入库类别”为“采购入库”，然后单击“保存”按钮，如图 3-20 所示。

3）按照以上步骤，增加“紧急采购（02）”采购类型。

6. 财务管理资料设置

（1）费用项目分类设置。费用项目是指用于处理销售业务的代垫费用、销售支出费用。在定义费用项目前应先定义费用项目分类。

实施步骤：

1）在“基础设置”窗口，选择“基础档案”→“业务”→“费用项目分类”选项，打开“费用项目分类”窗口。

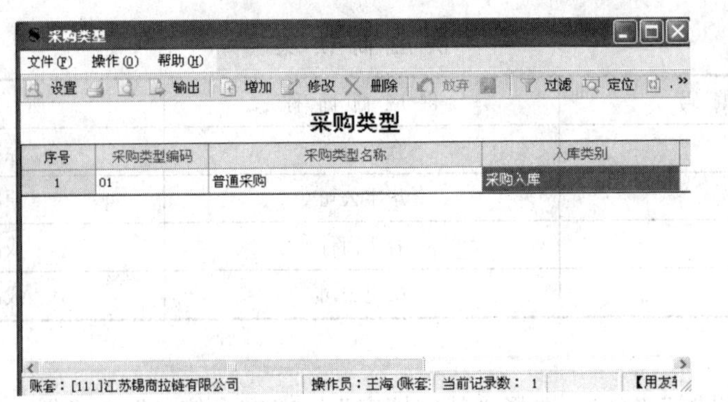

图 3-20 增加采购类型

2）单击“增加”按钮，输入以下内容“费用项目”编码为“1”，“费用项目分类”为“无分类”，然后单击“保存”按钮。

（2）费用项目设置。费用项目设置是指在费用项目分类的基础上对具体的费用项目进行定义。

实施步骤：

1）在“基础设置”窗口，选择“基础档案”→“业务”→“费用项目”选项，打开“费用项目档案—（1）无分类”窗口，如图 3-21 所示。

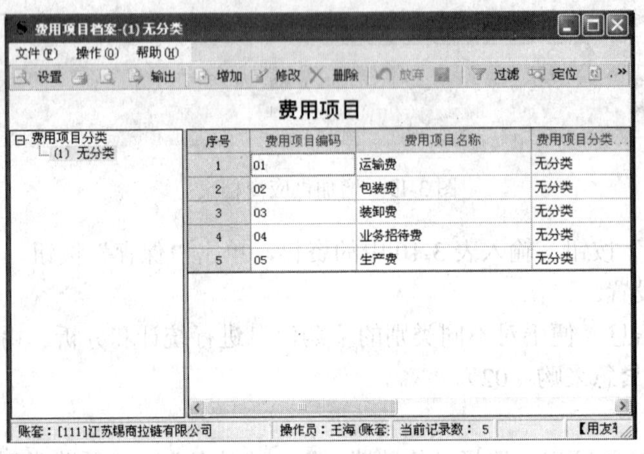

图 3-21 设置费用项目

2）单击“增加”按钮，分别输入以下内容：“运输费（01）、包装费（02）、装卸费（03）、业务招待费（04）、生产费（05）”，然后单击“保存”按钮。

（3）发运方式设置。发运方式是指处理采购业务或销售业务中对物料发运的具体方式。

实施步骤：

1）在“基础设置”窗口，选择“基础档案”→“业务”→“发运方式”选项，打开“发运方式档案”窗口。

2）单击“增加”按钮，分别输入以下内容：“公路运输（01）、铁路运输（02）、航空运输（03）”，然后单击“保存”按钮。

（4）会计科目设置。锡商拉链会计科目见表 3-11。

表 3-11 会计科目

级次	科目编码	科目名称	辅助核算
1	1001	库存现金	日记账
2	100201	工行存款	银行账、日记账
2	100202	中行存款	银行账、日记账
1	1122	应收账款	客户往来
1	1402	在途物资	
1	1403	原材料	
1	1405	库存商品	
1	1601	固定资产	
1	2202	应付账款	供应商往来
1	2221	应交税费	
2	222101	应交增值税	
3	22210101	进项税额	
3	22210105	销项税额	
1	4001	实收资本	
1	6001	主营业务收入	
1	6401	主营业务成本	

实施步骤：

1）在“基础设置”窗口，选择“基础档案”→“财务”→“会计科目”选项，打开“会计科目”窗口。

2）单击“增加”按钮，弹出“新增会计科目”对话框，如图 3-22 所示，输入表 3-11 会计科目。

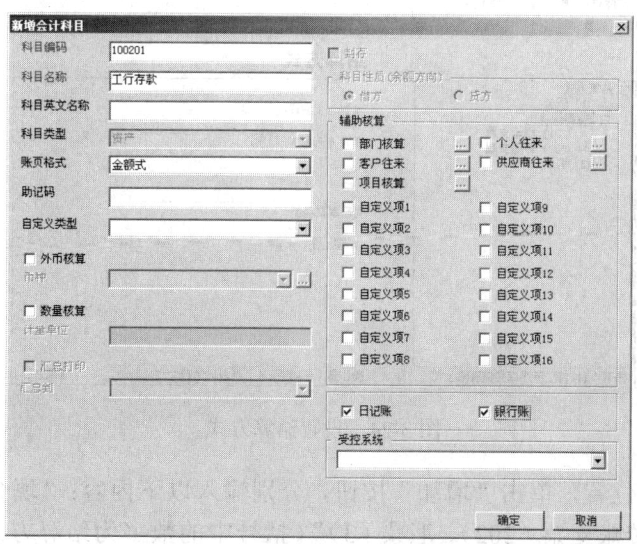

图 3-22 增加会计科目

3）按表 3-11 修改辅助科目，例如选中“日记账”复选框，然后单击“确定”按钮。

（1）科目设置中定义的客户/供应商核算的科目将自动设置成应收应付系统的受控科目。

（2）科目增加下级科目时，自动将原科目的所有账全部转移到新增的下级第一个科目中，此操作不可逆。同时要求新增加的下级科目所有科目属性与原上级科目一致。

（5）凭证类别设置。仅选用“记账凭证”一类。

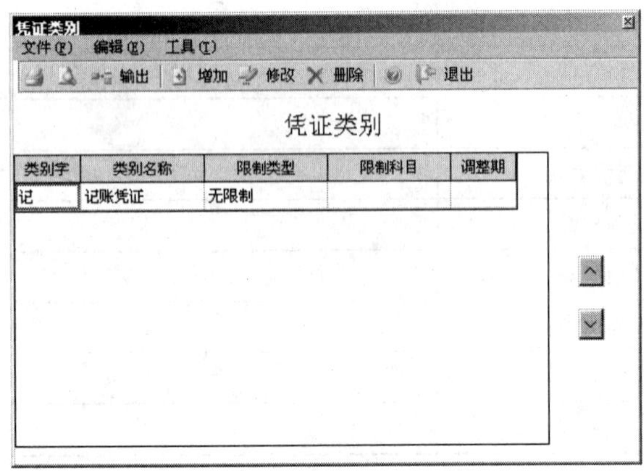

图 3-23　设置凭证类别

实施步骤：

1）在“基础设置”窗口，选择“基础档案”→“财务”→“凭证类别”选项，打开“凭证类别”窗口。

2）单击“增加”按钮，弹出“凭证类别”界面，如图 3-23 所示，设置完后单击“退出”按钮。

（6）结算方式设置。

实施步骤：

1）在“基础设置”窗口，选择“基础档案”→“收付结算”→“结算方式”选项，打开“结算方式”窗口。窗口分左右两个部分，左侧显示已设置的结算方式明细，右侧显示某一方式下的设置，如图 3-24 所示。

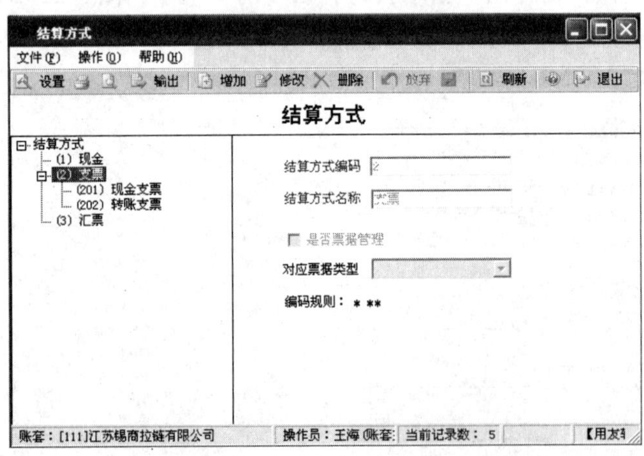

图 3-24　设置结算方式

2）选择新增的位置，单击“增加”按钮，分别输入以下内容：“现金（1）、支票（2）、现金支票（201）、转账支票（202）、汇票（3）”（括号中的数字为结算方式编码），单击“保存”按钮。

（7）本单位开户银行设置。

实施步骤：

1）在“基础设置”窗口，选择“基础档案”→“收付结算”→“本单位开户银行”选项，打开“本单位开户银行”窗口。

2）单击“增加”按钮，弹出“增加本单位开户银行”对话框，输入以下内容：“中国工商银行佛山支行”，账号为“468591766801”，然后单击“保存”按钮。

7. 生产制造档案设置

（1）需求时栅维护。在进行 MPS/MRP 展开计算时，某一时间段内对某种物料而言，其独立需求来源可能是按销售订单或按预测或两者都有，系统是按各物料所对应的时栅内容而运作的，在各时栅中设置本时栅的需求来源。在 MPS/MRP 计算时，系统先以物料在存货主档中的时栅代号为准，若无，则按 MPS/MRP 计划参数中设定的时栅代号。锡商拉链需求时栅见表 3-12。

表 3-12　需求时栅　（时栅代号：0001，时栅说明：0001）

行号	日数	需求来源
1	10	客户订单
2	20	预测+客户订单，反向消抵
3	40	预测+客户订单，先反向再正向消抵

实施步骤：

1）在“基础设置”窗口，选择“基础档案”→“生产制造”→“需求时栅维护”选项，打开“需求时栅维护”窗口。

2）单击“增加”按钮，输入如图 3-25 所示的内容，完成时栅资料的增加。

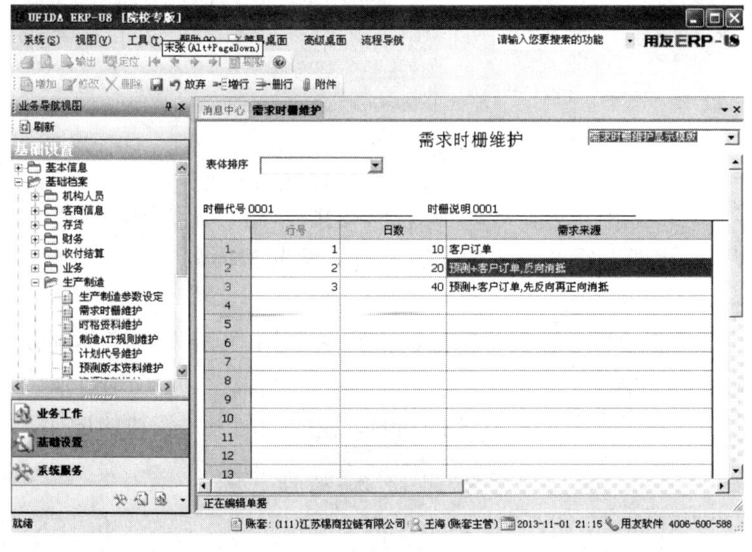

图 3-25　维护需求时栅

（2）时格资料维护。时格也称时段，从计划到当前日期开始，将以后的时间划分为一段一段的区间，用来合并某些与时间相关的资料所用的时间单位。锡商拉链时格资料见表 3-13。

表 3-13 时格资料 （时格代号：0001，时格说明：0001）

行号	类别	日数	起始位置
1	周		星期一
2	周		星期一
3	月		
4	月		

实施步骤：

1）在“基础设置”窗口，选择“基础档案”→“生产制造”→“时格资料维护”选项，打开“时格资料维护”窗口。

2）单击“增加”按钮，输入如图 3-26 所示的内容，完成时格资料的增加。

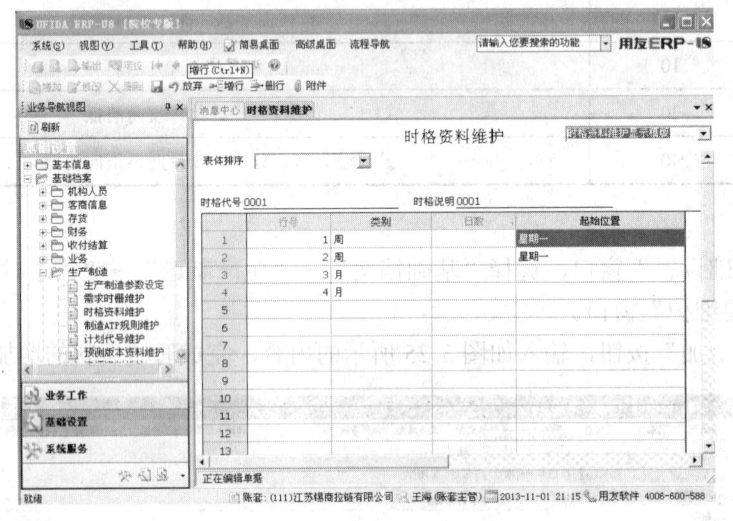

图 3-26 维护时格资料

（3）预测版本资料维护。维护需求预测订单的版本号及其类别，以说明 MPS/MRP 展开所用的产品预测资料来源。锡商拉链预测版本资料见表 3-14。

实施步骤：

1）在“基础设置”窗口，选择“基础档案”→“生产制造”→“预测版本资料维护”选项，打开“预测版本资料维护”窗口。

2）单击“增加”按钮，输入表 3-14 的内容，完成预测版本资料的增加，如图 3-27 所示。

表 3-14 预测版本资料

版本代号	版本说明	版本类别	默认版本
01	预测订单	MPS	是
02	预测订单	MRP	是

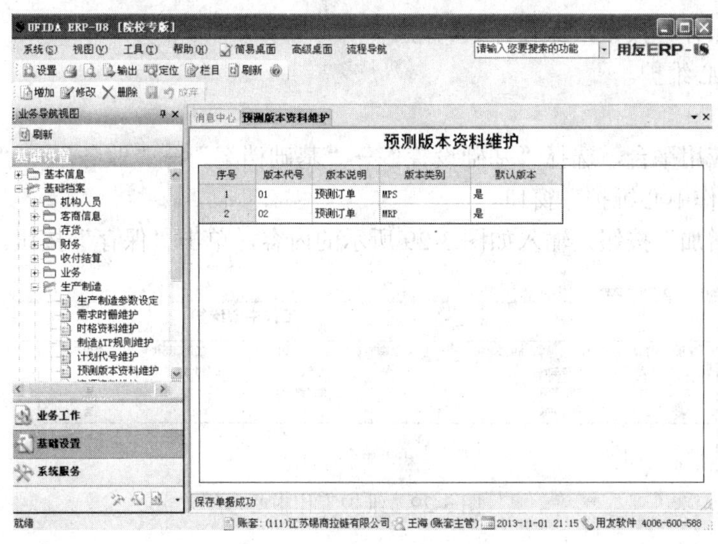

图 3-27 维护预测版本资料

（4）计划代号维护。锡商拉链计划代号的具体设置见表 3-15。

表 3-15 计 划 代 号

计 划 代 号	计 划 说 明	版 本 类 别	默 认 计 划
001	MPS 计划	MPS	是
002	MRP 计划	MRP	是

实施步骤：

1）在“基础设置”窗口中，选择“基础档案”→“生产制造”→“计划代号维护”选项，打开“计划代号维护”窗口。

2）单击“增加”按钮，如图 3-28 所示进行设置。

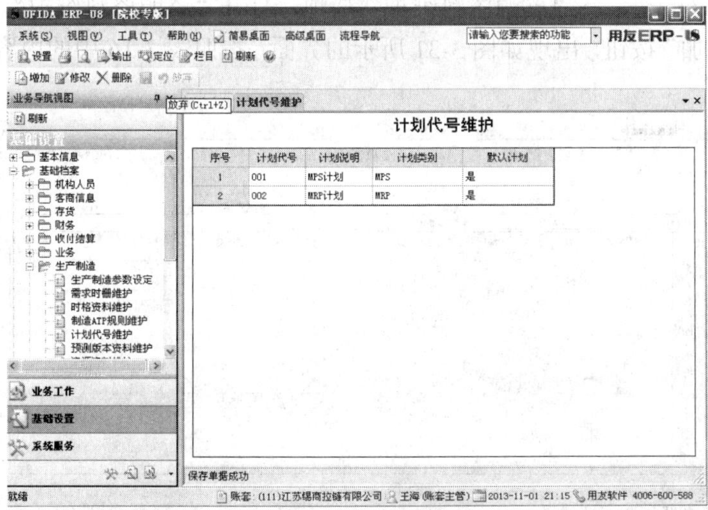

图 3-28 维护计划代号

3）单击“保存”按钮，保存计划代号。

（5）工作中心维护。

实施步骤：

1）在企业应用平台，选择“基础设置”→“基础档案”→“业务”→“工作中心维护”选项，打开“工作中心维护”窗口。

2）单击“增加”按钮，输入如图 3-29 所示的内容，单击“保存”按钮。

消息中心 工作中心维护

工作中心维护

序号	工作中心代号	工作中心名称	隶属部门	部门名称	工作日历代号	是否生产线
1	0010	压铸车间	05	生产部	2013	否
2	0020	装配车间	05	生产部	2013	否
3	0030	组合车间	05	生产部	2013	否

图 3-29 维护工作中心

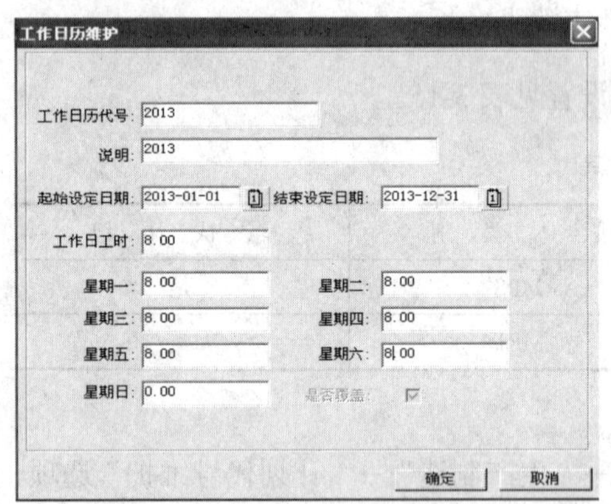

图 3-30 维护工作日历

（6）工作日历维护。工作日历是物料需求计划、车间工序计划、产能计算等进行日期推算的。

实施步骤：

1）在企业应用平台，选择“基础设置”→“基础档案”→“业务”→“工作日历维护”选项，打开“工作日历维护”窗口。

2）单击“增加”按钮，输入如图 3-30 所示的内容，单击“保存”按钮。

（7）资源资料维护。锡商拉链资源资料见表 3-16。

实施步骤：

1）在企业应用平台，选择“基础设置”→“基础档案”→“生产制造”→“资源资料维护”选项，打开“资源资料维护”窗口。

2）单击“增加”按钮，出现如图 3-31 所示的界面，按照表 3-16 中的内容填写，单击“保存”按钮。

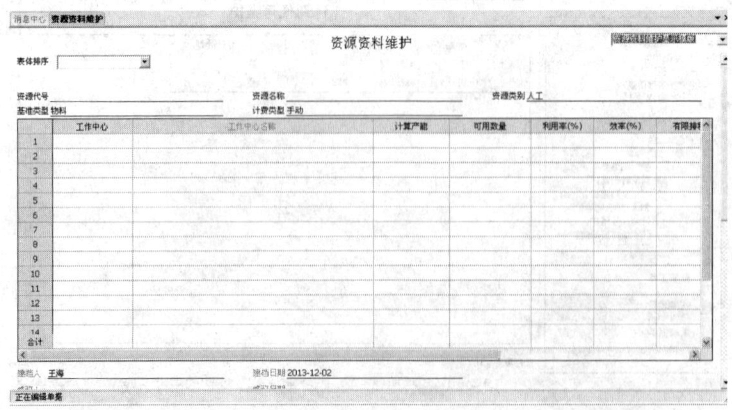

图 3-31 维护资源资料

表 3-16　资源资料

资源代号	资源名称	资源类别	工作中心	工作中心名称	计算产能	可用数量	关键资源
0001	压铸设备	机器设备	0010	压铸车间	是	2	是
0002	装配设备	机器设备	0020	装配车间	是	2	是
0003	组合设备	机器设备	0030	组合车间	是	2	是

（8）标准工序资料维护。

实施步骤：

1）在企业应用平台，选择“基础设置”→“基础档案”→“生产制造”→“标准工序资料维护”选项，打开“标准工序资料维护”窗口。

2）单击“增加”按钮，出现如图 3-32 所示的界面，按照表 3-17 中的内容填写，单击“保存”按钮。

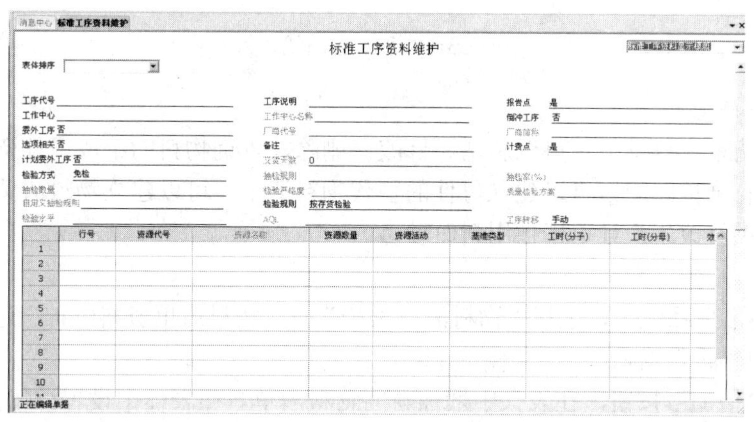

图 3-32　维护标准工序资料

表 3-17　标准工序资料

工序代号	0001	0002	0003
工序说明	压铸	装配	组合
工作中心	0010	0020	0030
资源代号	0001	0002	0003
资源名称	压铸设备	装配设备	组合设备
资源活动	压铸	装配	组合
工时（分子）	1	1	1
工时（分母）	500	500	500
计划（否）	是	是	是

（9）工艺路线资料维护。

实施步骤：

1）在企业应用平台，选择“基础设置”→“基础档案”→“生产制造”→“工艺路线资料维护”选项，打开“工艺路线资料维护”窗口。

2）单击“增加”按钮，按图 3-33 所示的界面进行填写，单击“保存”按钮。

工艺路线资料维护

工艺路线类别 主工艺路线　物料编码 004　物料名称 拉链
固定提前期 3　计量单位 个
版本代号 10　版本说明 10　版本日期 2000-01-01
状态 审核

	工序行号	标准工序	工序说明	报告点	倒冲工序	工作中心	工作中心名称	委外工序	厂商代号
1	0010	0001	压铸	是	否	0010	压铸车间	否	
2	0020	0002	装配	是	否	0020	装配车间	否	
3	0030	0003	组合	是	是	0030	组合车间	否	

图 3-33　维护工艺路线资料

8. 物料清单设置

（1）物料清单资料维护。可以新增、修改、删除、查询物料的组成子件资料；可以复制现有清单，节省维护时间；可以建立母件的替代物料清单；可以建立物料清单中子件可替代的物料资料，供修改生产订单子件用料时参考。

实施步骤：

1）在物料清单系统中，选择“物料清单维护”→“物料清单资料维护”选项，系统弹出“物料清单资料维护”窗口。

2）单击“增加”按钮，在表头中增加新的物料清单。在表体中设置该母件的下阶子件，如图 3-34 所示。

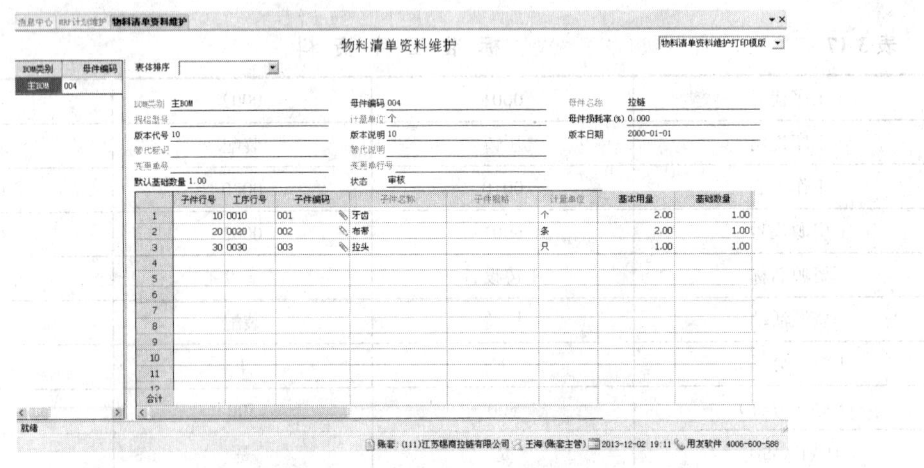

图 3-34　维护物料清单资料

3）单击“保存”按钮保存 BOM 资料。

（2）物料低价码推算。计算物料的低价码作为成本管理系统计算物料成本的依据。

实施步骤：

1）在物料清单系统中，选择“物料清单维护”→“物料低价码推算”选项，系统弹出“物料低价码推算”执行提示。

2）单击“执行”按钮，系统开始进行低价码推算，然后将推算结果返回到各物料的存货档案中。

（3）物料清单逻辑查验。查验物料清单中物料有逻辑错误，包括替换料是否有成为自我子件的错误逻辑。

实施步骤：

1）在物料清单系统中，选择“物料清单维护”→“物料清单逻辑查验”选项，系统弹出“物料清单逻辑查验”执行窗口。

2）输入物料清单展开的层数，然后单击“执行”按钮开始执行物料清单逻辑查验。

任务三　业务模块初始化

1. 销售管理系统初始化

销售管理系统初始化主要是对销售管理系统进行参数设置。

实施步骤：

（1）在企业应用平台，选择“业务工作”→“供应链”→“销售管理”选项，打开销售管理系统。

（2）在系统菜单下，选择“设置”→“销售选项”选项，打开“销售选项”窗口，如图 3-35 所示。

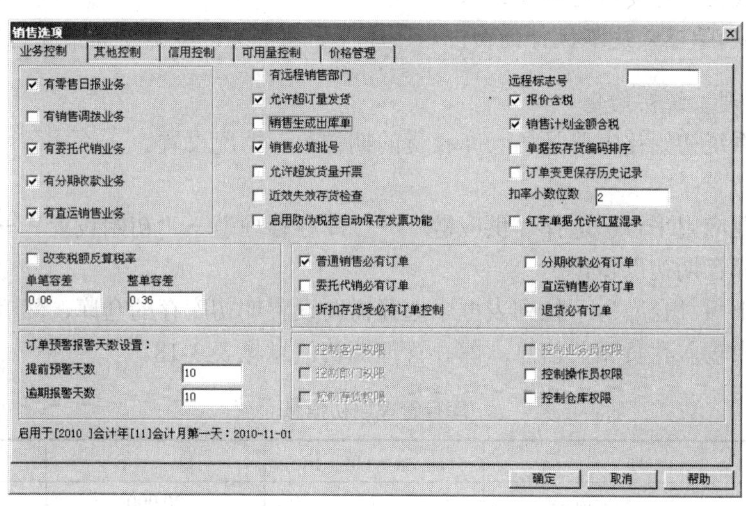

图 3-35　设置销售选项

（3）打开“业务控制”选项卡，选中“有零售日报业务”、“有委托代销业务”、“有直运销售业务”、“有分期收款业务”和“普通销售必有订单”复选框，去除“销售生成出库单”。

（4）其他选项按系统默认设置。单击“确定”按钮，保存销售系统的参数设置。

注意

（1）选中“销售生成出库单”选项，销售管理的发货单、销售发票、零售日报、销售调拨单在审核/复核时，自动生成销售出库单，并传到库存管理和存货核算，库存管理不可修改出库数量，即一次发货一次全部出库。

（2）不选中“销售生成出库单”选项，销售出库单由库存管理参照销售发货单生成；在参照时，可以修改本次出库数量，即一次发货可以多次出库。

2. 采购管理系统初始化

采购管理系统初始化主要是对采购期初记账。

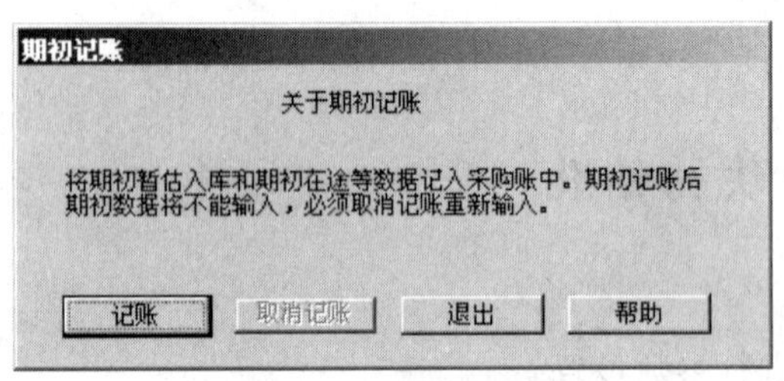

图 3-36 设置期初记账

实施步骤：

（1）在企业应用平台，选择“供应链”→“采购管理”选项，打开采购管理系统。

（2）在系统菜单下，选择“设置”→“采购期初记账”选项，弹出“期初记账”对话框，如图 3-36 所示。

（3）单击“记账”按钮，弹出系统提示“期初记账完毕”，单击“确定”按钮，完成期初记账。

注意

（1）采购管理系统启用前必须先执行期初记账，否则无法开始日常业务的处理，即使没有期初数据，也要执行期初记账。

（2）采购管理系统不执行期初记账，库存管理系统、存货核算系统也不能记账。

3. 库存管理系统初始化

库存管理系统初始化主要是各仓库存货的期初结存情况设置。

实施步骤：

（1）在企业应用平台，选择“供应链”→“库存管理”→“初始设置”→“期初结存”选项，打开“库存期初”窗口。

（2）在右上角“仓库”下拉列表框中选择需要设置期初库存的仓库，然后单击“修改”按钮，在表体中输入存货相关信息。库存管理期初信息见表 3-18。

表 3-18 库存管理期初信息

仓 库	库 存 品	计 量 单 位	数 量	单 价
原料仓库	牙齿	个	20 000	0.5
原料仓库	布带	条	10 000	0.5
原料仓库	拉头	只	10 000	1
成品仓库	拉链	个	10 000	6

（3）单击“保存”按钮，完成输入。

（4）单击“审核”或“批审”按钮，对该仓库每笔存货期初数据进行审核。

注 意

（1）库存管理系统期初数据可以直接录入，也可以从存货核算系统中取数。

（2）库存期初结存数据必须按仓库分别录入。

（3）库存期初数据录入后必须进行审核。审核仅针对一条存货记录进行，若执行“批审”，则对该仓库的所有存货进行审核。审核后的存货数据不能修改，若需要修改必须“弃审”后再作删除或重新修改等处理。

4. 存货核算管理系统初始化

存货核算管理系统初始化主要是对各仓库期初存货计入成本、科目设置。

（1）存货期初余额设置。

实施步骤：

1）在企业应用平台，选择“供应链”→“存货核算”→“初始设置”→“期初数据”→“期初余额”选项，打开“期初余额”窗口。

2）在左上角“仓库”下拉列表框中选择需要设置期初余额的仓库。

3）单击“取数”按钮，自动从“库存管理”系统中读取期初结存数据。

4）所有的仓库余额取数完毕，单击“记账”按钮，完成期初数据的记账。

注 意

（1）存货核算管理系统期初数据可以直接录入，也可以从库存管理系统中取数。单击“对账”按钮，选择所有仓库，系统对库存管理系统与存货核算管理系统的存货数据进行核对。

（2）“记账”后如果需要修改期初数据，单击“恢复”按钮，提示“恢复期初记账成功”。

（2）存货科目设置。

实施步骤：

1）在企业应用平台，选择“供应链”→“存货核算”→“初始设置”→“科目设置”→“存货科目”选项，打开“存货科目”窗口。

2）单击“增加”按钮，先选择仓库名称，录入存货科目编码，单击“保存”按钮。如图 3-37 所示。

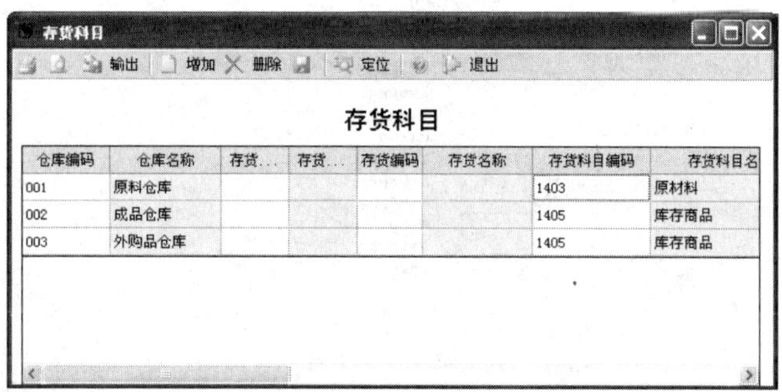

仓库编码	仓库名称	存货...	存货...	存货编码	存货名称	存货科目编码	存货科目名
001	原料仓库					1403	原材料
002	成品仓库					1405	库存商品
003	外购品仓库					1405	库存商品

图 3-37　设置存货科目

（3）对方科目设置。

实施步骤：

1）在企业应用平台，选择“供应链”→“存货核算”→“初始设置”→“科目设置”→“对方科目”选项，打开“对方科目”窗口。

2）单击“增加”按钮，先选择收发类别，录入对方科目编码。如图 3-38 所示。

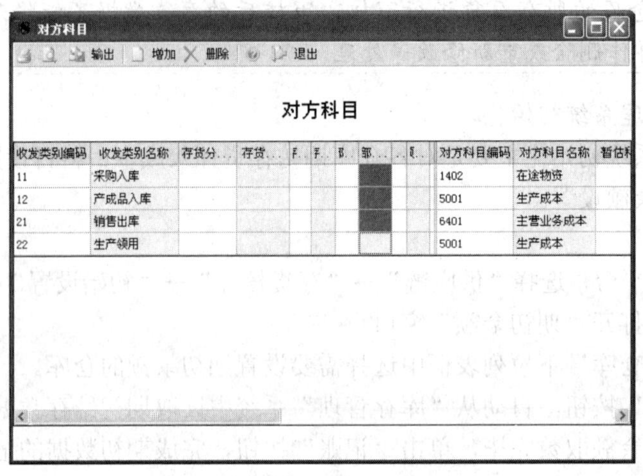

图 3-38 设置对方科目

5. 应收款管理系统初始化

应收款管理系统初始化主要是对企业应收账款相关信息初始设置。

实施步骤：

（1）在企业应用平台，选择“财务会计”→“应收款管理”→“设置”→“初始设置”选项，打开“初始设置”窗口，进入“基本科目设置”、“结算方式科目设置”。

（2）录入相应科目，分别如图 3-39、图 3-40 所示。

6. 应付款管理系统初始化

应付款管理系统初始化主要是对企业应付账款相关信息的初始设置。

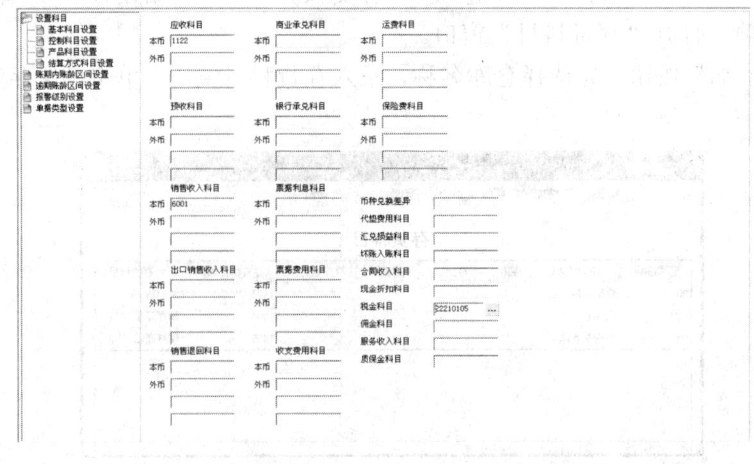

图 3-39 设置基本科目

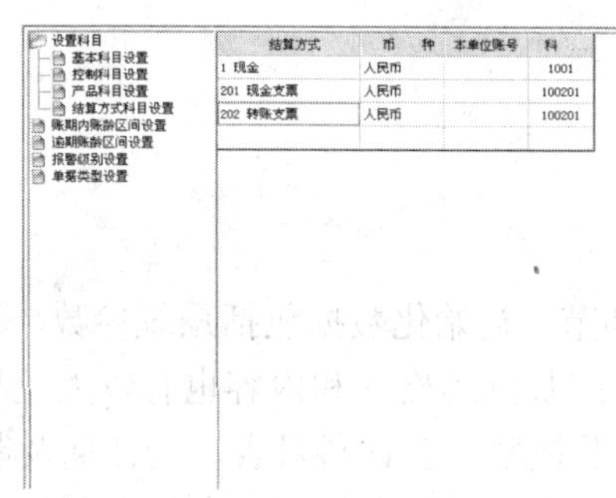

图 3-40 设置结算方式科目

实施步骤：

（1）在企业应用平台，选择“财务会计”→“应付款管理”→“设置”→“初始设置”选项，打开“初始设置”窗口，进入“基本科目设置”、“结算方式科目设置”。

（2）录入相应科目。

7. 总账初始化

总账初始化主要是企业的总账期初余额数据的初始设置。

实施步骤：

（1）在企业应用平台，选择“财务会计”→“总账”→“设置”→“期初余额”选项，打开“期初余额录入”窗口，如图 3-41 所示。

（2）录入数据，双击“期初余额”列，输入表 3-19 中的总账期初信息。

表 3-19 总账期初信息

库存现金	3000	库存商品	60 000
工行存款	800 000	固定资产	3 715 000
中行存款	600 000	累计折旧	203 000
原材料	25 000	实收资本	5 000 000

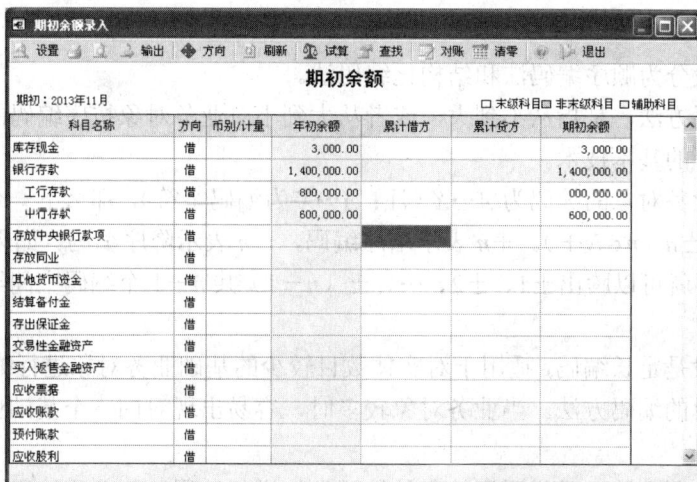

期初余额录入

设置 输出 方向 刷新 试算 查找 对账 清零 退出

期初余额

期初：2013年11月 □末级科目□非末级科目□辅助科目

科目名称	方向	币别/计量	年初余额	累计借方	累计贷方	期初余额
库存现金	借		3,000.00			3,000.00
银行存款	借		1,400,000.00			1,400,000.00
工行存款	借		800,000.00			800,000.00
中行存款	借		600,000.00			600,000.00
存放中央银行款项	借					
存放同业	借					
其他货币资金	借					
结算备付金	借					
存出保证金	借					
交易性金融资产	借					
买入返售金融资产	借					
应收票据	借					
应收账款	借					
预付账款	借					
应收股利	借					

图 3-41 录入期初余额

知识学习

一、数据初始化

数据初始化是 ERP 实施过程中很重要的环节，初始化数据包括系统参数、静态数据、期初数据等等。不同的 ERP 系统对系统参数、静态数据等格式和内容也有较大差异，一般包括物料数据、供应商数据、客户数据、计量单位及换率、会计科目表、会计期及制造期、物料成本及价格数据、各种处理码等等。期初数据主要包括库存结存、车间在制品、科目余额、应收余额、应付余额、未发货的销售订单、未到货的采购单等等。数据初始化环节必须注意如下几个问题：

（1）系统参数由核心成员负责，设置时必须慎重，应先形成文档，经审核后再输入到系统。每次修改时，注意关联影响并做好更改记录。

（2）静态数据的收集整理是一项很烦琐的工作，工作量大，涉及面广。静态数据不完整的企业，首先要按规定格式进行收集；已有静态数据的企业（或在旧系统上已使用的）须按照 ERP 系统要求重新整理。

（3）期初数据处理时要考虑期初数据的截数点和时间差，如应收、应付的结账日期可能与库存的结账日期存在差异，录入时要考虑好顺序。

二、数据编码

ERP 系统是由一系列代码驱动实施的，这就要求企业在实施系统之前准备好这些代码。

1. 编码原则

编制代码一般要遵循下述原则：

（1）唯一性：一个代码只能有一种含义。

（2）标准性：一类代码要符合一定的标准。

（3）可扩性：编制代码要考虑今后的扩展。

在编码过程中，还要求设计的编码规则具有快速、简明等特点，力求数据编码能快速识别、方便易用。

2. 编码方法

编码方法一般分为顺序编码法和结构化编码法。

（1）顺序编码方法，是指从小到大，或者从大到小对业务对象按序编码的编码方法，顺序编码是编码设计的基本技术。

假设前一个业务对象的编码为 $A\cdots X$（注：$A\cdots X$ 为编码字符），那么下一个业务对象的顺序编码就是 $A\cdots X\pm n$（$n\in N+$）。$+n$ 表示增序编码，$-n$ 表示降序编码。如果 $n>1$，就采用了跳码技术，这样就可以腾出 ±1、±2、…、$\pm$（$n-1$）共 $n-1$ 个编码空间给其他业务对象编码。

顺序编码一般是定长编码，适用于对实体数目较少的基础业务对象进行编码，比如部门。顺序编码是最简单的编码方法。当业务对象较多时，容易出现对同一个基础业务对象实体重复编码的情形。

（2）结构化编码方法，是指采用特定的编码结构进行编码，如分段编码、混合编码等。

1）分段编码，是指将整个编码分成若干段分别进行编码的编码方法，其中的段称为码段，码段的长度称为码段长度，简称码长或段长。

采用分段编码设计技术时，一般每个码段的编码采用顺序编码，而且每个码段的编码个数是有限可枚举的。在进行编码设计时，就将每个码段的编码穷举出来，整个编码依据每个码段的编码进行组合，给出相应业务对象的编码。

2）混合编码是一种将在分段编码的基础上进行顺序编码的编码方法。混合编码是最常用的编码设计方法。

结构化编码一般适用于对实体数据较多的基础业务对象进行编码，如物料。

三、基本概念

1. 物料清单

在 ERP 系统中，为了便于计算机识别，必须把用文字或者图示表达的产品结构转化成某种数据格式，这种以数据格式来描述产品结构的文件就是物料清单（Bill of Materials，BOM），它是计算各种物料需求的最基础依据之一。

（1）物料清单结构。在 ERP 系统中，物料清单是一种树型结构，因此又称为产品结构树。BOM 通常是由父件及子件所组成的关系树，通常是以自顶向下分解的形式，或是以自底向上跟踪的形式提供信息，它反映了一种数据之间的组织关系。

一个 BOM 文件至少应包括 3 个数据项：物料代码、需求量（每一个父项所需该子项的数量）、层次码（该物料在结构中相对于最终产品的位置）。图 3-42 是简化的拉链 BOM 结构，表示拉链由 2 条牙齿、1 个拉头和 2 条布带组成。

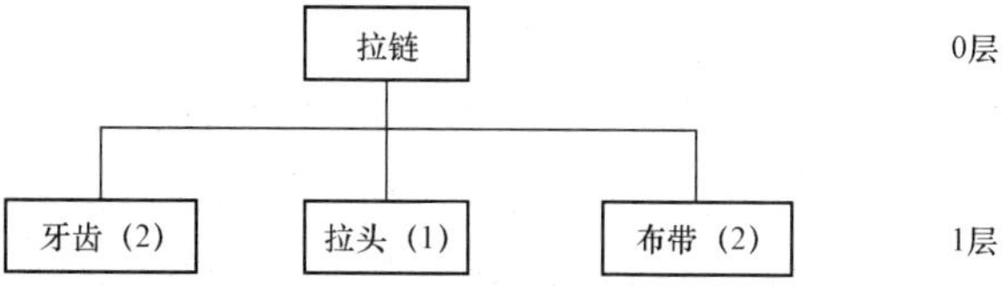

图 3-42　简化的拉链 BOM 结构图

1）层次码。物料在产品结构中所属的层次称为层次码。层次码反映了某项子物料相对于最终产品的位置。在产品结构树中，存在着同一种子物料出现在同一产品的不同层次或出现在不同产品的不同层次的现象，这种子物料称为多层次通用件。为了便于计算该种子物料的总需求量，ERP 系统中引入最低层代码的概念，称为低层码。

低层码是指某个子物料在所有产品结构中所处的最低层次。每个物料有且只有一个低层码，该码的作用在于指出各种子物料使用的时间，低层码越低，表示其使用时间越早。在 BOM 文件中将每一物料的低层码计算出来，并存入 BOM 文件。ERP 系统计算物料净需求时，当计算某物料在当前层次的需求后，要比较当前层次码是否小于低层码。若小于低层码，则计算出的需求还不是最终需求，需继续往下计算。只有当计算到当前层次码等于低层码时，把各层计算的结果加起来，并减去该物料的库存量得出的结果才是该物料的净需求。

2）虚拟件。是指表示一种并不存在的“虚构”物料，在实际过程中都不出现，虚拟件的最重要作用就是简化产品结构管理。

当某些零件或部件的组合（但不是实际组件）重复出现在一个产品结构时，为了简化产品结构，把这几个零件或部件的组合构成一种“虚构”物料，该物料即称为虚拟件。如图 3-43 所示简化的 A 产品 BOM 结构中，零件 D、E 在部件 B 和 C 中均出现，为简化产品结构，在 BOM 中增加一个子件 H 来表示 D、E 的组合。这样 B 和 C 中只需加入一个子件 H，而无需重复加入子件 D、E。另外，当虚拟件的子件发生结构改变时，只影响到虚拟件这一层，不会影响此虚拟件以上的所有父项。

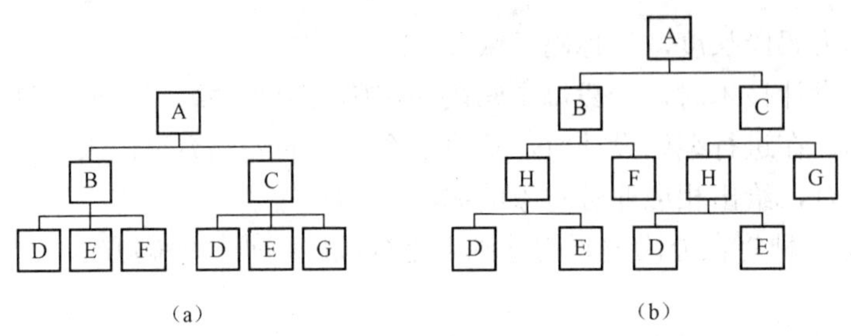

图 3-43 简化的 A 产品 BOM 结构图

（a）产品原始结构；（b）产品结构图（引入虚拟件 H）

说 明

虚拟件不存在任何提前期，在把虚拟件的物料需求计划展开时，只会根据虚拟件的 BOM 构成计算下级子件的计划需求量，而虚拟件对计划的需求时间毫无影响。从这层意义上理解，就好像跳过了虚拟件这一层，直接计算下层的计划需求量。

（2）物料清单类型。物料清单按其作用不同，可分为设计物料清单、制造物料清单、模块化物料清单。

1）设计物料清单，是由产品设计部门制定，是单纯的技术文件，只是描述了产品的结构组成和数量关系。

2）制造物料清单，是设计和工艺的综合，是生产和销售计划的基础。制造物料清单除包含产品构成物料外，还可以包括与产品制造相关的消耗品（如毛坯、工艺用品）和加工工具（如工装夹具、模具）。制造物料清单的构成反映了物料的加工顺序，同时也包含物料消耗定额等数据。

3）模块化物料清单，是对通用型产品组合进行模块化管理。在产品结构中，有的子件构成大部分相似，而且这种相似的结构也会在其他的产品中出现，这种结构便可以模块化，也即构建虚拟件。

2. 需求时栅

（1）时间段。时栅共分为三个时间段，每一区段的天数由产品特性和企业实际情况自行决定，如三个区段天数分别为 10、20、40，MPS/MRP 展开时系统日期为 2013/11/01，则此时栅三个区段的起止日期分别为：第一个区段 13/11/01-13/11/10，第二个区段 13/11/11-13/11/30，第三个区段 13/12/1-14/01/09。

（2）需求来源。客户订单与预测订单共同组成了需求来源，系统提供了 7 种处理方式：预测订单、客户订单、预测订单+客户订单，反向消抵、预测订单+客户订单，正向消抵、预测订单+客户订单，先反向再正向消抵、预测订单+客户订单，先正向再反向消抵、预测订单+客户订单，不消抵。

（3）消抵逻辑处理。消抵处理是在各区段内进行的，不可跨区段，如图 3-44 所示。

若一客户订单交货日为 11/20，数量为 600，逻辑处理如下：

日期： 11/01 11/10 11/11 11/15 11/30
预测： 200 300 200 300 200
时栅： ==== 区段一 ====++========= 区段二 ========

图 3-44 消抵逻辑处理

选择反向消抵：客户订单会消抵掉 11/11 和 11/15 的预测订单量，则区段二的需求量为需求预测 11/30（200），客户订单（600）。

选择正向消抵：客户订单会消抵掉 11/30 的预测订单量，则区段二的需求量为需求预测 11/11（200），11/15（300），客户订单（600）。

选择先反向再正向消抵：客户订单会消抵掉 11/11 和 11/15 的预测订单量，余下的部分再由 11/30 的预测订单量抵消，则区段二的需求量为需求预测 11/30（100），客户订单（600）。

选择先正向再反向消抵：客户订单会消抵掉 11/30 的预测订单量，余下的部分再由 11/15、11/11 的预测订单量抵消，则区段二的需求量为需求预测 11/11（100），客户订单（600）。

3. 工作中心

工作中心（Work Center，WC）是基于设备和劳动力状况，将执行相同或相似工序的设备、劳动力组成一个生产单元。工作中心是各种生产能力单元的统称，可以是一组设备或一群人或它们的组合等等。工作中心的作用是：

（1）作为平衡负荷与能力的基本单元，是运行能力需求计划（Capacity Requirement Planning，CRP）的计算对象。

（2）作为生产作业分配任务和编制详细作业进度计划的基本单元。

（3）作为计算标准作业成本或实际作业成本的最小归集和分配单元。

（4）作为生产实际作业数据采集点，也是重复式生产的反冲控制点。

计算工作中心数据的步骤如下：

（1）选择计量单位。一般情况下使用工作中心能力的单位有：标准小时（时间）、千克（重量）、米（长度）、件（数量）等等。

（2）计算定额能力。定额能力是在正常的生产条件下工作中心的计划能力。计算定额能力所需的主要信息有：每班可用操作人员数、可用机器数、单机额定工时、工作中心利用率、工作中心效率、在该工作中心每天排产小时数、每天开动班次、每周工作天数等等。

4. 工艺路线

工艺路线是用来表示企业产品在企业的一个加工路线（加工顺序）和在各个工序中的标准工时定额情况。工艺路线强调产品加工的顺序和工时定额情况，其主要用于工序排产和车间成本统计。

一般而言，工艺路线包括工序号、工作描述、所使用的工作中心、各项时间定额（如准备时间、加工时间、传送时间等）、外协工序的时间和费用等。

5. 工作日历

工作日历也称为工厂生产日历，它包括企业各部门的工作日历，在日历中标明了生产日期、休息日期、设备检修日等标记。不同的分厂、车间、工作中心因为生产任务不同、加工工艺不同而受不同的条件约束，因而可能会设置不同的工作日历。

工作日历文件的一般结构包含车间代码、工作中心代码、日期、年度、日期状态、社会星期、工厂部门星期、年有效工作天数及累计有效工作天数等。

学习小结

由于企业的数据和信息都分散在各个部门，所以需要从各个业务部门收集大量的数据并加以整理，为实施 ERP 系统打下良好的基础。没有准确的基础数据，就不能正常运行 ERP 系统的各个子系统。企业在 ERP 系统上线前，应该仔细检查、核实各项数据的准确性，并采取切实的措施来保证进入系统的所有数据的准确性，避免“垃圾进、垃圾出”的情况。

ERP 系统中各模块的初始化设置非常重要，关系到业务系统使用和业务点控制，决定用户使用该系统的业务流程、业务模式、数据流向。在进行初始设置之前，一定要详细了解选项对业务处理流程的影响，并结合企业的实际业务需要进行设置。由于有些选项在日常业务开始后不能随意更改，用户最好在业务开始之前进行全盘考虑，尤其一些对其他系统有影响的选项设置更要慎重考虑。

单元练习

1．简述 ERP 系统数据初始化的作用。

2．简述数据编码的原则。

3．什么是物料清单？物料清单的类型有哪些？

4．什么是工作中心？工作中心有何作用？

5．客户订单与预测订单共同组成了需求来源，ERP 系统提供了哪几种处理方式？

6．根据第一篇单元练习中实地调研企业业务流程优化后的业务流程情况，在 U8 系统中完成该企业 ERP 系统初始化相关任务，具体要包括账套信息初始化、基础数据初始化和业务模块初始化等相关内容。

单元二　销售业务管理

学习目标

（1）理解普通销售业务流程。

（2）学会如何进行销售报价。

（3）学会如何处理销售订单。

（4）学会如何处理销售发货。

（5）学会如何处理销售发票。

（6）学会如何处理出库业务。

（7）学会如何进行存货出库成本的计算。

（8）学会如何制单生成凭证传递到总账系统。

（9）学会如何将客户往来中的相关业务数据传递到总账系统。

（10）掌握销售与运作的概念及编制方法。

（11）掌握常见的销售预测方法及其意义。

（12）掌握存货核算系统中成本核算的方法。

（13）掌握客户往来中的应收款业务。

学习情境

锡商拉链在推进 ERP 应用过程中，已经按照重组后的业务流程对 ERP 系统进行了系统初始化。爱华公司根据企业业务需要决定采购一批拉链，通过向锡商拉链的销售部门询价、洽谈，最终签订了采购合同。在后期双方履行合同过程中，锡商拉链按期向爱华公司交货、开票，爱华公司按合同约定及时回款。

情境分析：根据重组后的业务流程，在 ERP 系统中以上的销售业务流程可分解成九个具体任务：销售订货、销售发货、销售开票、销售出库、存货核算记账、凭证生成、应收单据处理、收款单据处理、月末结账。

普通销售业务支持两种模式：先发货后开票模式和开票直接发货模式。本处采用先发货后开票模式，具体销售业务如下：

（1）2013 年 11 月 15 日，爱华公司需要采购拉链，向销售一部了解价格。销售一部报价为 6 元/个（无税）。该客户了解情况后，要求订购 8000 个，要求发货日期为 2013 年 11 月 17 日。

（2）2013 年 11 月 17 日，销售一部从成品仓库向爱华公司发出其所订货物，并按发货单向爱华公司开具销售发票。

（3）2013 年 11 月 17 日，为了向爱华公司发出其所订货物 8000 个拉链，仓库管理员参照发货单生成销售出库单。

（4）2013 年 11 月 18 日，对客户爱华公司的销售发票进行存货成本记账处理，并对销售发票生成销售成本记账凭证。

（5）2013 年 11 月 18 日，审核爱华公司从销售管理系统传来的销售专用发票，审核后进行制单，生成应收款的记账凭证。

（6）2013 年 11 月 18 日，收到爱华公司的货款后，进行收款处理，并核销爱华公司的收款单。

任务一 销 售 订 货

企业向客户提供商品、规格、价格、结算方式等信息，在系统中填制销售报价单。销售报价单在购销双方磋商、客户确定要货后，转为销售订单。企业依据销售订单组织货源，并对销售订单执行过程进行控制和跟踪。

1. 销售报价单填制

以账套主管 002 肖敏，密码为空，选择账套“［111］江苏锡商拉链有限公司”，操作日期 2013-11-15，登录“企业应用平台”。

实施步骤：

（1）在企业应用平台，选择“供应链”→“销售管理”→“销售报价”→“销售报价单”选项，打开“销售报价单”窗口，如图 3-45 所示。单击“增加”按钮，填制报价单。

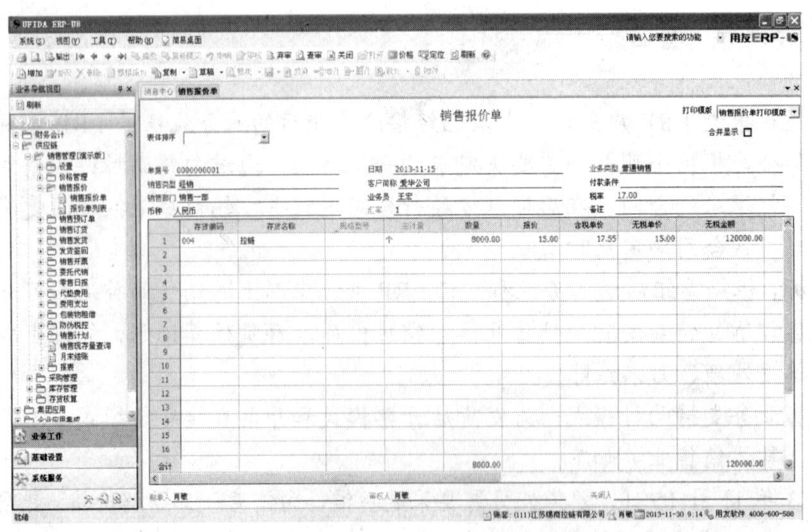

图 3-45 填制销售报价单

（2）表头输入：选择业务类型为“普通销售”，选择客户为“爱华公司”，然后选择部门及业务员。

（3）单击“保存”按钮，保存报价单。

（4）单击“审核”按钮，审核报价单。

注意

（1）销售报价单是可选单据，用户可根据业务的实际需要选用。

（2）销售报价单只能手工录入。

（3）销售报价单可以进行修改、删除，若该报价单已审核，可以“弃审”后再作修改、删除等处理。

（4）已经保存的销售报价单可以在报价单列表中查询，打开后可做弃审、修改、删除等处理。

2. 销售订单填制

在企业应用平台中，单击“系统”→“重注册”，以账套主管002肖敏，密码为空，选择账套“[111] 江苏锡商拉链有限公司”，操作日期2013-11-15，登录“企业应用平台”。

实施步骤：

（1）在企业应用平台，选择“供应链”→“销售管理”→“销售订货”→“销售订单”选项，打开“销售订单”窗口。单击“增加”按钮，填制销售订单。

（2）单击“生单”按钮，打开“选择报价单”对话框，选择客户“爱华公司”后，单击“过滤”按钮。在上方显示的是报价单的表头内容，下方显示的是产品报价的记录。在选中行记录前双击，出现选中标志“Y”，如图3-46所示。

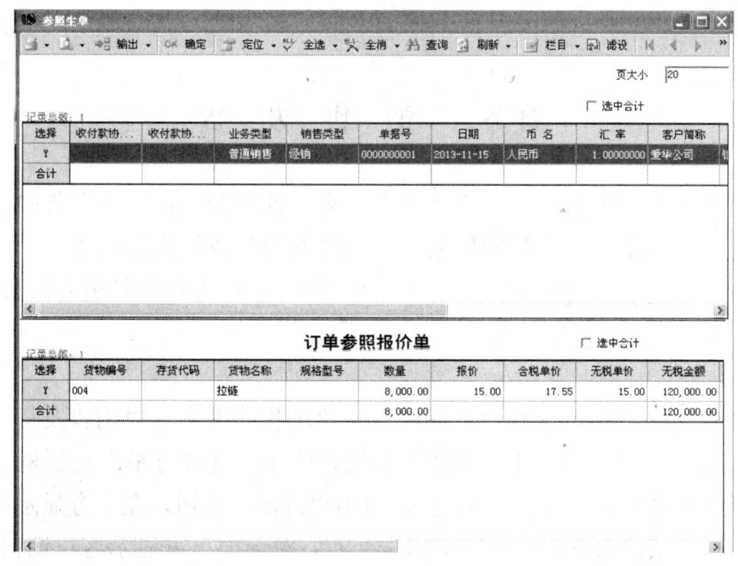

图3-46 填制销售订单

（3）单击“确定”按钮，将报价单数据生成到销售订单中。

（4）表体输入：输入预发货日期为“2013-11-17”，单击“保存”按钮。

（5）单击“审核”按钮，审核当前订单，如图 3-47 所示。

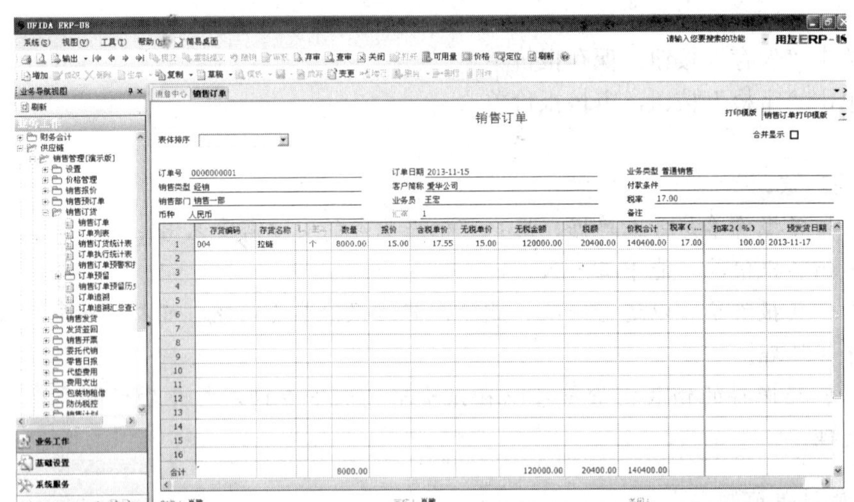

图 3-47 审核销售订单

注意

（1）销售订单可以手工输入，也可参照报价单生成。

（2）已经保存的销售订单可以修改、删除。

（3）已经保存的销售报价单可以在报价单列表中查询。

（4）没有被下游参照的销售订单打开后可以弃审、修改、删除；若被下游参照，则必须删除下游单据后才能弃审、修改、删除。

任务二 销售发货

销售发货是企业执行销售订单，将货物发往客户的行为。在销售发货中，需填制销售发货单，发货单是销售方给客户发货的凭据，是销售发货业务的执行载体。

以账套主管 002 肖敏，密码为空，选择账套“[111] 江苏锡商拉链有限公司”，操作日期 2013-11-17，登录“企业应用平台”。

实施步骤：

（1）在企业应用平台中，选择“供应链”→“销售管理”→“销售发货”→“发货单”选项，打开“发货单”窗口。单击“增加”按钮，弹出“选择订单”对话框。

（2）在对话框中选择客户“爱华公司”，单击“过滤”按钮，在上方显示客户销售订单表头内容，在选中行记录前双击，出现选中标志“Y”，对话框下方显示客户销售订单表体内容。单击“确定”按钮，返回发货单窗口。

（3）业务类型及销售类型根据订单自动生成，不能修改。修改发货日期 2013-11-17，选择发货仓库为“成品仓库”。

（4）单击“保存”按钮，“审核”按钮，如图 3-48 所示。

图 3-48 填制发货单

注 意

（1）在先发货后开票模式下，发货单可参照销售订单生成，并参照发货单生成销售发票。

（2）在开票直接发货模式下，销售发票可参照销售订单生成，并生成销售发货单。

（3）发货单也可以手工输入。

（4）若销售管理系统中设置了“普通销售必有订单”，则必须参照生成。

（5）发货单日期默认为业务操作日期，如果需要与发票日期相同，则登录企业应用平台的日期必须与发票日期相同。

（6）销售订单必须审核后才能参照生成发货单。

任务三 销 售 开 票

销售开票是在销售过程中，由企业向客户开具销售发票及其所附清单的过程，它是销售收入确认、销售成本计算、应交销售税金确认和应收账款确认的依据。

以账套主管 002 肖敏，密码为空，选择账套“[111] 江苏锡商拉链有限公司”，操作日期 2013-11-17，登录“企业应用平台”。

实施步骤：

（1）在企业应用平台，选择“供应链”→“销售管理”→“销售开票”→“销售专用发票”选项，打开“销售专用发票”窗口。单击“增加”按钮，弹出“选择订单”对话框。

（2）在“销售专用发票”窗口，单击“生单参照发货单”按钮，单击“过滤”按钮，对话框上方显示客户发货单表头的内容，在选中行记录前双击，出现选中标志“Y”，此时下方显示发货单表体的记录。单击“确定”按钮，返回销售专用发票窗口。

（3）生成发货单的相关信息，修改开票日期 2013-11-17，单击“保存”按钮。

（4）单击“复核”按钮，如图 3-49 所示。

注意

（1）只有在基础档案中设置了客户开户银行、税号等信息的客户，才能开具销售专用发票，否则只能开具普通发票。

（2）销售发票可以参照发货单自动生成，也可以手工输入。

（3）若需要手工输入，必须在销售管理系统设置中取消“普通销售必有订单”。

（4）未复核的发票可以直接修改。

（5）若一张发货单需要分次开具发票，可以修改发票数量。

（6）销售发票单击“复核”按钮后就不能进行现结处理了，只能确认为应收账款。如果需要现结处理，先单击“现结”按钮，输入结算方式、金额等信息，再单击“复核”按钮。

（7）已经现结或复核的销售发票需要修改或删除必须先“弃复”、“弃结”后再作修改或删除等处理。

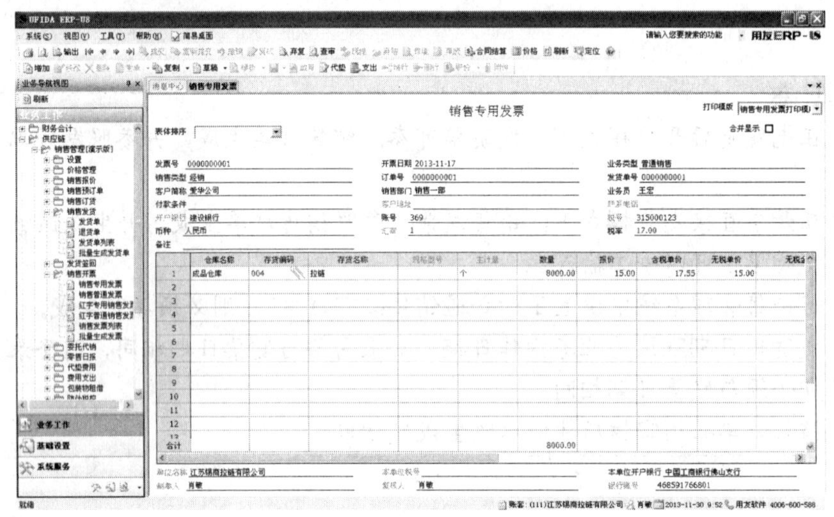

图 3-49 开具销售专用发票

任务四 销 售 出 库

销售出库需要填制销售出库单，销售出库单是产品出库的重要依据，出库单的产品与数量将传递至存货核算系统，它是存货成本核算和销售发票的重要轨迹。

以账套主管 002 肖敏，密码为空，选择账套“[111] 江苏锡商拉链有限公司”，操作日期 2013-11-17，登录“企业应用平台”。

实施步骤：

（1）在企业应用平台，选择“供应链”→“库存管理”→“出库业务”→“销售出库单”选项，打开“销售出库单”窗口。

（2）单击“生单销售生单”按钮，弹出“销售发货单列表”对话框，输入客户“爱华公司”，单击“过滤”按钮，在对话框内选择发货单。

（3）单击“确定”按钮，生成出库单，修改出库日期 2013-11-17，如图 3-50 所示。

（4）单击“审核”按钮，系统弹出提示“审核成功！”，单击“确定”按钮。

注 意

（1）在销售管理系统设置时取消“销售生成出库单”，则在库存管理系统中需要单击“销售出库单”按钮。

（2）若在销售管理系统设置时选中“销售生成出库单”，则库存管理系统中自动生成销售出库单，系统生成的出库单不能修改，可以进行审核。

（3）在库存管理系统中，库存的各种量的管理非常重要，例如现存量、可用量、预计入库量、预计出库量等。通过库存量的管理，企业能够把主生产计划需求规划、采购、销售、仓储作为一个有机的整体，进行全面精确的存量管理。

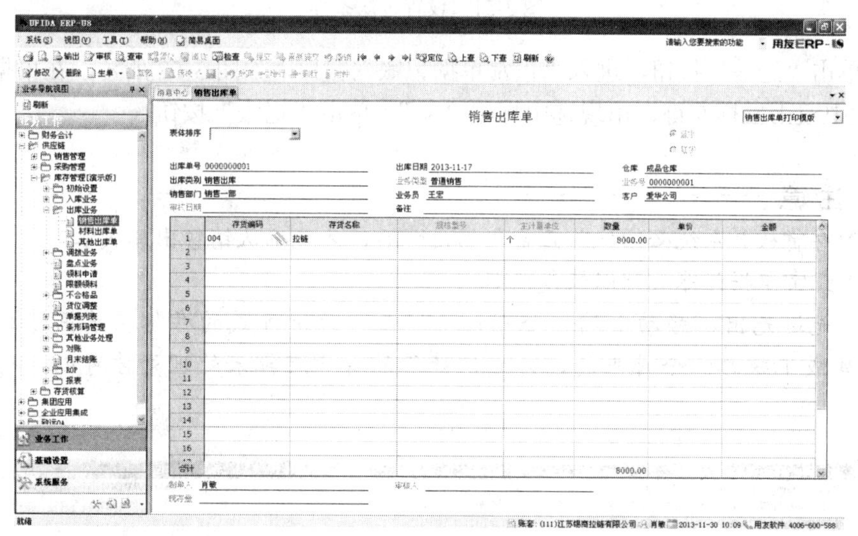

图 3-50 填制销售出库单

任务五 存 货 核 算 记 账

单据记账是将用户所输入的单据登记到存货明细账、差异明细账、差价明细账、受托代销商品明细账以及受托代销商品差价账。

以账套主管 002 肖敏，密码为空，选择账套“[111] 江苏锡商拉链有限公司”，操作日期 2013-11-18，登录“企业应用平台”。

实施步骤：

（1）在企业应用平台，选择“供应链”→“存货核算”→“业务核算”→“正常单据记账”选项，弹出“过滤条件选择”对话框。在“仓库”选项组中选中“成品仓库”复选框，在“单据类型”选项组中选中“专用发票”复选框，如图 3-51 所示。

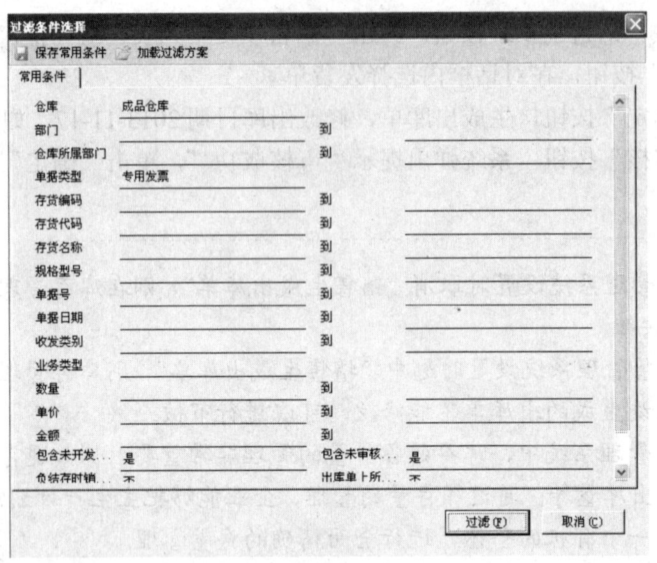

图 3-51 设置过滤条件

（2）单击“过滤”按钮，进入“正常单据记账”窗口，如图 3-52 所示。在单据行前面的“选择”栏中双击鼠标左键，出现选中标记“√”，单击“记账”按钮。

注 意

（1）存货核算系统必须执行正常单据记账后，才能确认销售出库成本。

（2）正常单据记账后可以恢复记账。

（3）先进先出、移动平均、个别计价这三种计价方式的存货在单据记账时可以进行出库成本核算；全月平均、计划价计价的存货在期末处理处才可以进行出库成本核算。

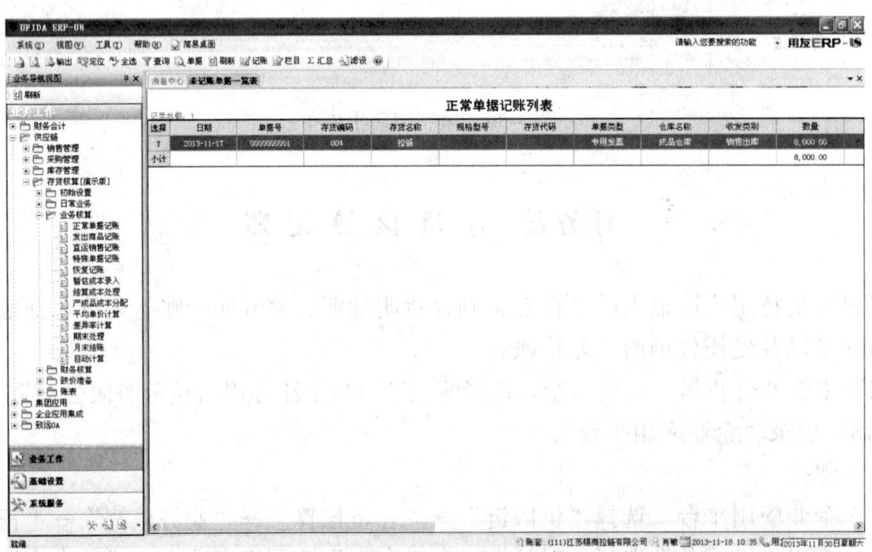

图 3-52 正常单据记账

任务六 凭 证 生 成

对本会计月份以记账单据生成销售成本记账凭证，然后传递到总账系统，所生成的凭证可在账务系统中显示并生成科目总账。

以账套主管 002 肖敏，密码为空，选择账套“[111] 江苏锡商拉链有限公司”，操作日期 2013-11-18，登录“企业应用平台”。

实施步骤：

（1）在企业应用平台，选择“供应链”→“存货核算”→“财务核算”→“生成凭证”选项，打开“生成凭证”窗口。单击“选择”按钮，打开“查询条件”对话框，单击“全销”选中“销售专用发票”复选框，选择仓库为“成品仓库”。如图 3-53 所示。

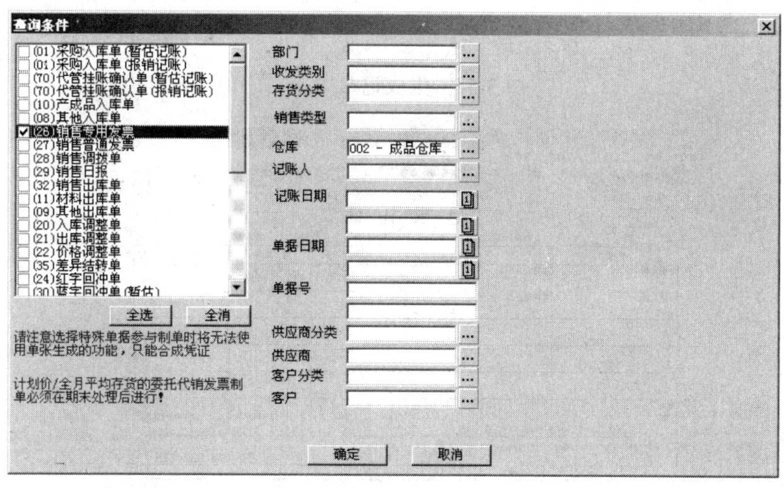

图 3-53 设置查询条件

（2）单击“确定”按钮，进入“选择单据”窗口，选择要生成凭证的单据，单击“确定”按钮，进入“生成凭证”窗口。

（3）单击“生成”按钮，生成记账凭证，如图 3-54 所示。

（4）检查无误后，单击“保存”按钮，凭证左上角显示“已生成”，该凭证传递至总账系统，如图 3-55 所示。

注 意

（1）只有记账后单据才能进行制单。

（2）在凭证生成界面可以手工补充输入会计科目或修改会计科目，以保证凭证完全正确。若凭证错误，可以在“存货核算”→“财务核算”→“凭证列表”中进行修改、删除、冲销。

（3）在凭证列表中删除凭证，只是将总账系统中的凭证做作废处理。

（4）总账中已审核的凭证不能删除，需要先到总账系统中取消审核。

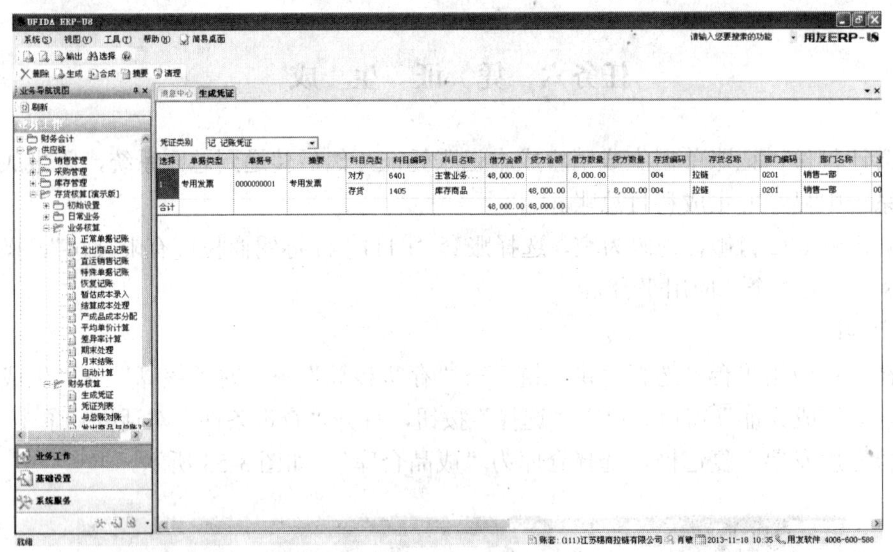

图 3-54 生成记账凭证

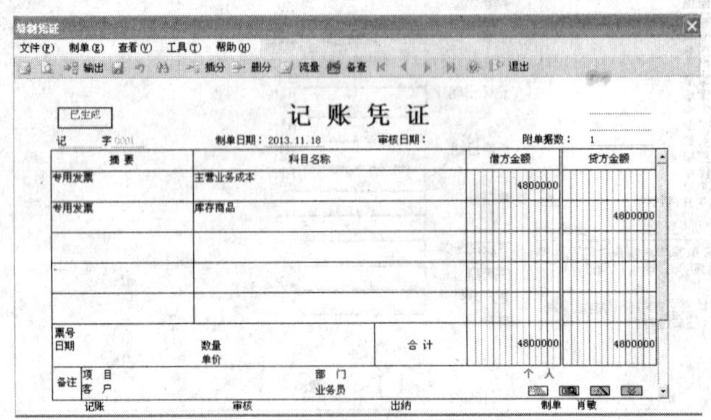

图 3-55 专用发票生成凭证

任务七 应收单据处理

应收单据处理是处理销售管理系统传来的已复核的销售发票，对它进行制单，即对应收款的发票做记账凭证，该凭证将自动传递给总账系统。

1. 应收单据处理

以账套主管 001 王海，密码为空，选择账套“[111] 江苏锡商拉链有限公司”，操作日期 2013-11-18，登录“企业应用平台”。

实施步骤：

（1）在企业应用平台，单击“业务工作”标签，选择“财务会计”→“应收款管理”→“应收单据处理”→“应收单据审核”选项，弹出“应收单过滤条件”对话框，如图 3-56 所示。选择客户查询条件并单击“确定”按钮进入“应收单据列表”，如图 3-57 所示。

（2）选择审核的记录行后，双击“选择”栏目，出现 Y 标志，再单击“审核”按钮，系统完成审核，并给出审核提示，如图 3-58 所示，单击“确定”按钮返回。

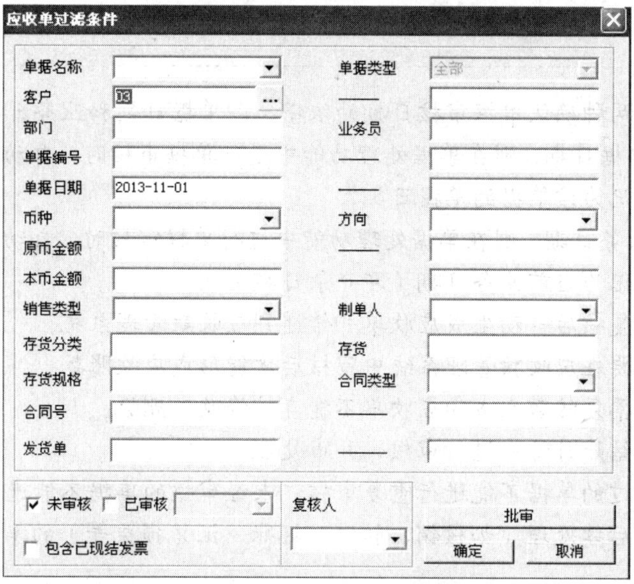

应收单过滤条件
单据名称
单据类型
全部
客户
03
部门
业务员
单据编号
单据日期
2013-11-01
币种
方向
原币金额
本币金额
销售类型
制单人
存货分类
存货
存货规格
合同类型
合同号
发货单
未审核
已审核
复核人
包含已现结发票
批审
确定
取消

图 3-56 设置应收单过滤条件

UFIDA ERP-U8
应收单据列表
选择
审核人
单据日期
单据类型
单据号
客户名称
部门
业务员
制单人
币种
汇率
2013-11-17
0000000001
爱华公司
销售一部
王宏
肖敏
人民币
1.00000000
合计

图 3-57 应收单据列表

提示
本次审核选中单据[1]张
本次审核成功单据[1]张
本次审核未成功单据[0]张
确定

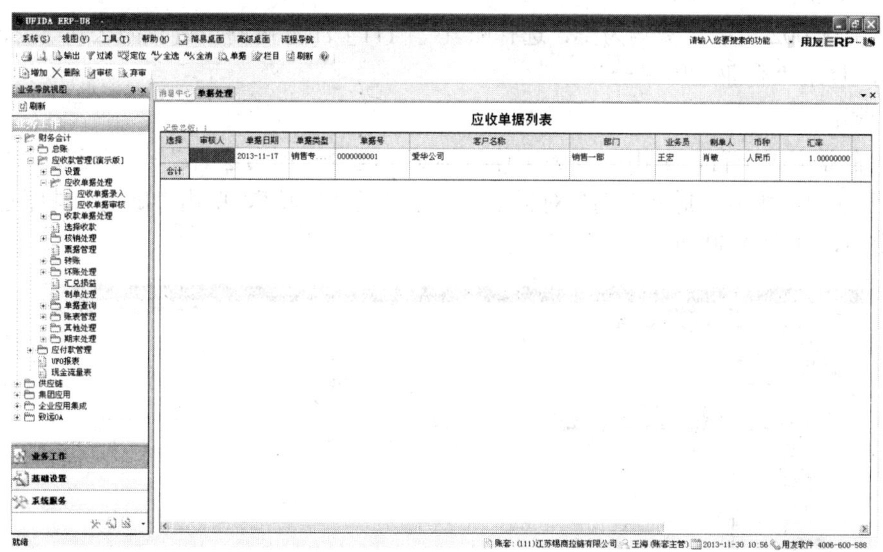

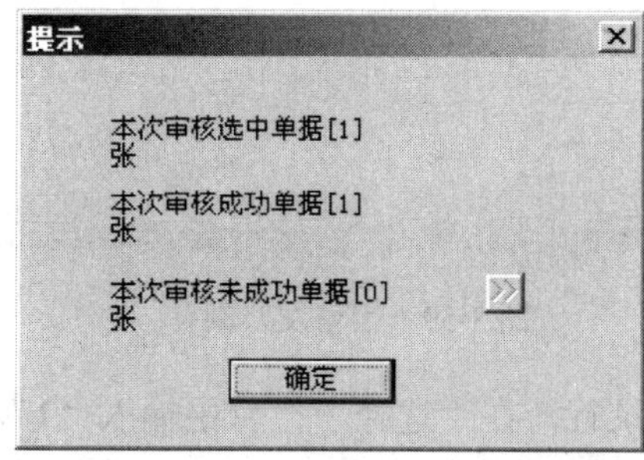

图 3-58 提示审核结果

注意

（1）系统提供两种确认单据审核日期的依据，即单据日期和业务日期。

1）如果选择单据日期，则在单据处理功能中进行单据审核时，自动将单据的审核日期（即入账日期）记为该单据的单据日期。

2）如果选择业务日期，则在单据处理功能中进行单据审核时，自动将单据的审核日期（即入账日期）记为当前业务日期（即登录日期）。

（2）销售发票复核后自动生成应收单并传递到应收款管理系统。

（3）应收单需要在应收款管理系统中审核后才能形成应收账款。

（4）由销售发票复核后生成的应收单不能直接修改、删除。

（5）不能在已结账月份中进行审核、弃审处理。

（6）已经审核过的单据不能进行重复审核；未经审核的单据不能进行弃审处理。

（7）已经做过后续处理（如核销、转账、坏账、汇兑损益等）的单据不能进行弃审处理。

2. 制单处理

以账套主管 002 肖敏，密码为空，选择账套“[111] 江苏锡商拉链有限公司”，操作日期 2013-11-18，登录“企业应用平台”。

实施步骤：

（1）在企业应用平台，单击“业务工作”标签，选择“财务会计”→“应收款管理”→“制单处理”选项，弹出“制单查询”对话框。选中“发票制单”，单击“确定”按钮进入“发票制单”窗口，如图 3-59 所示。

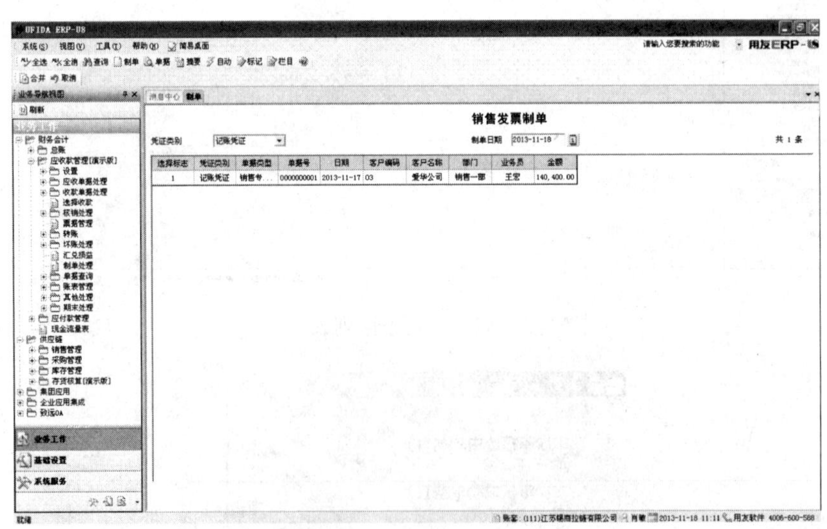

图 3-59 销售发票制单

（2）选择要进行制单的记录行，在“选择”栏目中输入“1”，单击“制单”按钮。

（3）弹出“填制凭证”对话框，单击“保存”按钮，凭证左上角显示“已生成”，如图 3-60 所示。

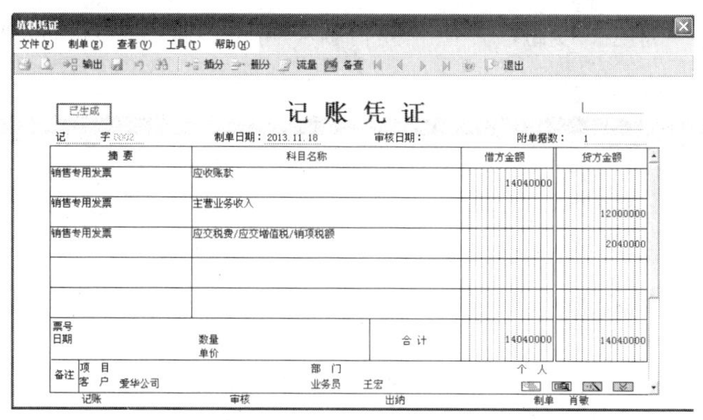

图 3-60 生成应收凭证

注 意

（1）只有审核后的应收单才能制单。

（2）一张原始单据制单后，将不能再次制单。

（3）如果在退出凭证界面时，还有未生成的凭证，则系统会提示是否放弃对这些凭证的操作。如果选择是，则系统会取消本次对这些业务的制单操作。

（4）如果要删除已经生成凭证的单据或发票，需要在“应收款管理”→“单据查询”→“凭证查询”中删除凭证，然后在“应收款管理”→“应收单据审核”中取消审核。

（5）制单日期系统默认为当前业务日期。

（6）如果同时使用了总账系统，所输入的制单日期应该满足总账制单日期序时要求，即大于同月同凭证类别的日期。

任务八 收款单据处理

收款单据是指企业在收到客户的货款后，在应收款管理系统输入的一张客户收款单据。如果收到的货款等于应收款，便进行完全核销。

1. 收款单处理

以账套主管 002 肖敏，密码为空，选择账套“[111] 江苏锡商拉链有限公司”，操作日期 2013-11-18，登录“企业应用平台”。

实施步骤：

（1）在企业应用平台，单击“业务工作”标签，选择“财务会计”→“应收款管理”→“收款单据处理”→“收款单据录入”选项，打开“收付款单录入”窗口。

（2）单击“增加”按钮，输入收款信息。

（3）单击“保存”按钮，收款单由系统保存起来，如图 3-61 所示。

（4）以账套主管 001 王海，密码为空，选择账套“[111] 江苏锡商拉链有限公司”，操作日期 2013-11-30，登录“企业应用平台”，在企业应用平台，单击“业务工作”标签，选择“财务会计”→“应收款管理”→“收款单据处理”→“收款单据审核”选项，弹出“收款单过滤条件”窗口，单击“确定”按钮，弹出“收付款单列表”窗口，双击选择栏，单击“审核”按钮。

图 3-61 填制收款单

（5）以账套主管 002 肖敏，密码为空，选择账套“[111] 江苏锡商拉链有限公司”，操作日期 2013-11-30，登录“企业应用平台”，在企业应用平台，单击“业务工作”标签，选择“财务会计”→“制单处理”选项，弹出“制单查询”对话框，选中“收付款单制单”，单击“确定”按钮进入“收付款单制单”窗口。

（6）选择要进行制单的记录行，在“选择”栏目中输入“1”，单击“制单”按钮。

（7）弹出“填制凭证”对话框，修改制单日期 2013-11-18，单击“保存”按钮，凭证左上角显示“已生成”，如图 3-62 所示。

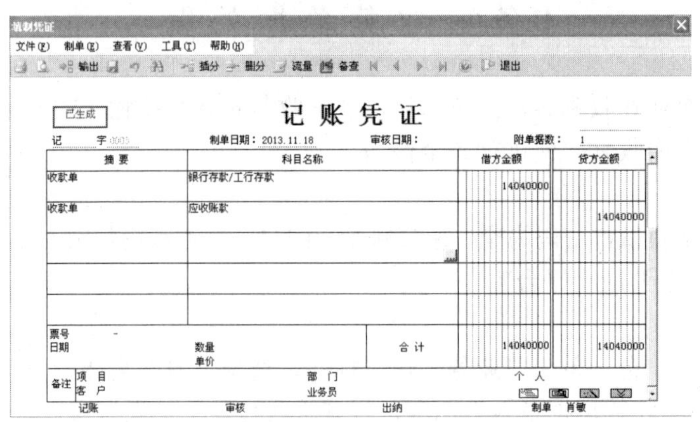

图 3-62 生成收款记账凭证

注意

在收款单据审核界面，可进行收款单、付款单的增加、修改、删除等操作。

2. 核销处理

以账套主管 001 王海，密码为空，选择账套“[111] 江苏锡商拉链有限公司”，操作日期 2013-11-18，登录“企业应用平台”。

实施步骤：

（1）在企业应用平台，单击“业务工作”标签，选择“财务会计”→“应收款管理”→“核销处理”→“手工核销”选项，打开“核销条件”窗口，如图 3-63 所示。

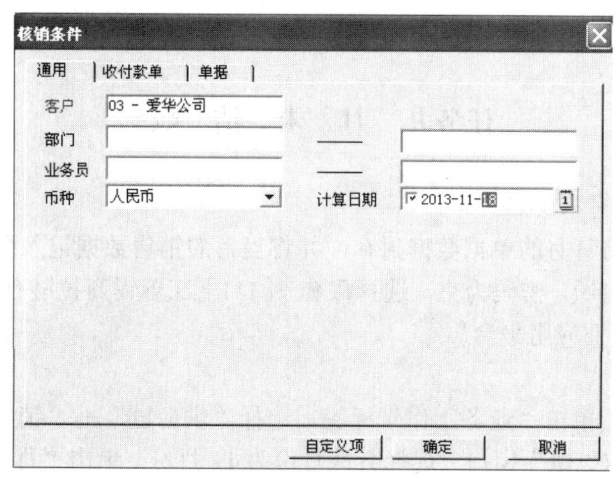

图 3-63 选择核销条件

（2）输入客户、日期等查询条件，单击“确定”按钮，进入“单据核销”窗口。窗口上方显示收款单据信息，下方显示销售专用发票的信息。

（3）在销售专用发票一行输入“本次结算”的金额。单击“保存”按钮完成核销处理，如图 3-64 所示。

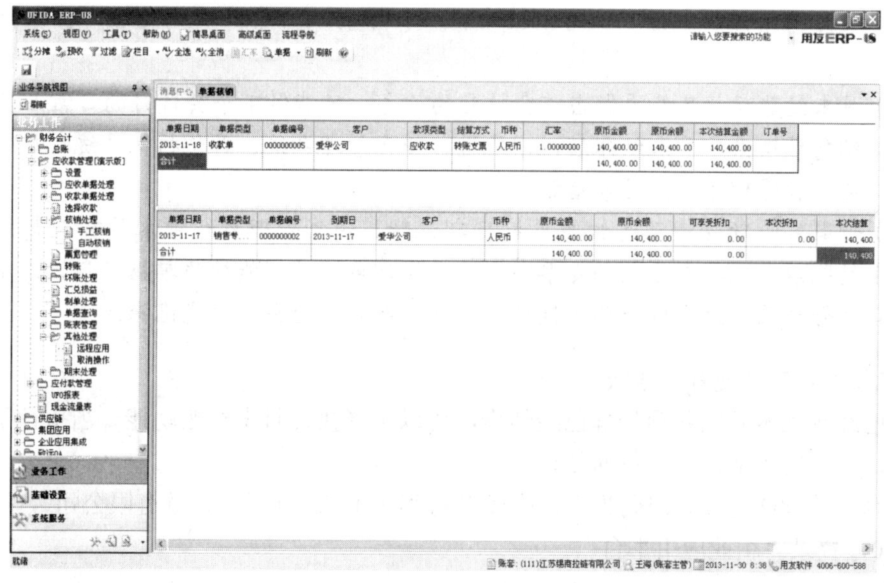

图 3-64 单据核销处理

注意

（1）单据核销指用户日常进行的核销应收款的工作，包括手工核销和自动核销。

（2）如果对原始单据进行了审核、对收款单进行了核销等操作后，发现操作失误，可将其恢复到操作前的状态，以账套主管身份登录，单击“业务工作”标签，选择“财务会计”→“应收款管理”→“其他处理”→“取消操作”选项，单击“全选”按钮，单击“确认”按钮。

任务九 月末结账

1. 销售管理系统月末结账

月末结账是逐月将每月的单据数据封存，并将当月的销售数据记入有关报表中。

以账套主管002肖敏，密码为空，选择账套“[111]江苏锡商拉链有限公司”，操作日期2013-11-30，登录“企业应用平台”。

实施步骤：

在企业应用平台，单击“业务工作”标签，选择“供应链”→“销售管理”→“月末结账”选项，打开“月末结账”窗口，选择会计月份为11月份，单击“月末结账”按钮，如图3-65所示。

注意

（1）当某月结账发生错误时，可以按“取消结账”恢复至结账前，待正确处理后再结账。

（2）不允许跳月取消月末结账，只能从最后一个月逐月取消。

（3）上月未结账，本月单据可以正常操作，不影响日常业务的处理，但本月不能结账。

（4）月末结账后将不能再做当前会计月的业务，只能做下个会计月的日常业务。

（5）销售管理系统月末结账后，才能进行库存管理系统、存货核算系统、应付款管理系统、应收款管理系统的月末结账。

（6）如果应收款管理系统按照单据日期记账，销售管理系统中本月有未复核的发票，月末结账后，这些未复核的发票在应收款管理系统就不能按照单据日期记账了，只有在应收款管理系统改成按业务日期记账，这些未复核的发票才能记账。

2. 应收款管理系统月末结账

如果已经确认本月的各项处理已经结束，可以选择执行月末结账功能。当执行了月末结账功能后，该月将不能再进行任何处理。

以账套主管002肖敏，密码为空，选择账套“[111]江苏锡商拉链有限公司”，操作日期2013-11-30，登录“企业应用平台”。

实施步骤：

在企业应用平台，单击“业务工作”标签，选择“财务会计”→“应收款管理”→“期末处理”选项，→“月末结账”，打开“月末处理”窗口，双击 11 月份，单击“下一步”，如图 3-66 所示。单击“完成”按钮，提示“11 月份结账成功”，单击“确定”按钮。

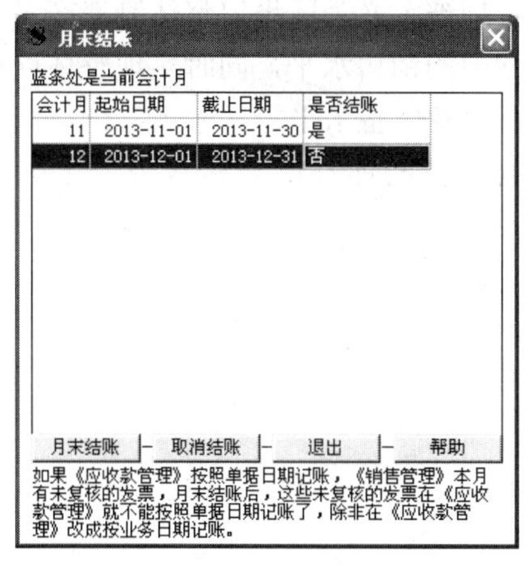

图 3-65 月末结账

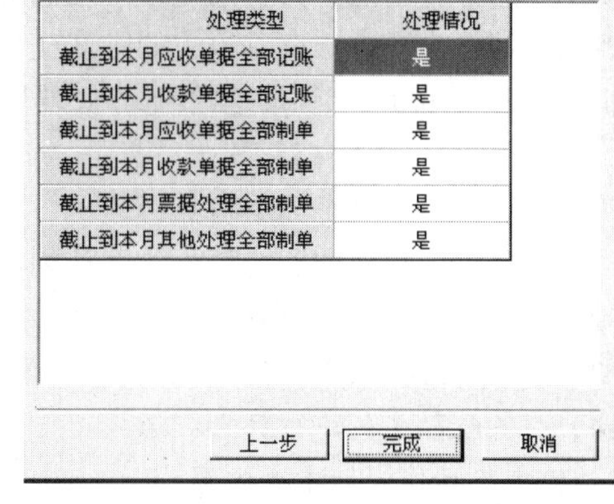

图 3-66 月末处理

注 意

（1）应收款管理系统与销售管理系统集成使用时，应在销售管理系统结账后，才能对应收款管理系统进行结账处理。

（2）当选项中设置审核日期为单据日期时，本月的单据（发票和应收单）在结账前应该全部审核。

（3）当选项中设置审核日期为业务日期时，截止到本月末还有未审核单据（发票和应收单），照样可以进行月结处理。

（4）如果还有合同结算单未审核，仍然可以进行月结处理。

（5）如果本月的收款单还有未审核的，不能结账。

（6）若选项中设置月结时必须将当月单据以及处理业务全部制单，则月结时若检查当月有未制单的记录时不能进行月结处理。

（7）若选项中设置月结时不用检查是否全部制单，则无论当月有无未制单的记录，均可以进行月结处理。

（8）如果是本年度最后一个期间结账，需要将本年度进行的所有核销、坏账、转账等处理全部制单后才能进行结账。

知 识 学 习

销售管理是企业经营管理中的重要环节。在传统的销售管理环节中，由于没有使用集成的计算机软件处理相关的数据，企业销售环节存在许多问题，如销售定价不准确、订单处理不及时等等，这些都对企业的销售管理工作带来许多困难。在 ERP 系统中，销售部门与企业的其他相关部门紧密联系，实现企业内外最大限度的信息资源共享，为加强企业销售管理带来便利。

一、销售与运作规划

1. 销售与运作规划基本概念

在美国生产与库存管理协会字典中，销售与运作规划被定义为：设定整体制造产量及其他活动水平的一种功能，其目的是最好地满足当前计划中的销售水平，同时实现整体商业目标，例如盈利、生产力、有竞争力的顾客交付周期、库存及储备水平等。

销售与运作规划能有效地给公司管理层设定顾客服务与库存的目标水平、生产计划等等。

销售与运作规划具有如下特点：

（1）单一的、集成的和协调一致的计划，作为企业各个部门行动的依据；

（2）规划必须由企业领导层一起制订；

（3）必须与经营规划保持一致；

（4）对各产品系列进行计划。

2. 销售与运作规划主要内容

销售与运作规划主要用以说明企业在可用资源的条件下，一段时间内（一般 1～3 年）产品系列的销售和生产大纲。一般包含以下四个方面的内容：①每一产品类的月生产量；②每一产品类的年汇总量；③所有产品类的月汇总量；④所有产品类的年汇总量。

通过制定销售与运作规划，可以把经营规划中用货币表达的目标转换为用产品系列的产量来表达，并且能制定一个均衡的月产率，以便均衡地利用资源，保持稳定生产，而且还可以控制拖欠量或库存量，同时它也是编制主生产计划的重要依据之一。

3. 销售与运作规划编制

一般来说，销售与运作规划的编制分为以下几个步骤：

（1）收集资料。为编制销售与运作规划需要从许多来源收集具体相关数据，如经营规划、市场部门、工程部门、生产部门和财务部门等等。

（2）编制初稿。销售与运作规划的初稿通常由企业每月一次的销售与运作规划会议完成。该会议需要所有与销售与运作规划有关的职能部门参加，包括高层管理层、销售与市场部门、生产部门、工程部门和财务部门等等。其目标是为每个产品系列的当前状况与未来计划达成共识，实现需求与供应的准确预测和平衡。

（3）确定资源需求。在销售与运作规划的编制过程中，一旦确定产品系列的生产量时，必须要考虑生产这些产品需要占用多少有效资源（物力、劳力、设备等）。如果资源不足，应尽力解决资源空缺，这样才能保证规划的后续正常实施。

（4）确定规划。当一致同意销售与运作计划之后，接着便对需求与供应计划进行具体的修订。销售部门需要根据销售与运作计划会议上的决策修订销售预测、营销计划、销售计划以及促销活动等等。运作部门则须根据需要修改生产计划、分销策略以及运输安排等等。

（5）批准实施。销售部门、运作部门汇同上级部门共同来审核已确定的销售与运作规划，并按照各自分工按序实施。

二、销售预测

销售预测是在对市场进行充分调查的基础上，通过对有关影响因素研究分析，预计和测算产品在未来一定时段内的市场销售水平及变化趋势，进而预测产品在计划期间的销售量或销售额的过程。一般而言，销售预测方法可以分为两大类：定性预测法和定量预测法。

1. 定性预测法

现在广泛使用的定性预测方法主要有以下 4 种：

（1）部门主管集体讨论法。把高层主管召集在一起进行讨论，将主管的经验、看法与统计模型相结合，形成对需求的集体预测。这种预测方法特别适用于新产品的研制开发和企业发展的中长期预测，优点在于结合主管的经验预测，避免个人的主观臆断。

（2）销售人员意见征集法。每个销售人员对所负责销售地区的销售额做出自己的预测意见，然后再将这些意见汇集起来形成企业需求的总预测。这种方法容易受到由于销售人员受短期和局部状况的影响往往作出的判断具有主观色彩，影响预测的客观性。

（3）德尔菲法。依据系统的程序，采用匿名发表意见的方式，即专家之间不得互相讨论，不发生横向联系，只能与调查人员发生关系，通过多轮次调查专家对问卷所提问题的看法，经过反复征询、归纳、修改，最后汇总成专家基本一致的看法，作为预测的结果。这种方法能充分发挥各位专家的作用，集思广益，取长补短，相对来说准确性比较高。

（4）消费者市场调查法。通过电话采访、信件咨询、走访调研等多种形式调查消费者或潜在消费者的购买计划。对采集的信息进行综合处理得出对市场需求的预测。由于这些信息来自于消费者，直接反映市场需求的状况，具有一定的可行性。但由于这种方法需要的调查人员比较多，调查时间比较长，而且容易受调查群体的局限性，不适于经常采用。

2. 定量预测法

定量预测法多用于产品族的市场需求预测，最常用的定量预测方法主要是时间序列分析法和回归分析法。

（1）时间序列分析法。时间序列分析法是定量预测分析中最普遍应用的方法。在实际数据的时间序列中，展示了所研究对象在一定时期内的发展变化过程，时间序列分析就是在这些序列数据中寻找事物的变化特征、趋势和发展规律的预测信息。

时间序列是一系列均匀分布（每周、每月、每季等）的数据点。例如企业每天生产的数量、商店每天销售的数量等等。分析时间序列时首先将过去数据根据影响因素的区别分为几部分，然后再将这种影响进行外推。一般而言，将时间序列的变化归结为四个方面：趋势性波动、季节性波动、周期性波动和随机性波动。

1）趋势性波动。是数据在过去一段时间内的整体变动情况，是时间序列按照一定固定的趋势发展变化的过程，表示了变化的总方向。

2）季节性波动。是指由于季节性原因对销售造成的影响，如夏天电风扇销售量增加而冬天减少的情况。由于这种数据自身经过一定周期的天数、周数、月数或季数，也就是有季节性的不断重复。

3）周期性波动。是指数据每隔几年重复发生的时间序列形式，这里的周期比季节性周期的跨度长。

4）随机性波动。由于有些波动是一些偶然和不确定性因素引起的，它没有统一的数学形式进行表示。随机性波动又可以分为突发性波动和随机因素波动。突发性波动是指由于战争、自然灾害或者其他偶然性因素引起的意外事件，对于这些数据需要进行另外的处理；随机因素波动是大量的随机因素产生的宏观上的影响，它构成了预测分析的误差部分。

对于时间序列在经济预测中的以上 4 个因素进行合成，形成了两种描述方法。使用最广泛的是乘法模型，即假定需求是四个成分的乘积：需求＝趋势性波动×季节性波动×周期性波动×随机性波动。另一形式是这四个成分相加得到需求总的变动情况：需求波动＝趋势性波动+季节性波动+周期性波动+随机性波动。

（2）回归分析法。回归分析法就是从各种现象之间的相互关系出发，通过对与预测对象有联系的现象变动趋势的分析，推算预测对象未来状态数量表现的一种预测法。

用回归模型进行市场预测，根据不同的条件可进行不同的分类，主要分类有：

1）按包含自变量个数的多少划分，分为一元回归分析预测法和多元回归分析预测法。

2）按自变量和因变量之间是否存在线性关系划分，分为线性回归分析预测法和非线性回归分析预测法。

3）按回归模型是否带虚拟变量划分，分为普通回归模型和虚拟变量回归模型。

应用回归分析预测法进行市场预测时，应遵循以下程序：

1）根据预测目标，确定自变量和因变量。

2）确定回归方程，建立预测模型。

3）检验回归预测模型，计算预测误差。

4）利用回归模型确定预测值，并对预测值作出置信区间的估计。

三、存货核算

1. 存货核算概述

存货核算是企业会计核算的一项重要内容。进行存货核算，应正确计算存货购入成本，促使企业努力降低存货成本，反映和监督存货的收发、领退和保管情况，反映和监督存货资金的占用情况，促进企业提高资金的使用效果。存货核算可以单独使用，也可以与采购业务、销售业务、库存业务集成使用，发挥更强大的应用功能。存货核算系统与 ERP 其他子系统关系如图 3-67 所示。

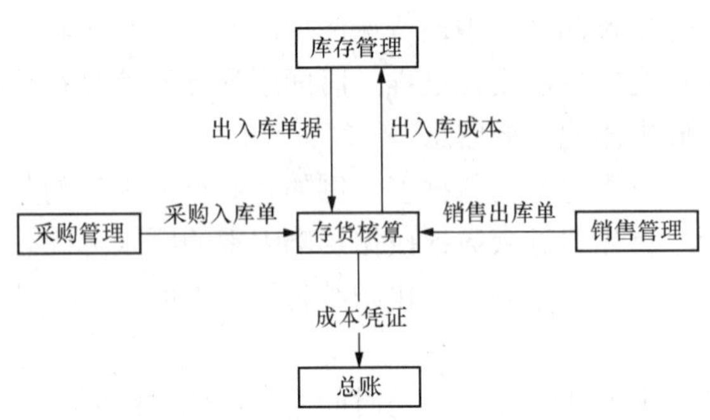

图 3-67　存货核算与其他业务关系图

2. 存货成本核算计价方式

材料的出/入库成本核算分为实际价核算和计划价核算，在实际价核算中又分为先进先出、移动平均、全月平均、个别计价四种方式。进行存货计价时，计价方法是按某个仓库设置的，每个仓库只能设置一种计价方法。

（1）实际价核算，其包括入库成本核算与出库成本核算。在入库成本核算环节中，材料入库成本的计价在系统中可以自动完成，其核算过程是通过单据的记账功能实现的，单据记账后系统将所输入的入库单据登记存货明细账。在出库成本核算环节中，其是由系统自动计算存货的出库单价。实际计价方式的处理如下：

1）先进先出法。在先进先出法下，如果库存单存货没有单价，经过记账处理后，会按照存货未出库的先入库记账单价，作为出库单价；如果库存单存货填写单价，记账后，出库单的出库成本不变，系统自动填写入库单价与应出单价，在计价辅助库增加出库调整。出库数量大于第一次进货数量时，会使出库存货占用两批或两批以上的进货，系统中按照先出完最早进货的原则，按照计算发出总金额，除以出库数量得出本次出库的平均单价。

2）移动平均法。如果出库单填写单价，直接进行记账处理；如果没有填写单价，按现存的结存数量与结存成本来计算出库单价；如果计算出来的单价为零或者是红字出库单，则必须填写出库单价，否则不能记账。

3）全月平均一次单价法。在这种情况下，出库单的记账在系统不受限制，记账后不体现存货的出库成本，必须经过期末处理以后才能得到存货的出库成本。

4）个别计价法。个别计价法是以某批次存货购入时的实际单位成本作为该批发出时的实际成本。在个别计价的出库单上标明了所出的批次，应按批次分批出。

（2）计划价核算。以计划价进行核算时，如果出库单存货没有填写单价，经过记账处理后，按照计划单价填写出库成本；如果填写出库单价，记账以后，出库单仍然按照计划单价填写出库成本，而且按照实际出库单价与计划单价的差额生成差异，实际成本大于计划成本为借方差异正值，实际成本小于计划成本为贷方差异负值。

四、应收账款

1. 应收账款概述

应收款管理系统主要用于核算和管理企业与客户之间的往来款项，主要完成以下两个方面的工作：

（1）对销售业务、其他的应收业务产生的应收款项以及对这些应收款项的收回进行处理，及时、准确地提供客户的往来账款余额数据。

（2）提供各种分析报表，如账龄分析表、欠款分析、周转分析、回款情况分析等。通过各种数据分析，为企业制订销售政策提供依据，从而提高企业财务管理能力。

根据对客户往来款项核算和管理的程度不同，系统提供了详细核算和简单核算两种应用方案。

（1）详细核算方案。如果在企业销售业务中应收款核算与管理内容比较复杂，需要追踪每一笔业务的应收款、收款等情况，并希望对应收款项进行各种分析；或者需要将应收款核算到产品一级，那么可以选择详细核算方案。

（2）简单核算方案。如果销售业务中应收账款业务并不十分复杂，或者现销业务很多，则可以选择简单核算方案。在该方案中，应收款管理系统只是连接总账与业务系统的一座桥梁，即只是对销售管理系统生成的发票进行审核并生成凭证传递到总账，而不能对发票进行其他的处理，也不能对往来明细进行实时查询、分析。此时，往来明细只能在总账中进行简单的查询。

2. 日常业务处理

日常业务处理是经常性的应收业务处理工作，主要完成企业日常的收款业务录入、收款业务核销、应收并账、汇兑损益以及坏账处理，及时记录应收、收款业务的发生，为查询和分析往来业务提供完整、正确的资料，加强对往来款项的监督管理，提高工作效率。

（1）应收单据处理。销售发票与应收单是应收款管理系统日常核算的原始单据，是系统需要处理的应收单据。

（2）收款单据处理。应收款管理系统的收款单用来记录企业所收到的客户款项，款项性质包括应收款、预收款、其他费用等。收款单据处理主要是对结算单据（主要包括收款单、付款单即红字收款单）进行管理，包括收款单、付款单的录入，以及单张结算单的核销。

（3）核销处理。核销处理指日常进行的收款核销应收款的工作。其中应收款、预收款性质的收款单将与发票、应收单、付款单进行核销勾对。应收款管理系统付款单用来记录发生销售退货时，企业开具的退付给客户的款项，该付款单可与应收、预收性质的收款单、红字应收单、红字发票进行核销。

（4）票据管理。主要是对商业承兑汇票和银行承兑汇票进行日常的业务处理，所有涉及票据的收入、结算、贴现、背书、转出、计息等处理都应该在票据管理中进行。

（5）坏账处理。坏账处理指系统提供的计提应收坏账准备处理、坏账发生后的处理、坏账收回后的处理等功能。

学 习 小 结

销售是企业生产经营成果的实现过程，是企业经营活动的中心。一般而言，普通销售业务流程可以分为 3 种信息：物料流动信息、价值流动信息、资金流动信息。物流有销售报价、销售订单、发货单、销售出库、销售发票过程处理的信息；价值流有销售成本核算过程处理的信息；资金流有销售应收款过程处理信息。普通销售业务流程是由销售订单的物流运动驱动价值流和资金流运动的。ERP 系统的应用要求企业按照规定的业务流程操作，确保销售信息的及时性与准确性。

单 元 练 习

1．简述普通销售业务流程。

2．什么是销售与运作规划？怎样编制销售与运作规划？

3．简述销售预测方法。

4．简述存货成本核算的计价方式。

5．简述应收账款系统主要完成的工作。

6．根据第一篇单元练习中实地调研企业业务流程优化后的业务流程情况，在 U8 系统中完成销售业务管理相关任务，具体要包括销售订货、销售发货、销售开票、销售出库、存货核算记账、凭证生成、应收单据处理、收款单据处理和月末结账等相关内容。

单元三　采购业务管理

学习目标

（1）理解普通采购业务流程。
（2）学会如何处理请购业务。
（3）学会如何处理采购订单业务。
（4）学会如何处理采购到货业务。
（5）学会如何处理采购发票业务。
（6）学会如何处理入库业务。
（7）学会如何进行存货入库成本的计算。
（8）学会如何制单生成凭证传递到总账系统。
（9）学会如何将客户往来中的相关业务数据传递到总账系统。
（10）掌握采购计划的概念及编制方法。
（11）掌握常见的采购预测方法及其意义。
（12）掌握常见的库存管理策略。
（13）掌握客户往来中应付款业务。
（14）掌握存货核算系统中成本核算方法。

学习情境

锡商拉链计划部门根据当前库存和生产要求，需要采购拉头一批。该采购申请经过公司审批后，采购部门向华宝公司进行订购并签订了采购合同。华宝公司按照合同约定的时间、数量向锡商拉链进行交货，锡商拉链收到拉头进行质检合格后将拉头存入原料仓库，财务部门根据采购发票进行结算。

情境分析：根据重组后的业务流程，在ERP系统中以上的采购业务流程可分解成十个具体任务：采购订货、采购到货、采购发票处理、采购入库、采购结算、存货核算记账、凭证生成、应付单据处理、付款单据处理、月末结账。

具体采购业务如下：

（1）2013年11月14日，生产计划部向公司上级主管提出请购要求，请购拉头数量为10 000只。

（2）2013 年 11 月 15 日，上级主管同意向华宝公司订购拉头 10 000 只，单价为 2 元，要求到货日期为 2013 年 11 月 17 日。

（3）2013 年 11 月 17 日，收到所订购的拉头 10 000 只，填制到货单。

（4）2013 年 11 月 17 日，当天收到该笔货物的专用发票一张。

（5）2013 年 11 月 17 日，收到拉头 10 000 只，入库至原料仓库，填制采购入库单。

（6）2013 年 11 月 21 日，核算采购入库成本，生成成本的记账凭证。

（7）2013 年 11 月 28 日，确定应付账款并生成凭证。

（8）2013 年 11 月 28 日，本公司用支票转账支付货款给华宝公司，并核销华宝公司的应付账款。

任务一 采 购 订 货

企业各个部门向采购部门提出采购物料申请，填写请购单。企业根据采购需求与供货单位之间签订采购合同、购销协议，填写采购订单。

1. 请购单填制

以账套主管 002 肖敏，密码为空，选择账套“[111] 江苏锡商拉链有限公司”，操作日期 2013-11-14，登录“企业应用平台”。

实施步骤：

（1）在企业应用平台，这样“供应链”→“采购管理”→“请购”→“请购单”选项，打开“采购请购单”窗口。单击“增加”按钮，填制“请购单”。

（2）填写完毕后，单击“保存”按钮，保存已经填制的请购单。

（3）单击“审核”按钮，对保存的请购单进行审核确定，如图 3-68 所示。

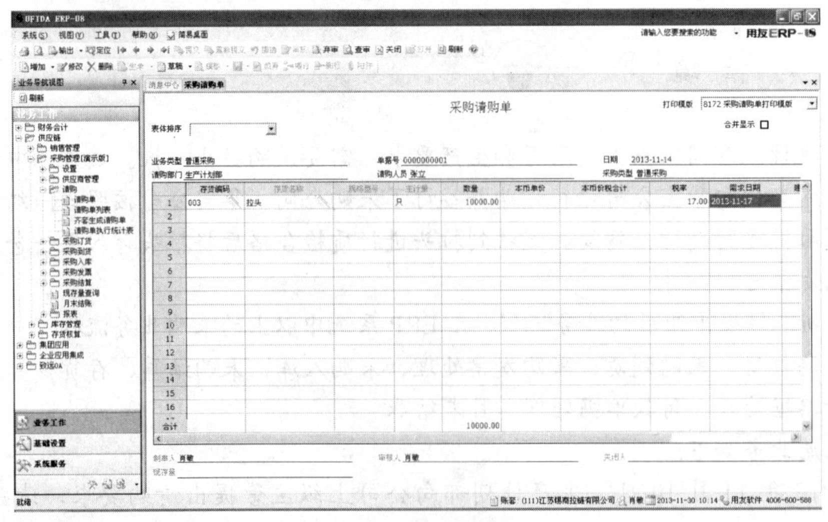

图 3-68 填制采购请购单

注 意

（1）请购单可以手工增加，也可参照 MPS/MRP 计划、ROP 计划生成，还可以拷贝已经存在的请购单生成，减少录入的工作量。

（2）请购单可以修改、删除、审核、弃审、关闭、打开、锁定、解锁、复制。

（3）请购单制单人和审核人可以为同一人。

（4）审核后的请购单必须弃审后才可以做修改、删除等处理。

2. 采购订单填制

采购订单是企业与供应商之间签订的采购合同、购销协议，主要内容包括采购什么货物、采购多少、由谁供货、什么时间到货、到货地点、运输方式、价格、运费等。它可以是企业采购合同中关于货物的明细内容，也可以是一种订货协议。

实施步骤：

以账套主管 002 肖敏，密码为空，选择账套“[111] 江苏锡商拉链有限公司”，操作日期 2013-11-15，登录“企业应用平台”。

（1）在企业应用平台，选择“供应链”→“采购管理”→“采购订货”→“采购订单”选项，打开“采购订单”窗口。单击“增加”按钮，填制“采购订单”。

（2）单击“生单请购单”按钮，系统弹出“过滤条件”窗口。选择“请购日期：2013-11-14”过滤条件，单击“过滤”按钮，进入“生单选单列表”窗口。

（3）双击“选择”栏目显示 Y，如图 3-69 所示。单击“确定”按钮，返回“采购订单”窗口，“请购单”的资料自动传递过来。

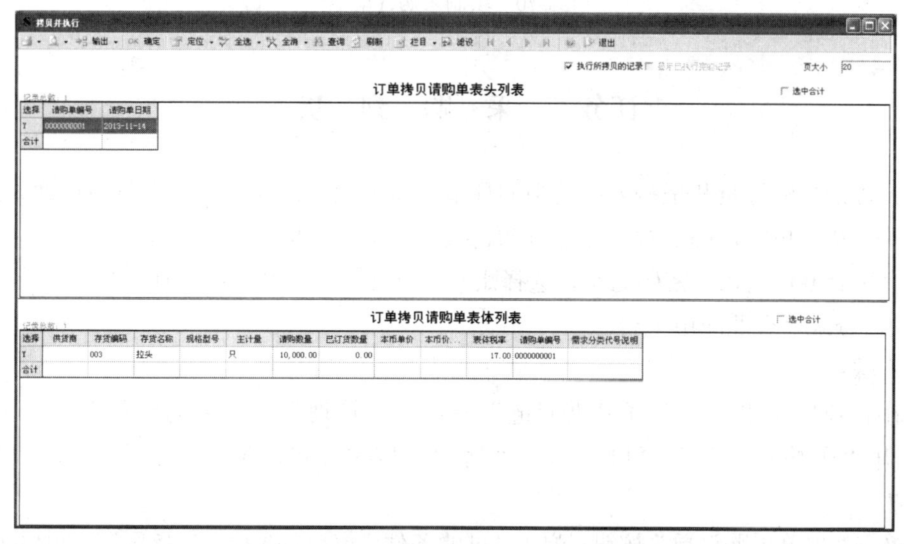

图 3-69　拷贝采购请购单

（4）输入订单日期、供货单位、部门、业务员、原币单价、计划到货日期等信息。

（5）所有栏目输入完毕以后，单击“保存”按钮，填制采购订单完毕，如图 3-70 所示。单击“审核”按钮，审核该订单。

注意

（1）参照请购单生成的采购订单信息可以修改。

（2）审核后的采购订单需要弃审后才能作修改、删除等处理。

（3）审核后的采购订单参照生成的到货单需要修改、删除，必须先删除下游单据、弃审采购订单后方能作修改、删除等处理。

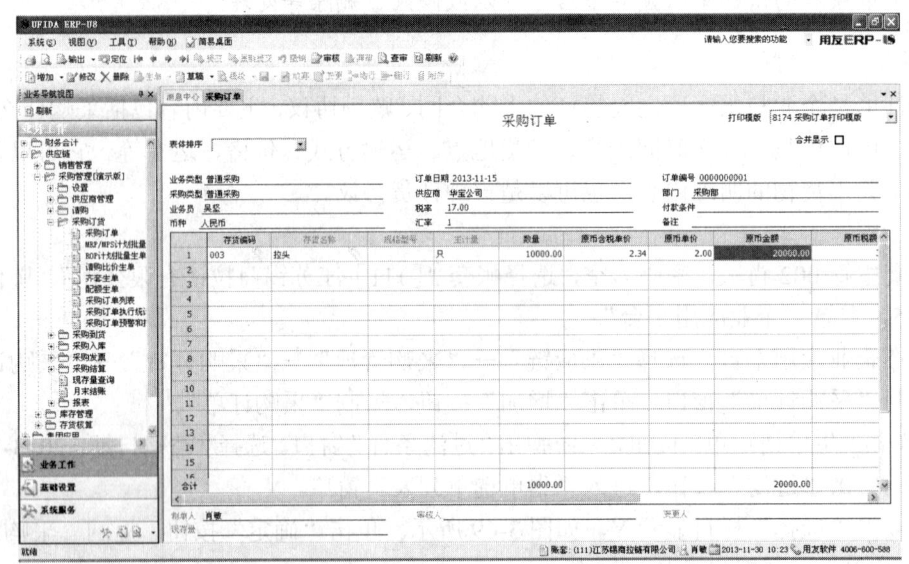

图 3-70　填制采购订单

任务二　采　购　到　货

采购到货是采购订货和采购入库的中间环节，一般由采购业务员根据供应商通知或供应商交过来的送货单填写，确认对方所送货物、数量和价格等信息。

以账套主管 002 肖敏，密码为空，选择账套“[111] 江苏锡商拉链有限公司”，操作日期 2013-11-17，登录“企业应用平台”。

实施步骤：

（1）在企业应用平台，选择“供应链”→“采购管理”→“采购到货”→“到货单”选项，打开“采购到货单”窗口。单击“增加”按钮，可填制“到货单”，修改日期为 2013-11-17。

（2）单击“生单采购订单”按钮，弹出“过滤条件”窗口，选择“订货日期：2013-11-15”，单击“过滤”按钮，显示“生单选单列表”。双击“选择”栏目显示“Y”，单击“确定”按钮，返回“到货单”窗口，“采购订单”资料自动传递过来，如图 3-71 所示。

（3）单击“保存”按钮。

（4）单击“审核”按钮。

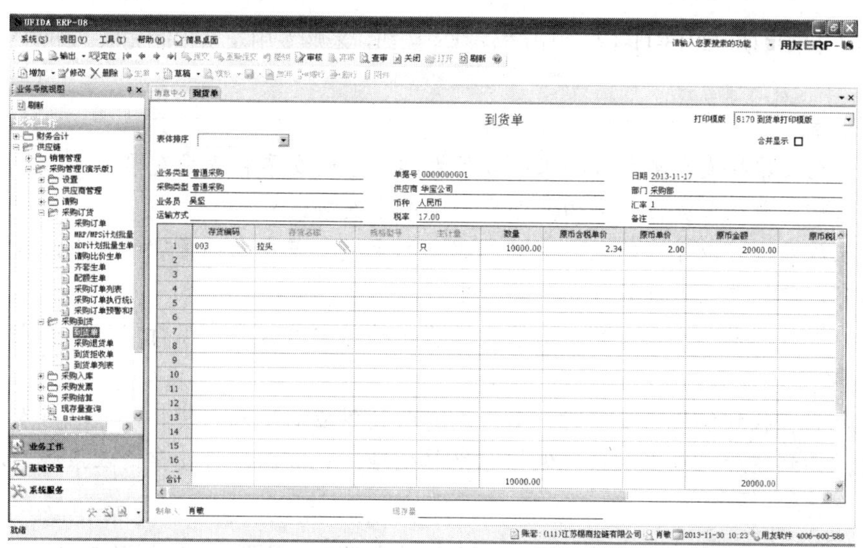

图 3-71 填制到货单

注 意

（1）一般情况下，采购到货单可以手工新增，也可以参照采购订单生成。

（2）若在采购管理系统中设置了“普通采购必有订单”选项，则采购到货单不可手工新增，只能参照单据生成。

（3）采购到货单可以修改、删除、审核、弃审、关闭、打开。

（4）审核通过的采购到货单可以参照生成采购退货单、到货拒收单、采购入库单。

（5）审核后的采购到货单需要弃审后才能作修改、删除等处理。

（6）审核后的采购到货单参照生成的下游单据需要修改、删除，必须先删除下游单据、弃审采购到货单后方能作修改、删除等处理。

任务三 采 购 发 票 处 理

采购发票是供应商开具的凭证，财务部门将根据采购发票进行应付账款处理。

以账套主管 002 肖敏，密码为空，选择账套“[111] 江苏锡商拉链有限公司”，操作日期 2013-11-17，登录“企业应用平台”。

实施步骤：

（1）在企业应用平台，选择“供应链”→“采购管理”→“采购发票”→“专用采购发票”选项，打开“专用发票”窗口。单击“增加”按钮，填制专用采购发票。

（2）单击“生单采购订单”按钮，系统将弹出“过滤条件窗口”对话框。

（3）选择“日期：2013-11-15”过滤条件，单击“过滤”按钮，系统会显示“生单选单列表”窗口。

（4）双击“选择”栏目，单击“确定”按钮，返回“专用发票”窗口，“采购订单”资料自动传递过来。

（5）修改开票日期：2013-11-19，单击“保存”按钮，采购专用发票填制完成。如图 3-72 所示。

注 意

（1）采购发票按发票类型分为采购专用发票、普通发票和运费发票。

（2）采购发票按业务性质分为蓝字发票、红字发票。

（3）采购发票可以手工输入，也可参照单据生成。若在采购管理系统中设置了“普通采购必有订单”选项，则只能参照单据生成。

（4）如果录入采购专用发票，需要先在基础档案中录入开户银行信息，否则只能录入普通发票。

（5）企业在收到供应商发票时，如果没有收到供应商发来的货物，可以对发票压单处理，待货物到达后，再输入系统做报账结算处理；也可以先将发票输入系统，以便实时统计在途货物。

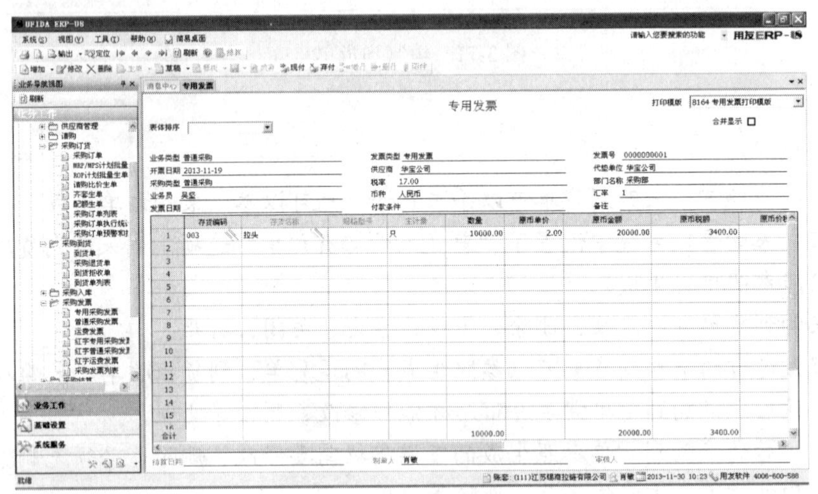

图 3-72 填制专用发票

任务四 采 购 入 库

采购入库是将供应商送来的货物存放在指定的仓库里保存起来。采购入库单是仓库入库的依据，也是存货核算、采购发票处理的重要依据。

以账套主管 002 肖敏，密码为空，选择账套“[111] 江苏锡商拉链有限公司”，操作日期 2013-11-17，登录“企业应用平台”。

实施步骤：

（1）在企业应用平台，选择“供应链”→“库存管理”→“入库业务”→“采购入库单”选项，打开“采购入库单”窗口。

（2）单击“生单采购到货单”标签后，再选择“业务类型”和“供应商”过滤条件，单击“过滤”按钮。这时可以看到符合过滤条件的依据，双击“选择”栏目显示“Y”，如图 3-73 所示。单击“确定”按钮，就可将到货单的信息拷贝到入库单中。

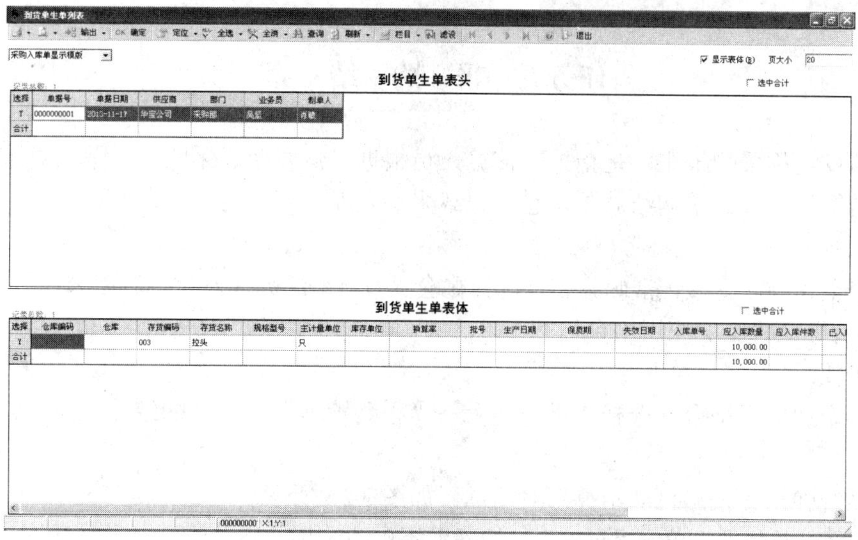

图 3-73 到货单生单列表

（3）修改入库日期 2013-11-17，选择入库仓库为“原料仓库”。

（4）单击“保存”按钮。

（5）单击“审核”按钮，如图 3-74 所示。

注意

（1）采购入库单必须在库存管理系统中录入或生成。

（2）在库存管理系统中录入或生成的采购入库单，可以在采购管理中查看，但不能修改或删除。

（3）采购入库单可以参照采购订单、采购到货单生成。

（4）审核后的采购入库单需要弃审后才能做修改、删除等处理。

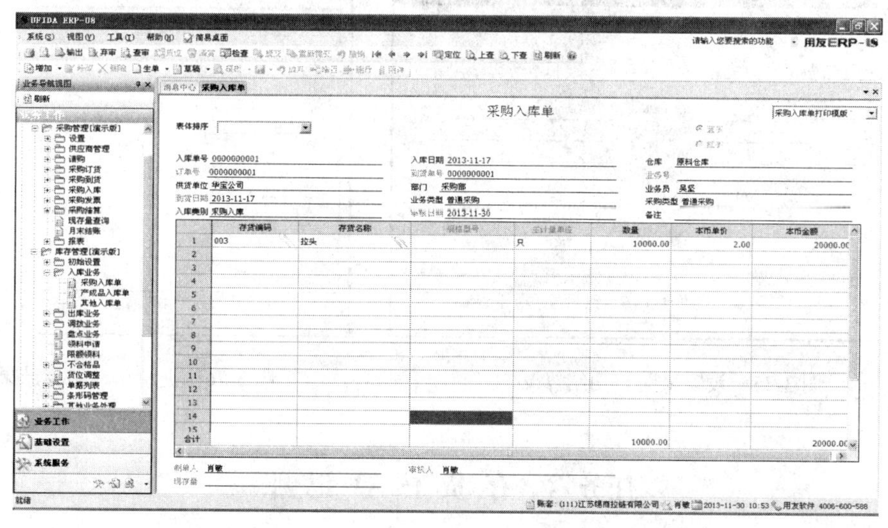

图 3-74 填制采购入库单

任务五 采 购 结 算

采购结算也称采购报账，是指采购核算人员根据采购发票、采购入库单核算采购入库成本。采购结算的结果是采购结算单，它是记载采购入库单记录与采购发票记录对应关系的结算对照表。

以账套主管 002 肖敏，密码为空，选择账套“[111] 江苏锡商拉链有限公司”，操作日期 2013-11-21，登录“企业应用平台”。

实施步骤：

（1）在企业应用平台，选择“供应链”→“采购管理”→“采购结算”→“自动结算”选项。

（2）系统弹出“采购自动结算”对话框，如图 3-75 所示。

（3）选择结算模式，单击“过滤”按钮，系统自动结算，弹出信息提示对话框，如图 3-76 所示。

注 意

（1）采购如果没有期初记账，则不能进行采购结算。只有进行期初记账后，才能进行采购结算业务。

（2）采购结算从操作处理上分为自动结算、手工结算两种方式。另外，运费发票可以单独进行费用折扣结算。

（3）结算模式为入库单和发票、红蓝入库单、红蓝发票，可同时选择一种或多种结算方式。

（4）如果需要修改或删除入库单、采购发票等，必须先取消采购结算，即删除采购结算单。

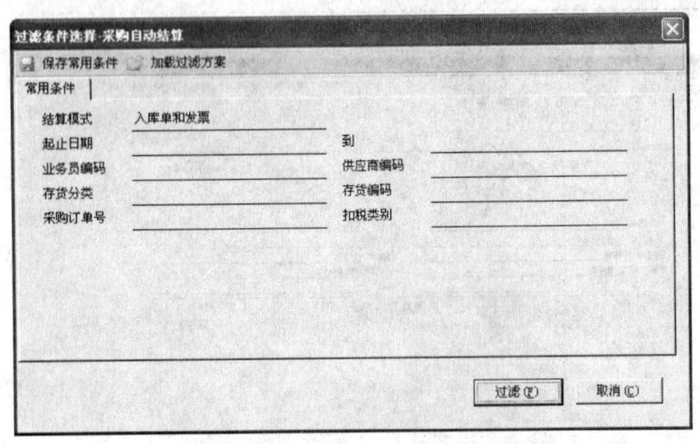

图 3-75 设置采购自动结算

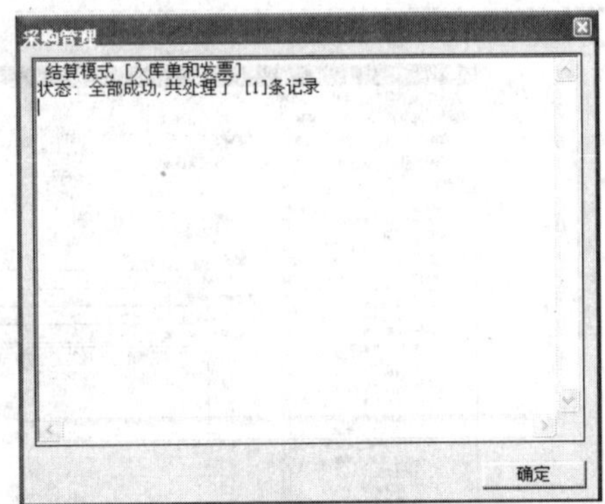

图 3-76 提示自动结算结果

任务六 存 货 核 算 记 账

存货核算系统是将从库存管理系统传递过来的采购入库单进行单据记账。

以账套主管 002 肖敏，密码为空，选择账套“[111] 江苏锡商拉链有限公司”，操作日期 2013-11-21，登录“企业应用平台”。

实施步骤：

（1）在企业应用平台，选择“供应链”→“存货核算”→“业务核算”→“正常单据记账”选项，弹出“正常单据记账条件”窗口。在“仓库”选项组中选中“原料仓库”复选框，在“单据类型”选项组中选中“采购入库单”复选框。

（2）单击“过滤”按钮，打开“正常单据记账”窗口。双击单据行的“选择”栏，出现选中标记“Y”后，再单击“记账”按钮，提示记账成功，如图 3-77 所示。

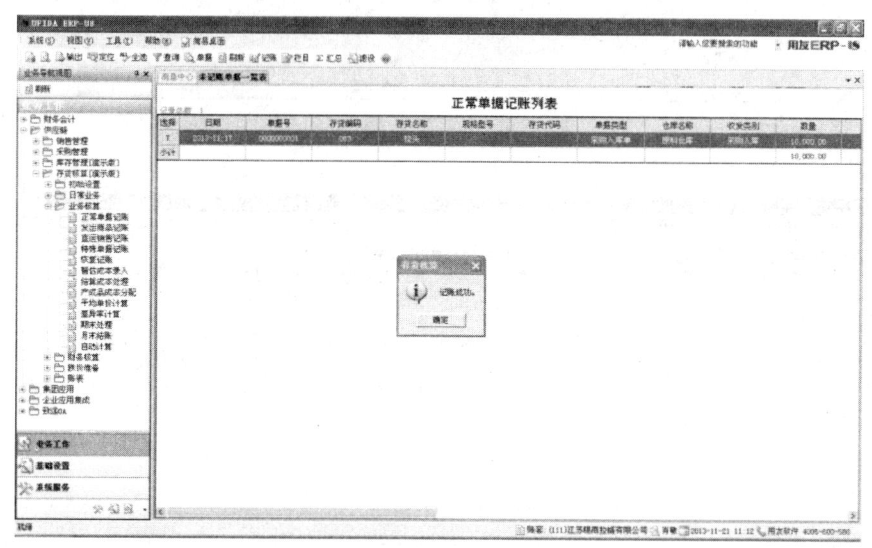

图 3-77 正常单据记账

任务七 凭 证 生 成

对本会计月以记账单据生成采购成本记账凭证，然后传递到总账系统，所生成的凭证可在账务系统中显示并生成科目总账。

以账套主管 002 肖敏，密码为空，选择账套“[111] 江苏锡商拉链有限公司”，操作日期 2013-11-21，登录“企业应用平台”。

实施步骤：

（1）在企业应用平台，选择“供应链”→“存货核算”→“财务核算”→“生成凭证”选项，打开“生成凭证”窗口。单击“选择”按钮，打开“查询条件”对话框，如图 3-78 所示。选中“采购入库单”复选框，选择仓库为“原料仓库”。

（2）单击“确定”按钮，打开“未生成凭证单据一览表”窗口，如图 3-79 所示。选择要生成凭证的单据，单击“确定”按钮，返回“生成凭证”窗口。

（3）单击“生成”按钮，生成记账凭证如图 3-80 所示。

（4）单击“保存”按钮，凭证左上角显示“已生成”，如图 3-81 所示。该凭证传递至总账系统。

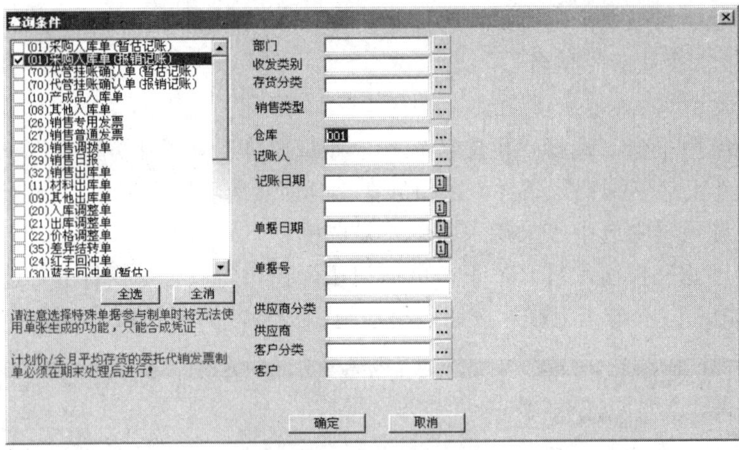

图 3-78 设置查询条件

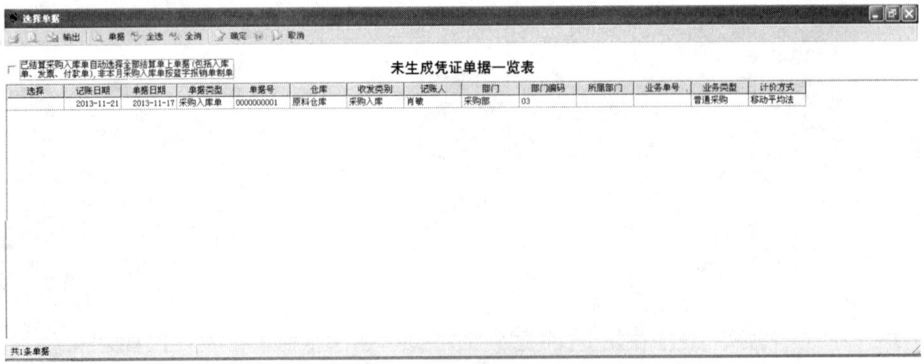

图 3-79 未生成凭证单据一览表

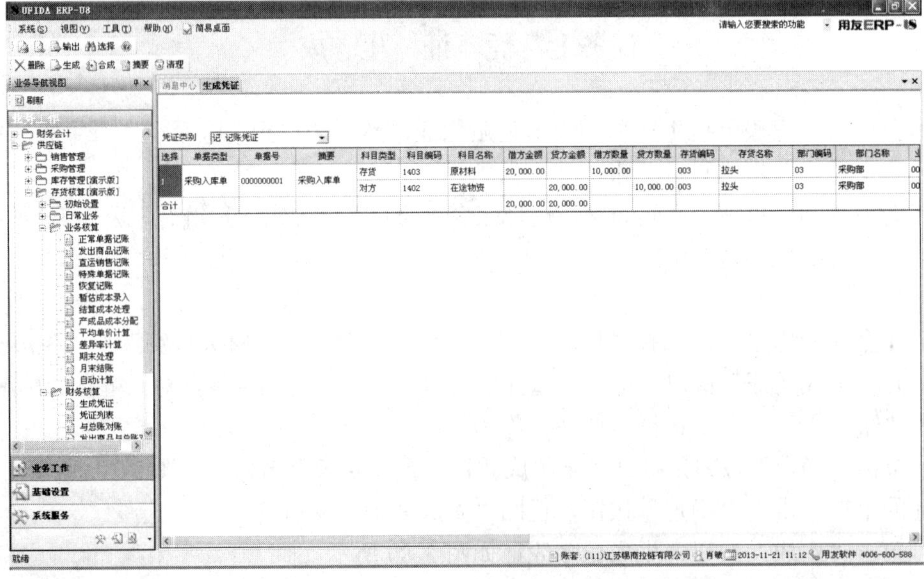

图 3-80 生成记账凭证

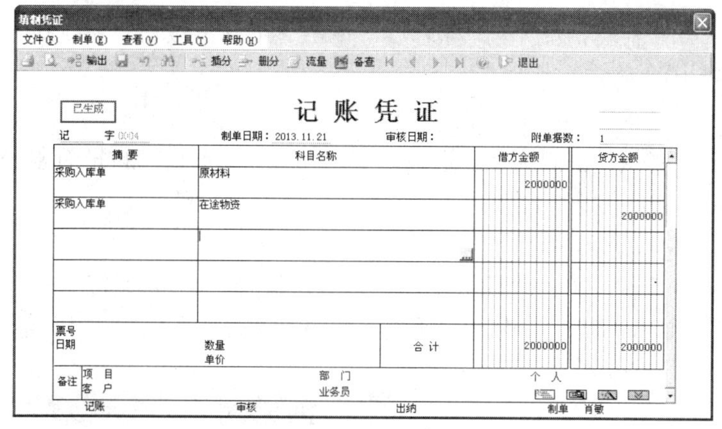

图 3-81 入库记账凭证

任务八 应 付 单 据 处 理

应付单据处理是将采购发票拖到应付款管理系统，并对其进行制单处理，形成应付账款记账凭证，并传递到总账系统。

1. 应付单据审核

以账套主管 001 王海，密码为空，选择账套“[111] 江苏锡商拉链有限公司”，操作日期 2013-11-28，登录“企业应用平台”。

实施步骤：

（1）在企业应用平台，单击“业务工作”标签，选择“财务会计”→“应付款管理”→“应付单据处理”→“应付单据审核”选项，弹出“单据过滤条件”对话框。

（2）选择过滤条件，单击“确定”按钮，打开“应付单据列表”窗口，如图 3-82 所示。

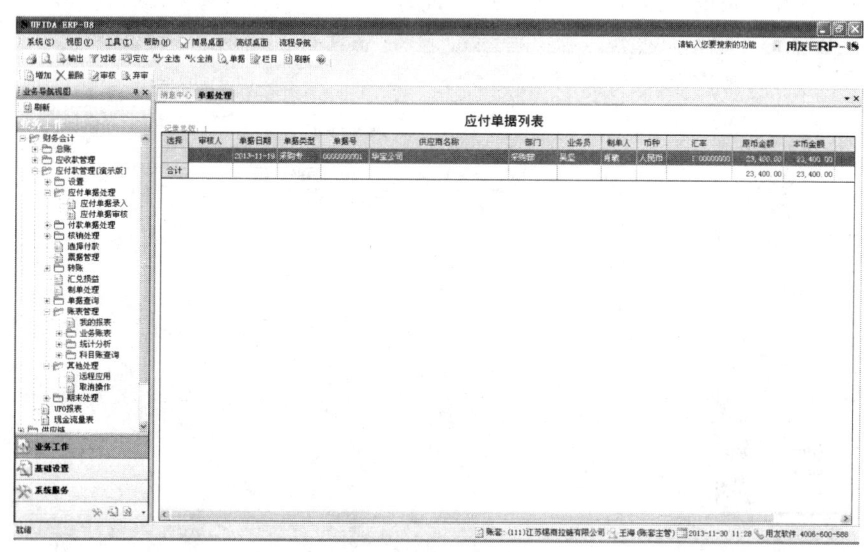

图 3-82 应付单据列表

（3）双击“选择”栏目，显示 Y 标志后，单击“审核”按钮，系统提示“审核报告”，如图 3-83 所示，单击“确定”按钮。

2. 制单处理

以账套主管 002 肖敏，密码为空，选择账套“[111] 江苏锡商拉链有限公司”，操作日期 2013-11-28，登录“企业应用平台”。

实施步骤：

（1）在企业应用平台，单击“业务工作”标签，选择“财务会计”→“应付款管理”→“制单处理”选项，弹出“制单查询”对话框，如图 3-84 所示，选中“发票制单”复选框并选择供应商。

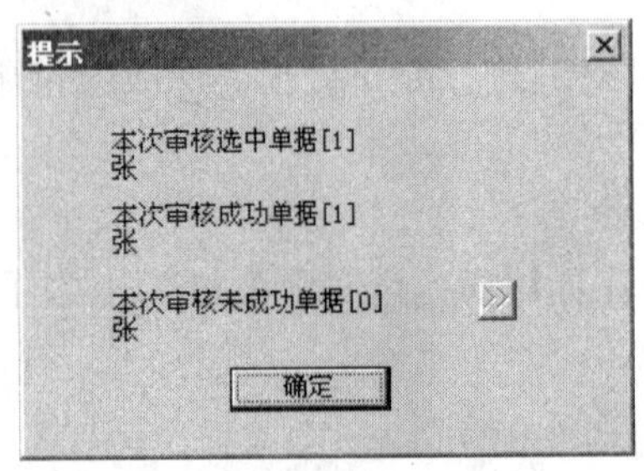

图 3-83 提示审核结果

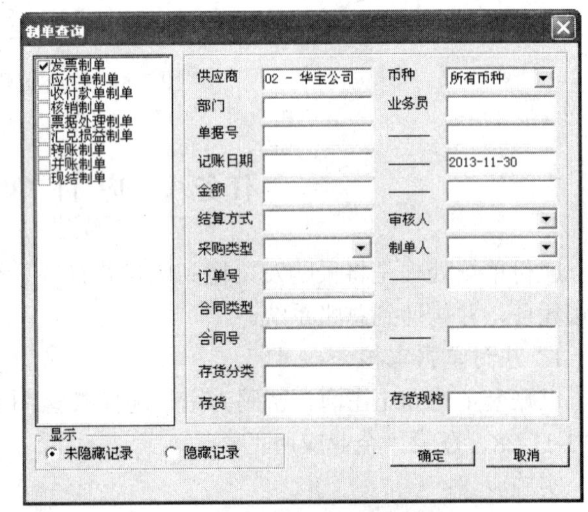

图 3-84 设置制单查询条件

（2）单击“确定”按钮后，打开“采购发票制单”窗口，如图 3-85 所示，选择要进行制单的记录行，单击“制单”按钮，生成记账凭证。

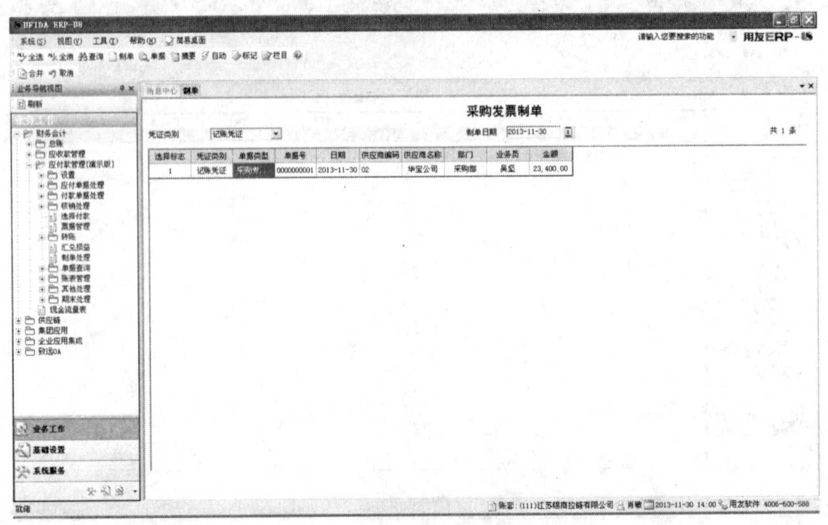

图 3-85 采购发票制单

（3）单击“保存”按钮，该凭证被传到总账系统，如图 3-86 所示。

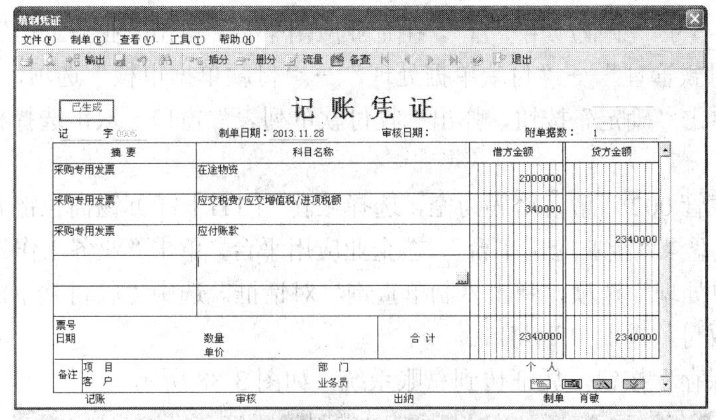

图 3-86 生成应付款凭证

任务九 付 款 单 据 处 理

付款单据是对专用采购发票进行支付货款的处理，并对已经付过款的供应商进行应付款单据核销。

1. 付款单处理

以账套主管 002 肖敏，密码为空，选择账套“[111] 江苏锡商拉链有限公司”，操作日期 2013-11-28，登录“企业应用平台”。

实施步骤：

（1）在企业应用平台，单击“业务工作”标签，选择“财务会计”→“应付款管理”→“付款单据处理”→“付款单据录入”选项，打开“付款单”窗口。单击“增加”按钮，填制“付款单”。

（2）单击“保存”按钮，付款单由系统保存起来，如图 3-87 所示。

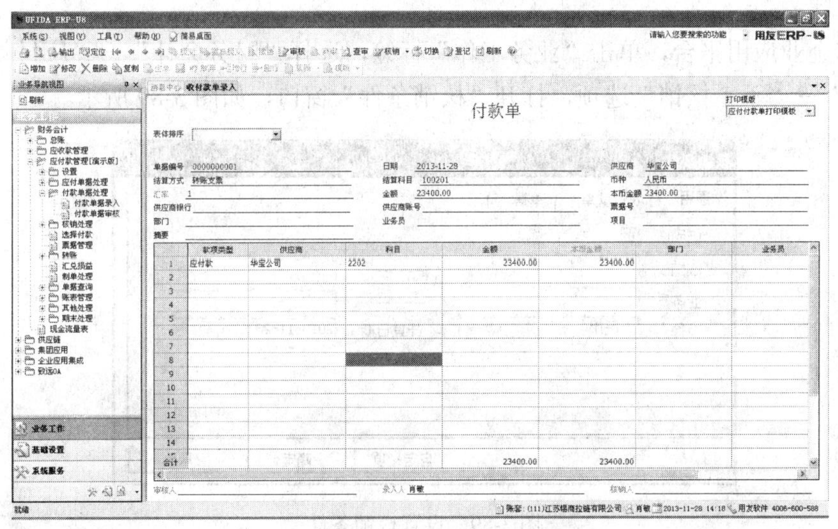

图 3-87 填制付款单

（3）以账套主管 001 王海，密码为空，选择账套“[111] 江苏锡商拉链有限公司”，操作日期 2013-11-28，登录“企业应用平台”，在企业应用平台，单击“业务工作”标签，选择“财务会计”→“应付款管理”→“付款单据处理”→“付款单据审核”选项，弹出“付款单过滤条件”窗口，单击“确定”按钮，弹出“收付款单列表”窗口，双击选择栏，单击“审核”按钮。

（4）以账套主管 002 肖敏，密码为空，选择账套“[111] 江苏锡商拉链有限公司”，操作日期 2013-11-28，登录“企业应用平台”，在企业应用平台，单击“业务工作”标签，选择“财务会计”→“制单处理”选项，弹出“制单查询”对话框。选中“收付款单制单”，单击“确定”按钮进入“收付款单制单”窗口。

（5）单击“保存”按钮，凭证传到总账系统，如图 3-88 所示。

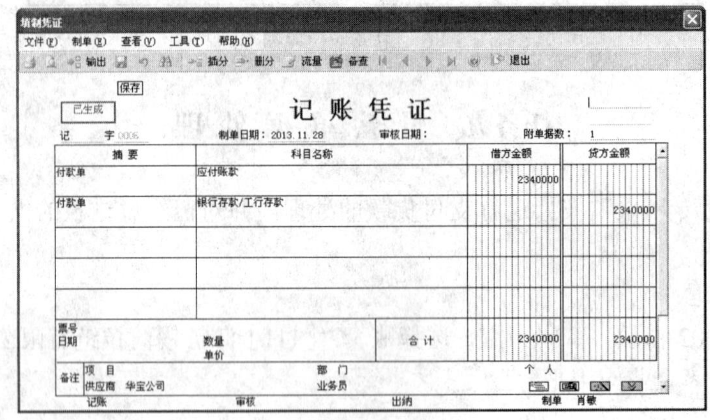

图 3-88　生成付款单凭证

2. 核销处理

以账套主管 001 王海，密码为空，选择账套“[111] 江苏锡商拉链有限公司”，操作日期 2013-11-28，登录“企业应用平台”。

实施步骤：

（1）在企业应用平台，单击“业务工作”标签，选择“财务会计”→“应付款管理”→“核销处理”→“手工核销”选项，打开“核销条件”窗口，如图 3-89 所示。

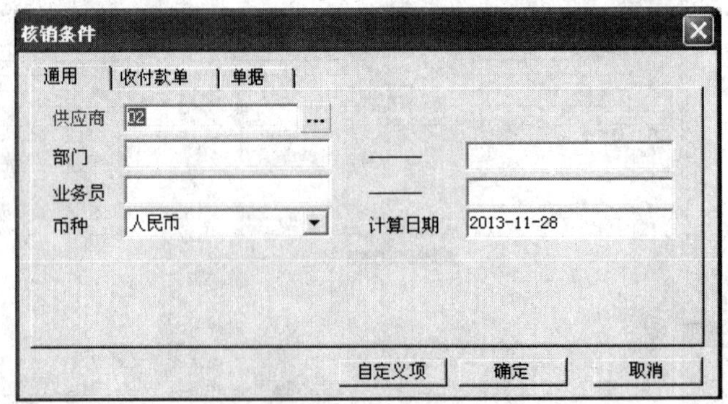

图 3-89　设置核销条件

（2）输入客户、日期等查询条件，单击“确定”按钮，进入“单据核销”窗口，如图 3-90 所示。窗口上方显示付款单据信息，下方显示采购专用发票的信息。

（3）在采购专用发票一行输入“本次结算”的金额。

（4）单击“保存”按钮，完成核销。

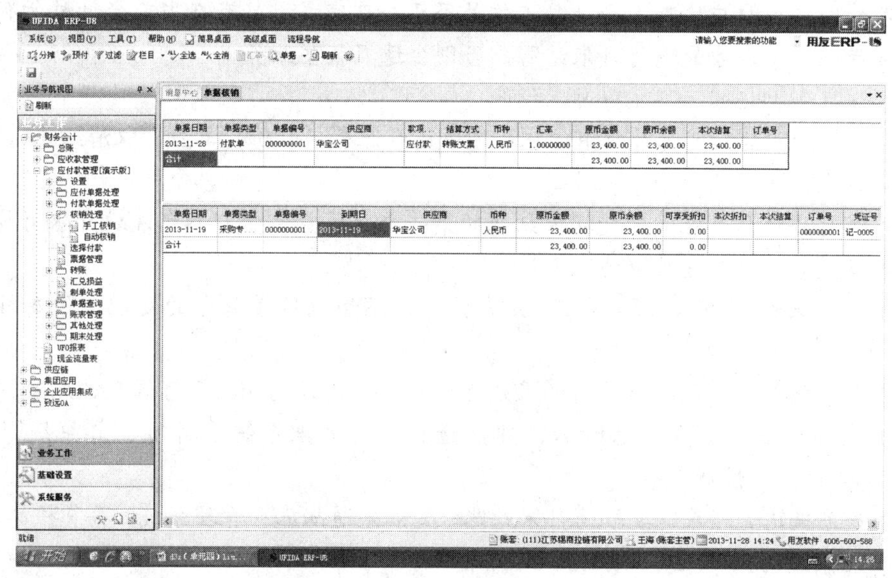

图 3-90　核销付款单与发票

任务十　月　末　结　账

1. 采购管理系统月末结账

月末结账是逐月将每月的单据数据封存，并将当月的采购数据记入有关账表中。

以账套主管 002 肖敏，密码为空，选择账套“[111] 江苏锡商拉链有限公司”，操作日期 2013-11-30，登录“企业应用平台”。

实施步骤：

在企业应用平台，单击“业务工作”标签，选择“供应链”→“采购管理”→“月末结账”选项，打开“月末结账”窗口，双击 11 月份，如图 3-91 所示。单击“结账”按钮，提示“月末结账完毕”，单击“确定”按钮。

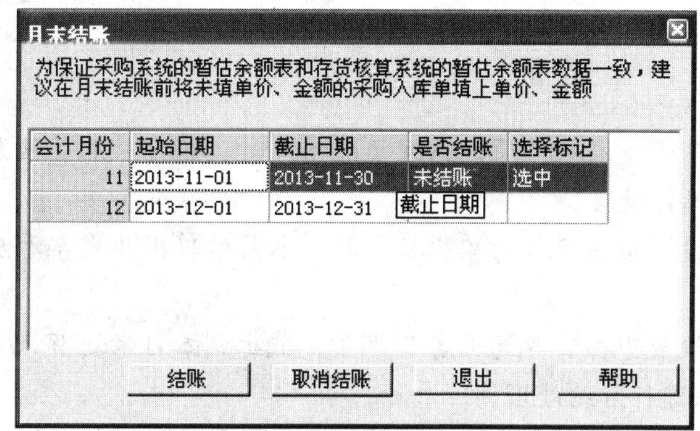

图 3-91　月末结账

注意

（1）结账前用户应检查本会计月工作是否已全部完成，只有在当前会计月所有工作全部完成的前提下，才能进行月末结账，否则会遗漏某些业务。

（2）没有期初记账，不允许月末结账。

（3）月末结账后，可逐月取消结账，选中已结账最后月份，单击“取消结账”，则取消该月的月末结账。

（4）不允许跳月结账，只能从未结账的第一个月逐月结账；不允许跳月取消月末结账，只能从最后一个月逐月取消。

（5）上月未结账，本月单据可以正常操作，不影响日常业务的处理，但本月不能结账。

（6）月末结账后，已结账月份的采购管理入库单、采购发票不可修改、删除。

（7）采购管理系统月末结账后，才能进行库存管理系统、存货核算系统、应付款管理系统的月末结账。

（8）如果采购管理系统要取消月末结账，必须先通知库存管理系统、存货核算系统、应付款管理系统的操作人员，系统取消月末结账。

2. 应付款管理系统月末结账

如果已经确认本月的各项处理已经结束，可以选择执行月末结账功能。当执行了月末结账功能后，该月将不能再进行任何处理。

以账套主管 002 肖敏，密码为空，选择账套“[111] 江苏锡商拉链有限公司”，操作日期 2013-11-30，登录“企业应用平台。

实施步骤：

在企业应用平台，单击“业务工作”标签，选择“财务会计”→“应付款管理”→“期末处理”，→“月末结账”选项，打开“月末处理”窗口，双击 11 月份，单击“下一步”，如图 3-92 所示。单击“完成”按钮，提示“11 月份结账成功”，单击“确定”按钮。

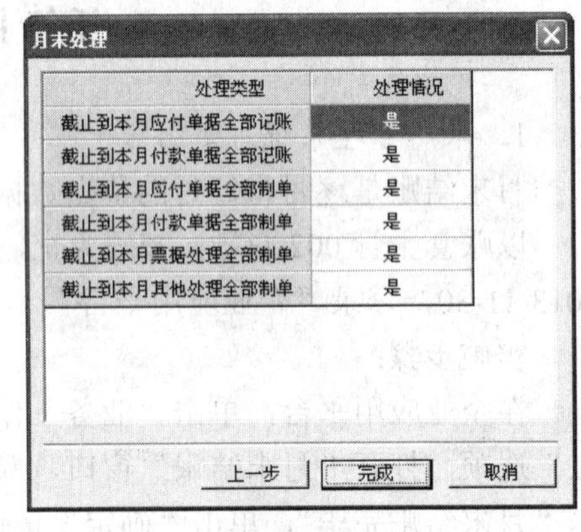

图 3-92 月末处理

注意

（1）应付款管理系统与采购管理系统集成使用时，应在采购管理系统结账后，才能对应付款系统进行结账处理。

（2）当选项中设置审核日期为单据日期时，本月的单据（发票和应付单）在结账前应该全部审核。

（3）当选项中设置审核日期为业务日期时，截止到本月末还有未审核单据（发票和应付单），照样可以进行月结处理。

（4）如果还有合同结算单未审核，仍然可以进行月结处理。

（5）如果本月的付款单还有未审核的，不能结账。

（6）若选项中设置月结时必须将当月单据以及处理业务全部制单，则月结时若检查当月有未制单的记录时不能进行月结处理。

（7）若选项中设置月结时不用检查是否全部制单，则无论当月有无未制单的记录，均可以进行月结处理。

（8）如果是本年度最后一个期间结账，需要将本年度进行的所有核销、转账等处理全部制单后才能进行结账。

（9）如果这个月的前一个月没有结账，则本月不能结账。

（10）一次只能选择一个月进行结账。

3．库存管理系统月末结账

月末结账是将每月的出入库单据逐月封存，并将当月的出入库数据记入有关账表中。

以账套主管 002 肖敏，密码为空，选择账套“[111] 江苏锡商拉链有限公司”，操作日期 2013-11-30，登录“企业应用平台”。

实施步骤：

在企业应用平台，单击“业务工作”标签，选择“供应链”→“库存管理”→“月末结账”选项，打开“结账处理”窗口，选中 11 月份，单击“结账”按钮，如图 3-93 所示。

会计月份	起始日期	结束日期	已经结账
1	2013-01-01	2013-01-31	是
2	2013-02-01	2013-02-28	是
3	2013-03-01	2013-03-31	是
4	2013-04-01	2013-04-30	是
5	2013-05-01	2013-05-31	是
6	2013-06-01	2013-06-30	是
7	2013-07-01	2013-07-31	是
8	2013-08-01	2013-08-31	是
9	2013-09-01	2013-09-30	是
10	2013-10-01	2013-10-31	是
11	2013-11-01	2013-11-30	是
12	2013-12-01	2013-12-31	否

图 3-93　库存结账处理

注意

（1）结账前检查本会计月工作是否已全部完成，只有在当前会计月所有工作全部完成的前提下，才能进行月末结账，否则会遗漏某些业务。

（2）不允许跳月结账，只能从未结账的第一个月逐月结账；不允许跳月取消月末结账，只能从最后一个月逐月取消。

（3）上月未结账，本月单据可以正常操作，不影响日常业务的处理，但本月不能结账。

（4）月末结账后将不能再做已结账月份的业务，只能做未结账月的日常业务。

（5）如果库存管理系统和采购管理系统、销售管理系统集成使用，只有在采购管理系统、销售管理系统结账后，库存管理系统才能进行结账。

（6）如果库存管理系统和存货核算系统集成使用，存货核算系统必须是当月未结账或取消结账后，库存管理系统才能取消结账。

4. 存货核算系统期末处理、月末结账

（1）存货核算系统期末处理

当日常业务全部完成后，用户可进行期末处理：计算按全月平均方式核算的存货的全月平均单价及本会计月出库成本；计算按计划价/售价方式核算的存货的差异率/差价率及本会计月的分摊差异/差价；对已完成日常业务的仓库/部门/存货做处理标志。

以账套主管 002 肖敏，密码为空，选择账套“[111] 江苏锡商拉链有限公司”，操作日期 2013-11-30，登录“企业应用平台”。

实施步骤：

在企业应用平台，单击“业务工作”标签，选择“供应链”→“存货核算”→“业务核算”选项，打开“期末处理”窗口，选中“结存数量为零金额不为零自动生成出库调整单”，如图 3-94 所示，单击左边“确定”按钮，提示“期末处理完毕”，单击“确定”按钮。

注 意

由于本系统可以处理压单不记账的情况，因此进行期末处理之前，用户应仔细检查是否本月业务还有未记账的单据；用户应做完本会计月的全部日常业务后，再做期末处理工作。

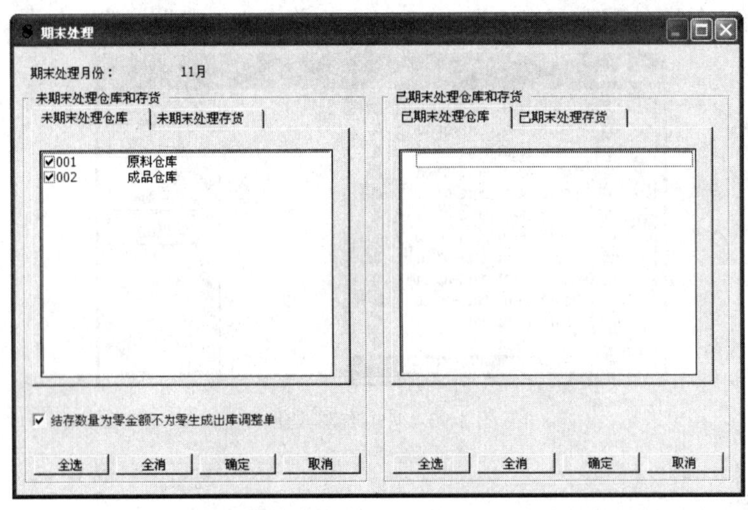

图 3-94 期末处理

（2）存货核算系统月末结账

以账套主管 002 肖敏，密码为空，选择账套“[111] 江苏锡商拉链有限公司”，操作日期 2013-11-30，登录“企业应用平台”。

实施步骤：

在企业应用平台，单击“业务工作”标签，选择“供应链”→“存货核算”→“业务核算”选项，打开“月末结账”窗口，如图 3-95 所示，单击“确定”按钮，提示“月末结账完成”后再单击“确定”按钮。

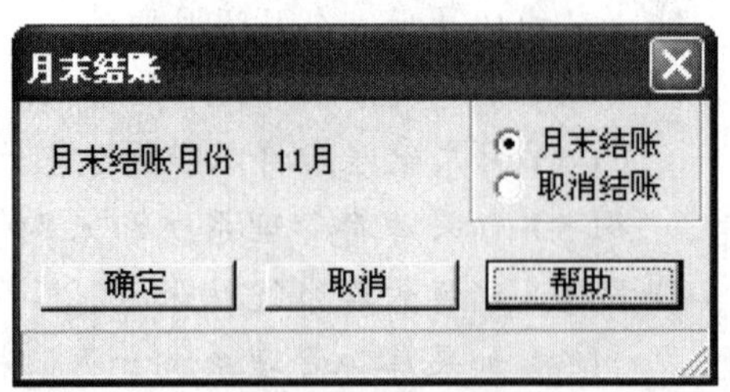

图 3-95 月末结账

注意

（1）结账前用户应检查本会计月工作是否已全部完成，只有在当前会计月所有工作全部完成的前提下，才能进行月末结账，否则会遗漏某些业务。

（2）如果存货核算系统和库存管理系统、采购管理系统、销售管理系统集成使用，必须在库存管理系统、采购管理系统、销售管理系统结账后，存货核算系统才能进行结账。

（3）只能对当前会计月进行结账，即只能对最后一个结账月份的下一个会计月进行结账。

（4）月末结账后将不能再做当前会计月的业务，只能做下个会计月的日常业务。

（5）当某月账结错了时，可用“取消结账”按钮取消结账状态，然后再进行该月业务处理后再重新结账。

知识学习

采购管理是企业经营活动的重要环节之一，有效的采购能够降低采购占用的资金、减少采购周期、提高产品质量，从而提高企业利润。

一、采购计划

1. 采购计划概述

采购计划是指根据企业内部资源和外部环境状况，采用科学的预算和预测方法，对计划期内物料采购活动所做的预见性或必要性的安排和部署，能够最好地满足企业内部需求的过程。

2. 采购计划类型

对于不同企业或者同一企业不同的物料来说，采购计划类型不尽相同，一般而言有以下几种主要采购计划：

（1）MRP 采购计划，是指依据生产需求、库存、物料清单、工艺路线等情况由 MRP 生成的采购计划，一般包括生产原材料、半成品等等。

（2）再订购点采购计划，是指企业首先根据企业实际确定再订货点，一旦存货量低于再订货点，企业就启动采购程序，一般包括辅料、易耗品等等。

（3）紧急采购计划，是指根据企业用料经验、市场价格波动、有关政策引导等因素综合考虑需要立即采购的物料，一般包括价格上涨幅度较大的物料、政府下达物料等等。

3. 采购计划编制流程

通过合理的编制采购计划，可以增强企业内部采购、库存、销售等工作环节的协调，促进企业内部产供销的整合和与外部供应链的有效衔接，减少不确定性，采购计划具体编制流程如下：

（1）提出采购需求。主要指公司各部门根据企业经营计划和本部门情况提出采购需求，拟定部门需求清单，并填写请购单。

（2）编制采购预算。主要包括：①采购部门对各部门的采购需求申请进行汇总；②采购部门对库存情况与各部门的采购需求进行分析，并结合历史情况及经营目标、确定采购需求

（包括采购类别、采购数量、采购金额、采购方式等）；③采购部门根据实际采购需求，编制采购预算并报批；④财务部门根据采购预算和采购管理制度对采购部门预算进行审查。

（3）编制采购计划。主要指采购部门对采购预算情况进行分析汇总，正式制定采购计划并按权限报批。

（4）执行采购计划。主要指采购部门将采购计划分解出短期采购计划并实施。

二、库存业务

1. 物料入库

物料入库包括采购订单的来料入库、生产完工入库、销售退货入库等等，其入库方式也不尽相同。对采购订单的来料入库根据采购单接受物料，办理入库手续，开收料入库单，分配材料库存货位，同时监督来料是否与订单相符；生产完工入库后进行生产成本的计算，数据转入财务子系统处理；销售退货有不同的处理方式，如扣减货款、换货等处理，相关数据都转入财务子系统。

2. 物料出库

物料出库有生产领料、非生产领料与销售提货等等。生产计划的领料按车间订单（加工单、工票或组装计划）与分工序用料，并可以根据物料清单与工艺路线自动生成工序领料单；非生产领料有多种形式，系统都可以自由定义领料的类别；销售提货按销售订单或合同生成出货单据，并可自动生成销售订单与合同的出货单。上述过程都可以转入财务子系统传递相关数据并生成财务记账凭证。

3. 物料移动

物料移动是库存之间的物料调拨，这种物料移动可以不经过检验（通过设置系统参数进行控制），也可以根据系统参数设置要求生成凭证。

4. 库存盘点

库存盘点是对库存物品的清查，是对每一种库存物料进行清点数量、检查质量及登记盘点表的库存管理过程，其主要目的是为了清查库存的实物是否与账面数相符以及库存物资的质量状态。每种库存物料都设立相应的盘点周期，并可以通过系统自动输出到期应盘点的物料。盘点方法一般允许有冻结盘点法和循环盘点法两种。正在冻结盘点的物料需停止进行出/入库操作，而循环盘点则可以同时进行出/入库处理。

5. 库存物料信息分析

从各种角度对库存物料信息做分析，为企业决策提供基础数据。例如，日常的物料进、出、存的业务数据分析；物料占用资金分析；物料来源和动向分析；物料 ABC 分类分析等。

三、库存管理

库存管理的好坏直接影响企业的有效运行，库存管理的根本目标就是保证合理库存，降低库存成本。

1. 库存管理评价指标

库存管理评价指标主要有平均库存值、可供应时间和库存周转率等。

（1）平均库存值是指某时段内全部库存物品的价值之和的平均值。这个指标可以让企业管理者了解企业资产的库存占用状况。

（2）可供应时间是指现库存能够满足多长时间的需求，计算公式如下：

$$可供应时间＝平均库存值/相应时段内单位时间的需求$$

（3）库存周转率是指在一定期间库存周转的速度，计算公式如下：

库存周转率＝一定期间销售额/一定期间平均库存值

提高库存周转率对于加快资金周转，提高资金利用率和变现能力具有积极的作用。一般可通过重点控制耗用金额高的物品、及时处理过剩物料、合理确定进货批量和削减滞销存货等方式来提高周转率。

2. 库存控制策略

库存控制策略以何时订货和订货多少这两个问题为中心进行分析，在 ERP 系统中有相关需求库存控制和独立需求库存控制两种策略。

对于相关需求物料，每种物料的需求是由其他物料的需求所引起，物料的需求不再具有独立性，是 MRP 的主要研究对象，MRP 具体内容在第三篇单元四知识学习中详细介绍。

对于独立需求物料，每种物料间没有需求量的直接联系，其库存控制的重点是确定订货点、订货量、订货周期等。以下是几种常用的独立需求库存控制方法。

（1）定量库存控制模型。定量库存控制模型是基于下述前提建立的：①产品订货批量是固定的；②订货提前期是固定的；③单位产品的价格是固定的；④产品的需求是基本固定的。

定量库存控制方法通过不间断地检查库存物料的库存数量，当库存下降到一定水平（也称订货点）时，按固定的订货数量进行订货，如图 3-96 所示。

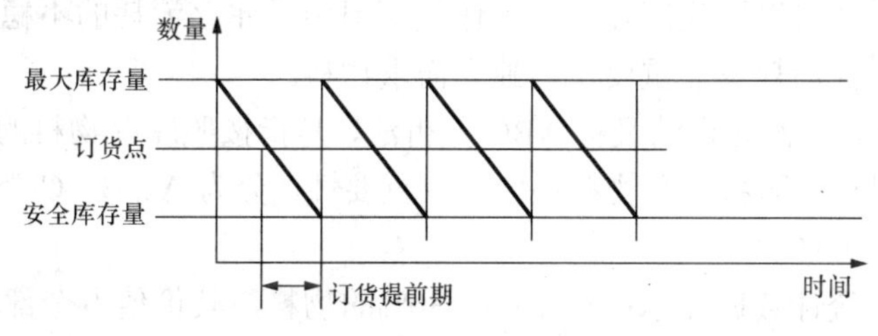

图 3-96　定量库存控制模型

从上图可以看出，该控制模型必须确定两个参数：补充库存的库存订货点与订货的批量。

订货点的计算公式：

订货点＝平均消耗量×订货提前期＋安全库存量

经济订货批量（Economic Order Quality，EOQ），是指库存总成本最小的订货量，计算公式为

$$Q=\sqrt{2CD/H}$$

式中　C——单位订货费用，元/次；

D——库存物料的年需求率，件/年；

H——单位库存保管费，元/（件·年）。

（2）定期库存控制模型。定期库存控制模型是指按一定的周期 T 检查库存，并随时进行库存补充，补充到规定库存 S。这种库存控制方法不存在固定的订货点，但有固定的订货周期；每次订货也没有一个固定的订货数量，而是根据当前库存量 I 与规定库存量 S 比较，补充量为 $Q=S-I$，但由于订货存在提前期，所以还必须加上订货提前期 L 的消耗量，如图 3-97 所示。

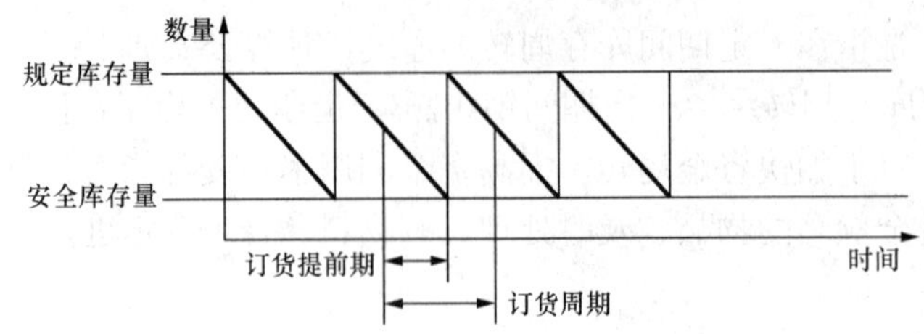

图 3-97 定期库存控制模型

从上图可以看出，该控制模型也必须确定两个参数：订货周期与库存补充量。

经济订货周期（Economic Order Interval，EOI）基本原理是要求总费用（即库存费用＋采购费用）最小，计算公式：

$$订货周期=1/订货次数=Q/D$$

库存补充量计算公式

$$Q=(T+L)D/365$$

式中 Q——库存补充量；

D——库存物料的年需求率，件/年；

T——订货周期；

L——订货提前期，天。

定期库存控制方法可以简化库存控制工作量，但由于库存消耗的不稳定性，有缺货风险存在，只适合于稳定性消耗及非重要性的独立需求物料。

（3）定性分析法。定性分析法又称 ABC 分析法，是指按照库存物料的价值重要程度，分别采取不同的控制措施，即将库存物料按价值或重要性，分为 A、B、C 类，对于不同种类的物料采用不同的管理方法。

根据一般企业的统计数据显示：有 10%～30%的物料，其价值占全部库存价值的 70%～80%，此类物料通称为 A 类物料；另有 40%～60%的物料，其价值占全部库存价值的 5%～15%称为 C 类物料；剩余的物料则称为 B 类物料。

对 A 类物料，要求库存记录准确，严格按照物料的盘点周期进行盘点，检查其数量与质量，并制定不定期检查制度，密切临近该类物料的使用与保管情况；同时 A 类物料还应尽量降低库存量，采取合理的订货周期与订货量，杜绝浪费。而 C 类物料无需太多的管理投入，库存记录可以允许适当的偏差，盘点周期也可以适当地延长。B 类物料介于 A 类物料与 C 类物料之间，采取适中的方法加以使用、控制和保管。ABC 分析法简单易用，长期以来为许多企业所采用。

（4）安全库存。安全库存又称保险库存，是为防止由于不确定因素（如订货期间需求增长、到货延期等）引起的缺货而设置的一定数量的库存。安全库存越大，出现缺货的可能性越小；但库存越大，会导致剩余库存的出现。安全库存的量化计算可根据需求量固定/变化、提前期固定/变化等情况，利用正态分布图、标准差、期望服务水平等来计算而得。

四、应付账款

1. 应付账款概述

应付款管理系统主要用于核算和管理企业与供应商之间的往来款项，主要完成两个方面的工作：

（1）对采购业务转入的应付款项进行处理，记录采购及其他业务的往来交易。

（2）提供各种分析报表，如账龄分析表、周转分析、欠款分析、付款情况分析以及信用报警单等。通过各种分析报表，企业可以清楚地掌握自己的信用利用情况，提高财务管理能力。

根据对供应商往来款项核算和管理的程度不同，系统提供了详细核算和简单核算两种应用方案。

（1）详细核算方案。如果在企业采购业务中应付账款核算与管理内容比较复杂，需要追踪每一笔业务的应付款、付款等情况，并希望对应收付款项进行各种分析；或者需要将应付款核算到产品一级，那么可以选择详细核算方案。

（2）简单核算方案。如果采购业务中应付账款业务并不十分复杂，或者现购业务很多，则可以选择简单核算方案。在该方案中，应付款管理系统只是连接总账与采购业务系统的一座桥梁，即只是对采购管理系统生成的发票进行审核并生成凭证传递到总账，而不能对发票进行其他的处理，也不能对往来明细进行实时查询与分析。而往来明细只能在总账中进行简单的查询。

2. 日常业务处理

日常业务处理是经常性的应付业务处理工作，主要完成企业日常的付款业务录入、付款业务核销、应付并账、汇兑损益计算等，及时记录应付、付款业务的发生，为查询和分析往来业务提供完整、准确的资料，加强对往来款项的监督管理，提高工作效率。

（1）应付单据处理。采购发票与应付单是应付款管理系统日常核算的原始单据，是系统需要处理的应付单据。

（2）付款单据处理。应付款管理系统的付款单用来记录企业所支付的供应商款项，款项性质包括应付款、预付款、其他费用等。付款单据处理主要是对结算单据（主要包括付款单、收款单即红字付款单）进行管理，包括付款单、收款单的录入与审核以及单账结算单的核销。

（3）核销处理。核销处理指日常进行的付款核销应付款的工作。其中应付款、预付款性质的付款单将与发票、应付单、进行核销勾对，其他费用性质的付款则直接计入费用，不能冲销应付账款。应付款管理系统收款单用来记录发生采购退货时，供应商给企业开具的退付款项，该收款单可与应付、预付性质的付款单、红字应付单、红字发票进行核销。

（4）票据管理。主要是对商业承兑汇票和银行承兑汇票进行日常的业务处理，所有涉及票据的开具、结算、转出、计息等日常票据处理都应该在票据管理中进行。

（5）制单处理。制单即生成凭证，并将凭证传递至总账记账。应付款管理系统在各个业务处理过程中都提供了实时制单的功能，同时系统提供了一个统一制单的平台，可以在此快速、成批生成凭证，并可依据规则进行合并制单等处理。

学习小结

采购管理是企业供应链的重要组成部分，对采购业务的全部流程进行管理，提供请购、订货、到货、入库、开票和采购结算的完整采购流程，在采购管理系统中还可以进行供应商的管理，提供采购最高价控制，提供采购订单到货期警报，还可根据实际情况进行采购流程的定制。

单元练习

1．简述普通采购业务的流程。

2．什么是采购计划？其编制流程是什么？

3．采购计划的类型有哪些？在实际采购业务中分别有什么意义？

4．简述库存管理的评价指标。

5．什么是 ABC 分析法？

6．根据第一篇单元练习中实地调研企业业务流程优化后的业务流程情况，在 U8 系统中完成采购业务管理相关任务，具体要包括采购订货、采购到货、采购发票处理、采购入库、采购结算、存货核算记账、凭证生成、应付单据处理、付款单据处理和月末结账等相关内容。

单元四　生产计划管理

学习目标

（1）理解ERP计划层次及其意义。
（2）学会进行MRP计划前稽核作业。
（3）学会生成MPS、MRP、CRP。
（4）学会对MPS、MRP计划维护。
（5）学会如何生成生产订单。
（6）学会如何处理生产订单。
（7）学会进行生产领用、产成品入库业务。
（8）掌握MPS、MRP、CRP的相关概念。
（9）掌握提前期的概念及其意义。
（10）了解生产订单系统的基本功能。

学习情境

锡商拉链计划部门先期对2013年12月2日至2014年2月10日时间段进行了销售预测。销售部门随后收到新力公司50 000个拉链的销售订单。计划部门按照预测订单、销售订单、当前拉链库存等信息编制主生产计划；同时计划部门按照主生产计划、产品信息、库存等信息编制物需求计划，并生成采购需求和生产需求。采购部门按照采购需求进行采购入库，生产部门按照生产需求生成生产订单，并根据生产订单进行生产领料，生产完毕以后，将产成品入库。

情境分析：根据重组后的业务流程，在ERP系统中以上的生产计划流程可分解成六个具体任务：MPS处理、MRP处理、CRP处理、生产订单生成、材料领用、产成品入库。具体生产计划业务如下：

（1）锡商拉链计划部门预测2013年12月2日至2013年12月11日期间，拉链需求量为15 000个；2013年12月11日至2013年12月31日期间，拉链需求量为20 000个；2014年1月1日至2014年2月10日期间，拉链需求量为10 000个。

（2）2013年12月15日新力公司订购50 000个拉链，需求日期为12月25日。

（3）根据当前情况，生成MPS。

（4）通过 MRP 生成采购需求和生产需求。

（5）根据生产需求生成生产订单并进行审核。

（6）依据生产订单进行生产领用、产成品入库业务。

任务一 MPS 处 理

1. 需求来源维护

（1）预测订单维护。

实施步骤：

1）在企业应用平台，选择“业务”→“生产制造”→“主生产计划”→“需求来源资料维护”→“产品预测订单输入”选项，打开“产品预测订单输入”窗口。

2）单击“增加”按钮，表头的单据类别为 MPS，输入预测版本号，预测订单信息如图 3-98 所示，单击“保存”按钮。

图 3-98 输入预测订单

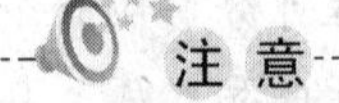

如果产成品是自制的，需在该产成品的存货档案中必须设为 MPS 件。

（2）销售订单维护。

1）在企业应用平台，选择“供应链”→“销售管理”→“销售订单”选项，打开“销售订单”窗口，单击“增加”按钮。

2）按图 3-99 所示填制销售订单，单击“保存”按钮。

3）单击“审核”按钮。

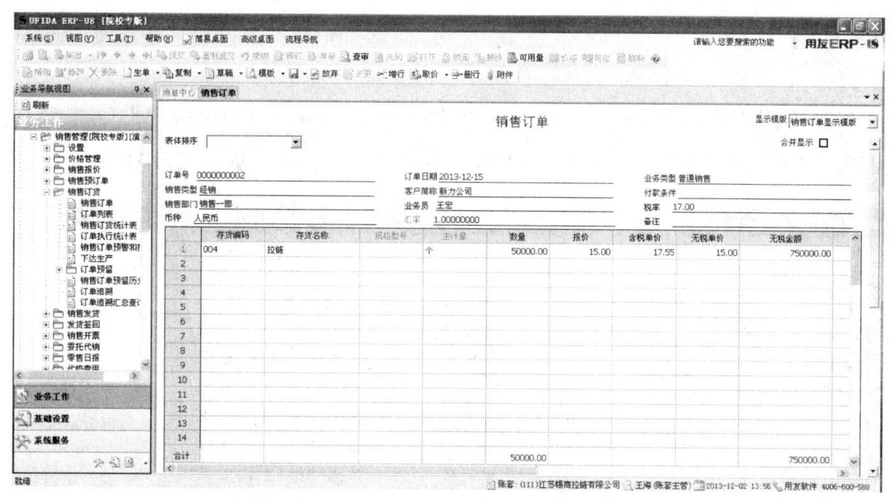

图 3-99 输入销售订单

2. MPS 计划参数维护

实施步骤：

（1）在企业应用平台，选择“业务”→“生产制造”→“主生产计划”→“基本资料维护”→“MPS 计划参数维护”选项，打开“MPS 计划参数维护”窗口。

（2）按照如图 3-100 所示进行参数设置，单击“确定”按钮。

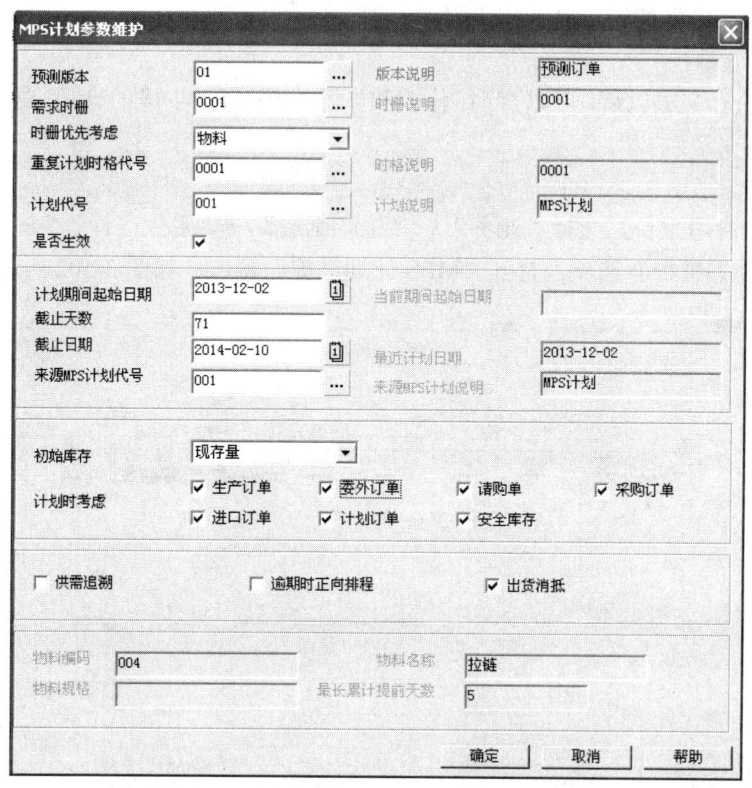

图 3-100 维护 MPS 计划参数

3. MPS 计划执行

实施步骤：

（1）在企业应用平台，选择“业务”→“生产制造”→“主生产计划”→“MPS 计划作业”→“MPS 计划生成”选项，打开“MPS 计划生成”窗口，如图 3-101 所示。

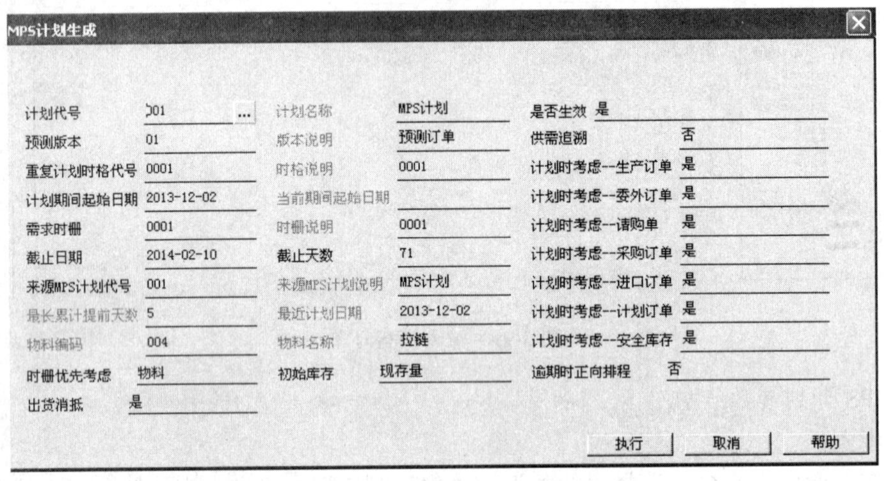

MPS计划生成

计划代号	001	计划名称	MPS计划	是否生效	是
预测版本	01	版本说明	预测订单	供需追溯	否
重复计划时格代号	0001	时格说明	0001	计划时考虑--生产订单	是
计划期间起始日期	2013-12-02	当前期间起始日期		计划时考虑--委外订单	是
需求时栅	0001	时栅说明	0001	计划时考虑--请购单	是
截止日期	2014-02-10	截止天数	71	计划时考虑--采购订单	是
来源MPS计划代号	001	来源MPS计划说明	MPS计划	计划时考虑--进口订单	是
最长累计提前天数	5	最近计划日期	2013-12-02	计划时考虑--计划订单	是
物料编码	004	物料名称	拉链	计划时考虑--安全库存	是
时栅优先考虑	物料	初始库存	现存量	逾期时正向排程	否
出货消抵	是				

执行 取消 帮助

图 3-101 生成 MPS 计划

（2）单击“执行”按钮，完成 MPS 计划的执行，弹出提示窗口。

（3）单击“确定”按钮，MPS 计划生成完毕。

4. MPS 计划维护

MPS 计划执行完成以后，可以查询、修改和删除 MPS 自动生成的计划，或手动新增 MPS 计划资料。

实施步骤：

（1）在企业应用平台，选择“业务”→“生产制造”→“主生产计划”→“MPS 计划作业”→“MPS 计划维护”选项，打开“MPS 计划维护”窗口，如图 3-102 所示。

MPS计划维护

计划代号 001 计划说明 MPS计划

原因码 原因说明 是否生效 是

	计量单位名称	需求跟踪方式	需求跟踪号	需求跟踪行号	建议计划量	未计划量	开工日期	完工日期
1	个	无来源			48000.00	48000.00	2013-12-15	2013-12-15

图 3-102 维护 MPS 计划

（2）单击“过滤”按钮，录入过滤条件，单击“过滤”按钮，系统列出符合条件的记录。

（3）如果需要修改MPS计划结果，可以单击“修改”按钮。

任务二 MRP 处理

1. MRP计划前稽核

（1）累计提前天数推算。累计提前天数推算是计算各物料的累计提前天数，并更新存货主档及MRP系统参数的最长累计提前天数。

实施步骤：

1）在企业应用平台，选择“业务”→“生产制造”→“需求规划”→“MRP计划前稽核作业”→“累计提前天数推算”选项，打开“累计提前天数推算”窗口，如图3-103所示。

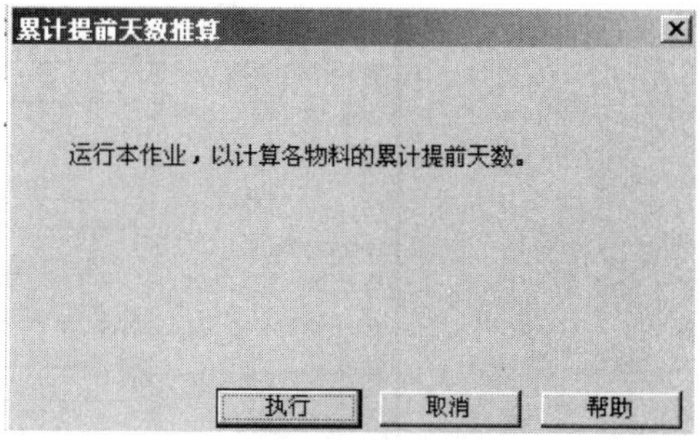

图3-103 推算累计提前天数

2）单击“执行”按钮，完成累计提前天数推算，弹出“提示信息”窗口。

3）单击“确定”按钮，完成累计提前天数推算。

注意

各存货的提前期可在存货档案中实现。

（2）库存异常状况查询。通过库存异常状况查询，可以得到计划前各仓库中现存量为负值的不正常物料资料，供MRP展开前查核用。

实施步骤：

1）在企业应用平台，选择“业务”→“生产制造”→“需求规划”→“MRP 计划前稽核作业”→“库存异常状况查询”选项，打开“库存异常状况查询”窗口。

2）单击“查询”按钮，即可展开库存异常的资料。

2. MRP计划参数维护

实施步骤：

（1）在企业应用平台，选择“业务”→“生产制造”→“需求规划”→“基本资料维护”→“MRP计划参数维护”选项，打开“MRP计划参数维护”窗口。

（2）按照如图3-104所示进行参数设置，单击“确定”按钮。

3. MRP计划执行

依据物料的需求来源，按物料清单考虑现有物料存量、已审核订单余量，以及物料提前期等，自动产生MRP件的供应计划。

实施步骤：

（1）在企业应用平台，选择“业务”→“生产制造”→“需求规划”→“计划作业”→“MRP计划生成”选项，打开“MRP计划生成”窗口，如图3-105所示。

（2）单击“执行”按钮，完成MRP计划的执行，弹出提示窗口。

（3）单击“确定”按钮，MRP 计划生成完毕。

4. MRP 计划维护

MRP 计划执行完成以后，可以查询、修改和删除 MRP 自动生成的计划，或手动新增 MRP 计划。

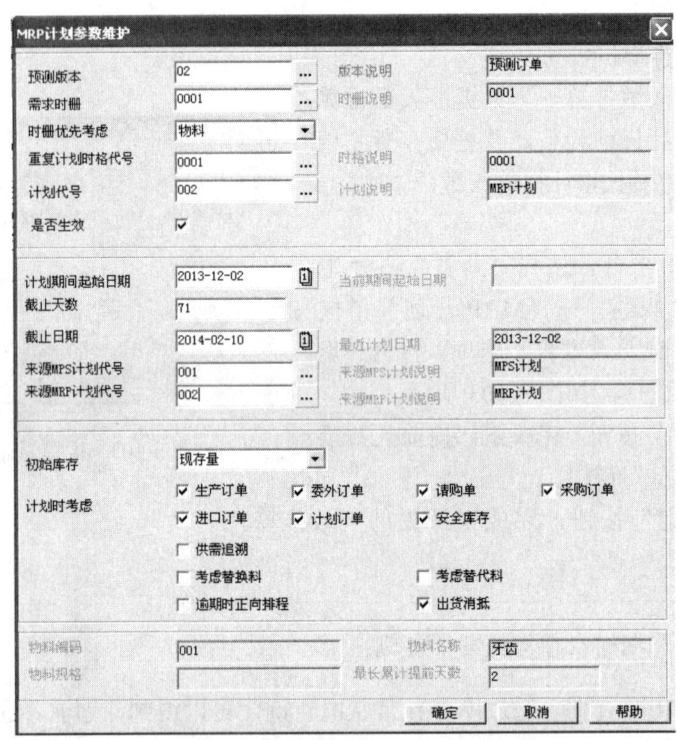

图 3-104 维护 MRP 计划参数

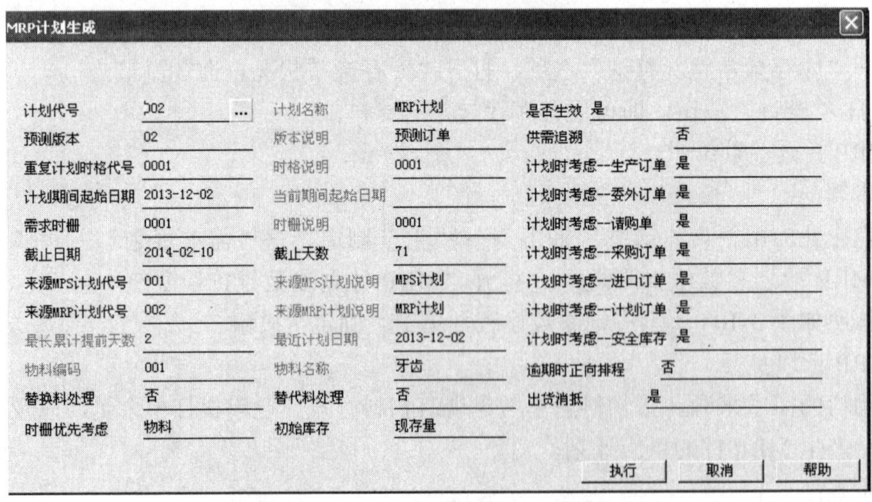

图 3-105 生成 MRP 计划

实施步骤：

（1）在企业应用平台，选择“业务”→“生产制造”→“需求规划”→“计划作业”→

“MRP 计划维护”选项，打开“MRP 计划维护”窗口，如图 3-106 所示。

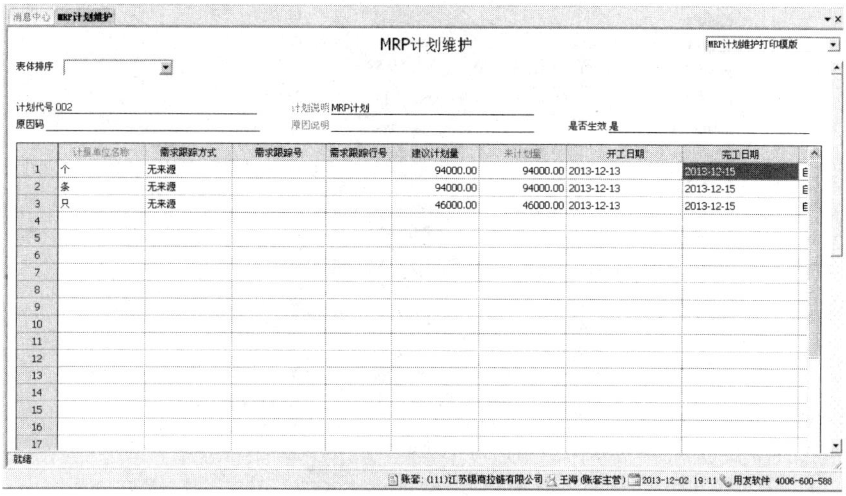

图 3-106　维护 MRP 计划

（2）单击“过滤”按钮，录入过滤条件，单击“过滤”按钮，系统列出符合条件的记录。

（3）在列出的记录中，物料属性为“自制”的表示该物料的需求可以通过企业自行生产，物料属性为“采购”的表示该物料的需求可以通过企业外购得到。

（4）如果需要修改 MRP 计划结果，可以单击“修改”按钮。

5. 采购订单生成

执行 MRP 计划维护任务后，将会自动生成采购计划。采购部门可以按照 MRP 生成的采购计划进行采购。

实施步骤：

（1）在企业应用平台，选择“供应链”→“采购管理”→“采购订货”→“MRP/MPS 计划批量生单”选项，系统弹出“过滤条件”窗口。选择“计划下达日期：2013-12-02”过滤条件，单击“过滤”按钮，进入“MRP 计划批量生成订单列表”窗口。

（2）在“MRP 计划批量生成订单列表”窗口中，选择要生成订单的记录，并选择供应商。点击“生单”按钮，采购订单自动生成。

（3）选择“供应链”→“采购管理”→“采购订货”→“采购订单列表”选项，系统弹出“过滤条件”窗口，以采购日期作为过滤条件，单击“过滤”按钮，找到自动生成的采购订单，单击“审核”按钮进行审核。

任务三　CRP　处　理

1. 产能管理参数设定

实施步骤：

（1）在企业应用平台，选择“业务”→“生产制造”→“产能管理”→“基本资料”→“产能管理参数设定”选项，打开“产能管理参数设定”窗口。

（2）按照如图 3-107 所示的进行参数设置，单击“确定”按钮。

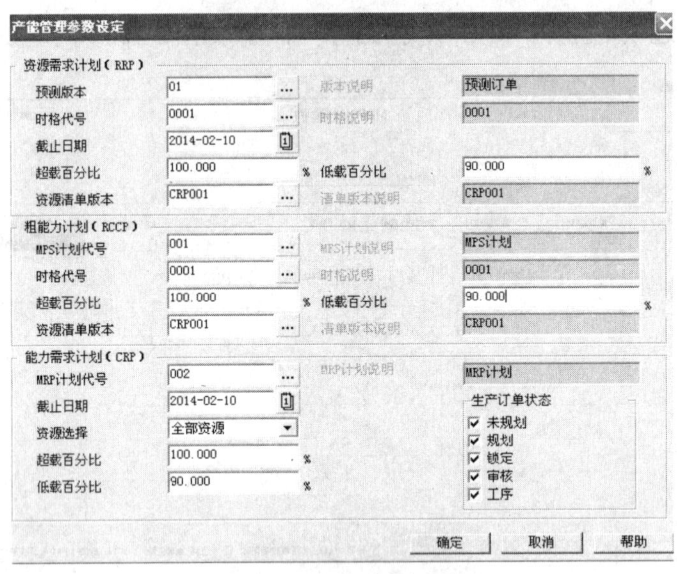

图 3-107 设定产能管理参数

2. 粗能力需求计算

实施步骤：

（1）在企业应用平台，选择“业务”→“生产制造”→“产能管理”→“粗能力需求计划”→“粗能力需求计划计算”选项，如图 3-108 所示。

（2）单击“执行”按钮。

（3）“业务”→“生产制造”→“产能管理”→“粗能力需求计划”→“粗能力需求汇总表”选项，可以看到各关键工作中心的可用产能。

3. 能力需求计算

实施步骤：

（1）在企业应用平台，选择“业务”→“生产制造”→“产能管理”→“能力需求计划”→“能力需求计算”选项，如图 3-109 所示。

图 3-108 计算粗能力需求

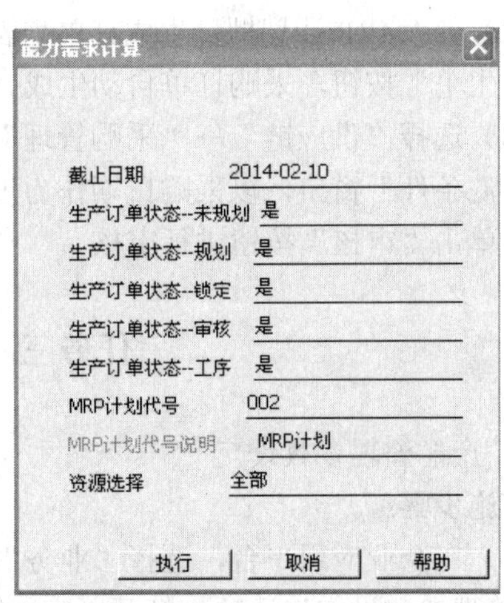

图 3-109 计算能力需求

（2）单击“执行”按钮。

（3）选择“业务”→“生产制造”→“产能管理”→“能力需求计划”→“能力需求汇总表”选项，可以看到各工作中心的可用产能。

任务四 生 产 订 单 生 成

生产订单生成方式包括生产订单手动输入、重复计划手工输入、生产订单自动生成（根据 MRP 运算结果生成生产订单）和重复计划自动生成等。

1. 生产订单手动输入

实施步骤：

（1）在企业应用平台，选择“业务”→“生产制造”→“生产订单”→“生产订单生成”→“生产订单手动输入”选项，打开“生产订单手动输入”窗口，如图 3-110 所示。

图 3-110 手动输入生产订单

（2）单击“增加”按钮增加一张生产订单，输入内容。

（3）单击“保存”按钮。

2. 生产订单自动生成

实施步骤：

（1）在企业应用平台，选择“业务”→“生产制造”→“生产订单”→“生产订单生成”→“生产订单自动生成”选项，打开“生产订单自动生成”窗口。

（2）录入过滤条件，单击“生成”按钮，系统列出经过 MPS 计算，符合过滤条件的记录。如图 3-111 所示。

生产订单自动生成

记录总数：2

选择	开工日期	完工日期	计量单位	生产数量	生产批号	预入仓库	仓库名称	生产部门	部门名称	销售订单类别	销售订单	销售...	
Y	2013-12-15	2013-12-18	个	48,000.00		002	成品仓库	05	生产部				主B
Y	2013-12-20	2013-12-24	个	10,000.00		002	成品仓库	05	生产部				主B
小计													

图 3-111 自动生成生产订单

（3）对于要生成订单的记录，单击该记录的“选择”项，使其“否”字样更变为“是”字样，然后单击“保存”按钮，则系统将记录中选择项为“是”的记录自动生成生产订单并提示生成订单信息。

3. 生产订单处理

按生产订单、销售订单、生产线和生产部门审核、弃审、关闭、还原生产订单。

实施步骤：

（1）在企业应用平台，选择“业务”→“生产制造”→“生产订单”→“生产订单处理”→“生产订单处理”选项，打开“生产订单处理”窗口。

（2）录入生产订单的过滤条件，如图 3-112 所示。单击“过滤”按钮，系统列出符合条件的生产订单记录。

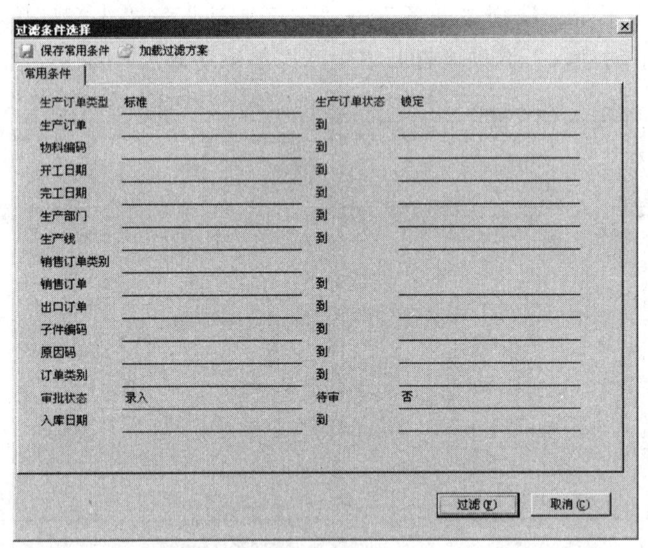

图 3-112 选择过滤条件

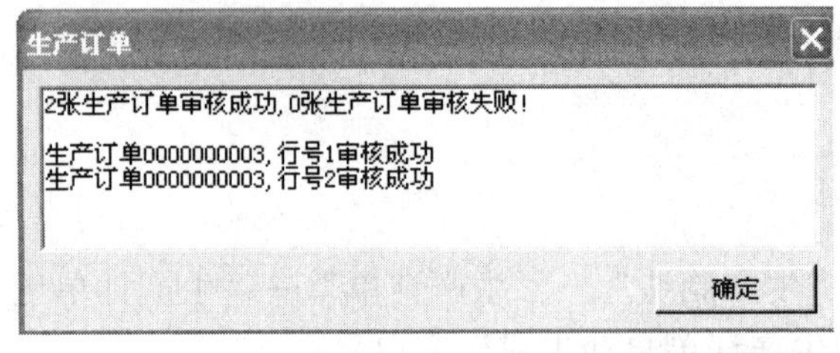

图 3-113 提示生产订单处理结果

（3）单击“修改”按钮，对于需要执行“审核”或“弃审”或“还原”按钮的生产订单，单击其“选择”项，使其为“是”字样，然后单击“审核”或“弃审”或“还原”按钮执行相应的生产订单，系统最终给出处理结果，如图 3-113 所示。

任务五 材料领用

材料领用是从仓库中领用用于生产的材料，需要填制材料出库单，只有工业企业才有材料出库单，商业企业没有此单据。

实施步骤：

（1）在企业应用平台，选择“供应链”→“库存管理”→“出库业务”→“材料出库单”

选项，打开“材料出库单”窗口。

（2）单击“生单”按钮，参照“生产订单”生成，系统要求进行“生产订单”条件过滤，录入过滤条件，单击“过滤”按钮，系统列出符合条件的订单生单列表记录。

（3）勾选“显示表体”项，单击需要生成材料出库单的订单记录的“选择”栏，使其为“Y”字样，在生产所属子项中，系统列出所选记录领用的子件名称、数量等，如图 3-114 所示，然后选择此次需要领用的子件，单击 OK 按钮，系统将所选内容复制到材料出库单中。

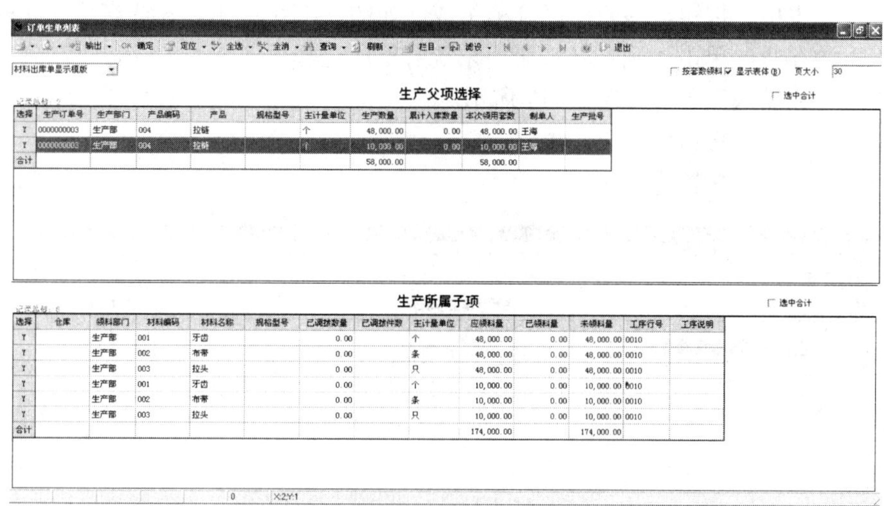

选择	生产订单号	生产部门	产品编码	产品	规格型号	主计量单位	生产数量	累计入库数量	本次领用套数	制单人	生产批号
Y	0000000003	生产部	004	拉链		个	48,000.00	0.00	48,000.00	王海	
Y	0000000003	生产部	004	拉链		个	10,000.00	0.00	10,000.00	王海	
合计							58,000.00		58,000.00		

选择	仓库	领料部门	材料编码	材料名称	规格型号	已调拔数量	已调拔件数	主计量单位	应领料量	已领料量	未领料量	工序行号	工序说明
Y		生产部	001	牙齿		0.00		个	48,000.00	0.00	48,000.00	0010	
Y		生产部	002	布带		0.00		条	48,000.00	0.00	48,000.00	0010	
Y		生产部	003	拉头		0.00		只	48,000.00	0.00	48,000.00	0010	
Y		生产部	001	牙齿		0.00		个	10,000.00	0.00	10,000.00	0010	
Y		生产部	002	布带		0.00		条	10,000.00	0.00	10,000.00	0010	
Y		生产部	003	拉头		0.00		只	10,000.00	0.00	10,000.00	0010	
合计									174,000.00		174,000.00		

图 3-114 参照生产订单生成材料出库单

（4）单击“保存”按钮保存该张单据，如图 3-115 所示。

（5）单击“审核”按钮进行审核。

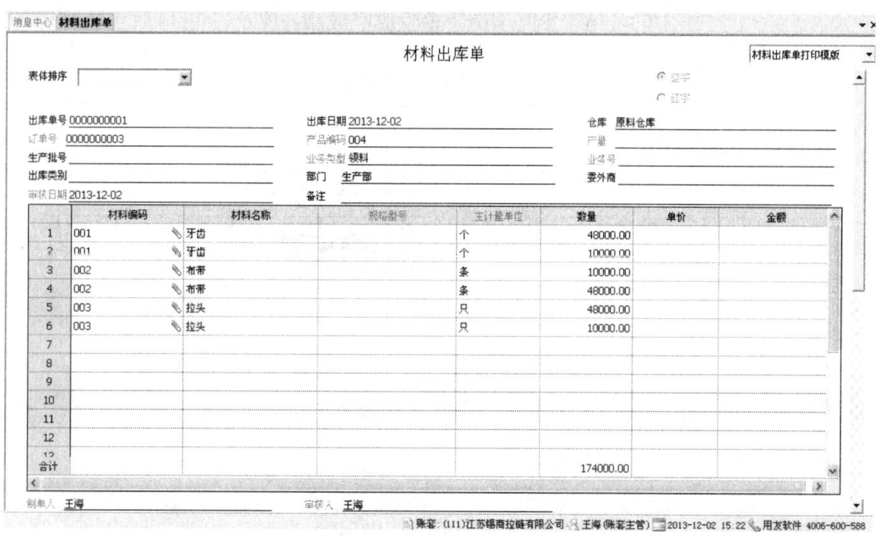

	材料编码	材料名称	规格型号	主计量单位	数量	单价	金额
1	001	牙齿		个	48000.00		
2	001	牙齿		个	10000.00		
3	002	布带		条	10000.00		
4	002	布带		条	48000.00		
5	003	拉头		只	48000.00		
6	003	拉头		只	10000.00		
7							
8							
9							
10							
11							
12							
合计					174000.00		

图 3-115 生成材料出库单

任务六 产 成 品 入 库

产成品入库是指产成品验收入库，需填制产成品入库单。

实施步骤：

（1）在企业应用平台，选择“供应链”→“库存管理”→“入库业务”→“产成品入库”选项，打开“产成品入库”窗口。

（2）单击“生单”按钮，参照生产订单生成，如图 3-116 所示。勾选需要入库的生产订单和需要入库的存货，单击“确定”按钮，系统会把所选择需要入库的存货复制到产成品入库单中，生成产成品入库单，如图 3-117 所示。

（3）单击“保存”按钮保存该张单据。

（4）单击“审核”按钮进行审核。

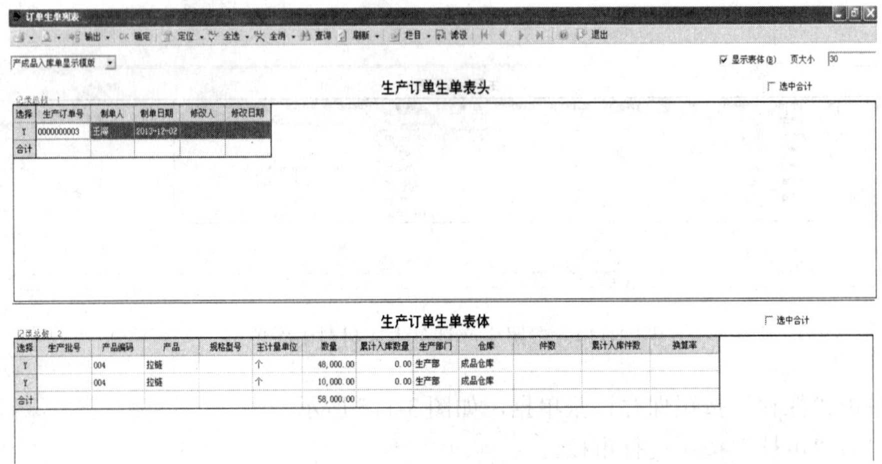

图 3-116 参照生产订单生成产成品入库单

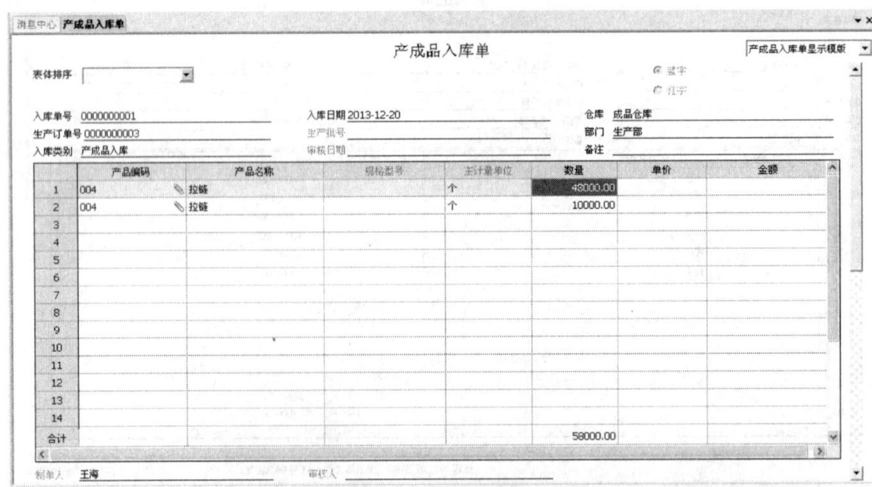

图 3-117 生成产成品入库单

知识学习

一、提前期

提前期是指某一工作的工作时间周期。提前期的概念主要是针对需求而提出的，提前期是生成 MPS、MRP 和采购计划的重要数据。

提前期一般有以下几个层次：

（1）从签订销售订单到完成交货的时间，称为总提前期。

（2）从开始采购到产品生产完工入库的时间，称为累计提前期。

（3）从开始投料生产到产品生产完工入库的时间，称为加工提前期。

（4）从采购订单下达开始到外购件完成检验入库手续，称为采购提前期。

二、ERP 计划层次

ERP 有五个计划层次，即经营规划、销售与运作规划、主生产计划、物料需求计划、车间作业计划，如图 3-118 所示。

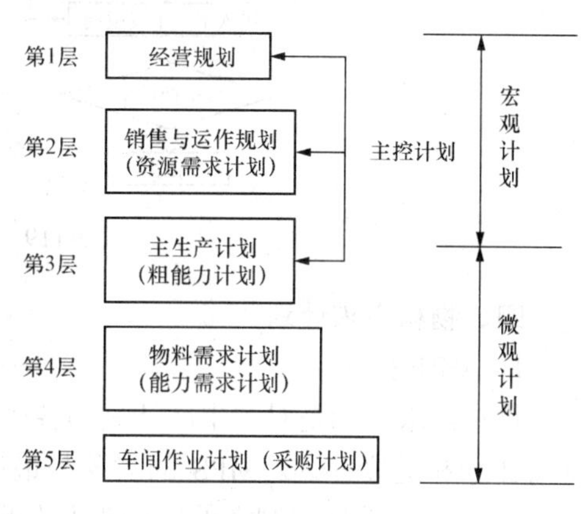

图 3-118 ERP 计划层次结构图

从上图可以看出，经营规划和销售与运作规划带有宏观规划的性质；主生产计划是宏观向微观过渡的层次；物料需求计划是微观计划的开始，是具体的详细计划；而车间作业计划是具体执行或控制计划。上一层的计划是下一层计划的依据，每一个计划层次都要回答 3 个问题：①生产什么？生产多少？何时需要？②需要多少能力资源？③有无矛盾？如何协调？也就是说每个层次都要处理好需求与供给的矛盾。

三、主生产计划

1. MPS 概述

主生产计划是确定每一具体的最终产品在每一具体时间段内生产数量的计划。这里的最终产品是指对于企业来说最终完成、要出厂的完成品，它要具体到产品的品种、型号。这里的具体时间段，可根据企业最终产品的实际设置为日、周、旬、月等。主生产计划根据客户合同和市场预测，把经营计划或生产大纲中的产品系列具体化，使之成为展开物料需求计划的主要依据，起到了从综合计划向具体计划过渡的承上启下作用。

2. MPS 编制

主生产计划编制流程如图 3-119 所示。

（1）根据生产规划和计划清单确定对每个主生产计划对象的生产预测。

（2）根据生产预测以及已收到的客户订单的需求数量，计算毛需求。

（3）根据毛需求量、订货批量、期初库存量以及安全库存量，计算各时区的计划产出量和预计可用量。

（4）评估主生产计划的可行性。

（5）批准和下达主生产计划。

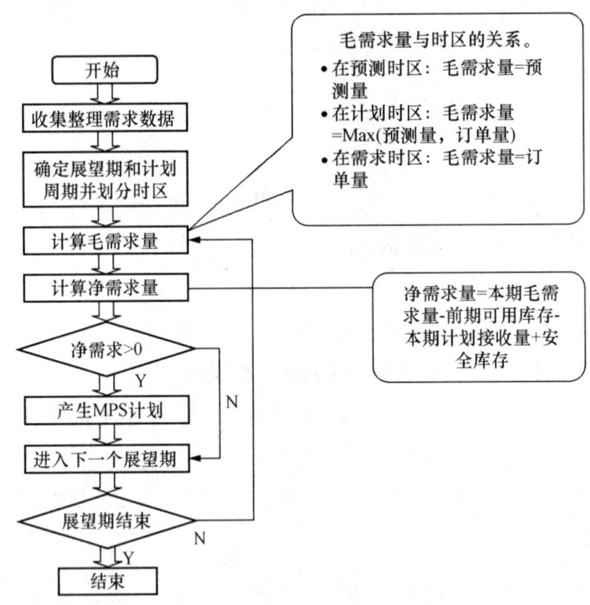

图 3-119 主生产计划编制流程

四、物料需求计划

1. MRP 概述

物料需求计划是对主生产计划的各个项目所需的全部制造件和全部采购件的支持计划、时间计划和进度计划。MPS 的对象是最终产品，但产品的结构是多层次的，一个产品可能会包含成百上千种需制造的零配件与外购材料，而且所有物料的提前期各不相同，各零配件的投产顺序也有差别，而且加工必须均衡性，这些就是 MRP 要解决的问题，其可以用简化的逻辑流程图来表示，如图 3-120 所示。

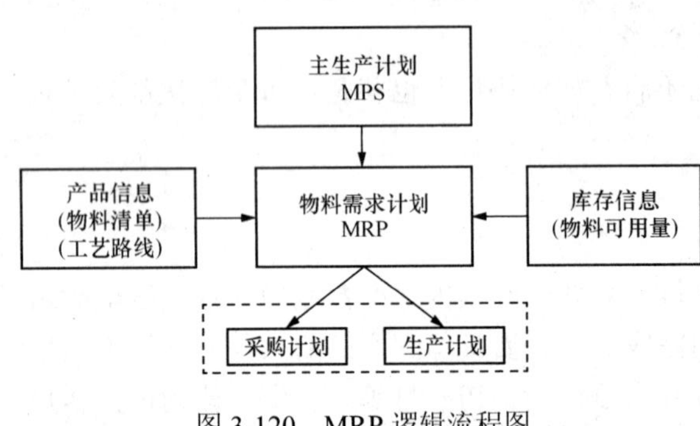

图 3-120 MRP 逻辑流程图

2. MRP 构成要素

（1）主生产计划。主生产计划详细规定生产什么、什么时段应该产出，它是独立需求计划。

（2）产品信息。MRP 要正确计算出物料需求的时间和数量，特别是相关需求物料的时间和数量，必须要使系统能够知道企业所生产的产品结构和所有要使用到的物料。

（3）库存信息。库存信息是指企业所有产品、零部件、在制品、原材料等存在状态的数据信息。

五、能力需求计划

1. CRP 概述

能力需求计划是对物料需求计划所需能力进行核算的一种计划管理方法，是对各生产阶段和各工作中心所需的各种资源进行精确计算，得出人力负荷、设备负荷等资源负荷情况，并做好生产能力负荷的平衡工作。

能力需求计划又可分为粗能力需求计划（又称为产能负荷分析）和细能力需求计划（又称为能力需求计划）。

（1）粗能力需求计划是指生成主生产计划后，通过对关键工作中心生产能力和计划生产量的对比，判断主生产计划是否可行。

（2）细能力需求计划是指通过 MRP 运算得出各种物料的需求量后，计算各时段分配给工作中心的工作量，判断是否超出该工作中心的最大工作能力并做出调整。主要用来检验物料需求计划是否可行，以及平衡各工序的能力和负荷。

能力需求计划可以解决以下几个问题：①各个物料经过哪些工作中心加工；②各工作中心的可用能力和负荷是多少；③工作中心的各个时段的可用能力和负荷是多少。

2. CRP 编制

（1）输入数据。主要包括已下达的生产订单、MRP 计划订单、工作中心数据、工艺路线数据、工厂生产日历等。

（2）计算负荷。将所有的任务单分派到有关的工作中心，然后确定有关工作中心的负荷，并从任务单的工艺路线记录中计算出每个有关工作中心的负荷。

（3）分析负荷情况。对每个工作中心都要进行具体的分析和检查，确认导致各种具体问题的原因，以便正确及时解决问题。

（4）分析结果并反馈调整。超负荷和负荷不足都是应解决的问题。如果超负荷则必须采取措施解决能力问题，否则不能实现能力计划；如果负荷不足则作业费用增大。因此必须在对负荷报告进行分析的基础上进行反馈信息。并调整计划。

学习小结

企业要在激烈的市场竞争中谋求生存和发展，最重要的就是计划和控制。计划是企业管理的首要职能，是企业指导生产经营各项活动顺利进行的前提。ERP 有经营规划、销售与运作规划、主生产计划、物料需求计划和车间作业计划等五个计划层次，每个层级都要处理好供需矛盾、资源负荷等关系，否则会功亏一篑。

单元练习

1．什么是提前期？提前期一般分几个层次？

2．简述 ERP 的计划层次。

3．什么是主生产计划？有何作用？

4．简述物料需求计划运算结果的意义。

5．简述能力需求计划运行的流程。

6．根据第一篇单元练习中实地调研企业业务流程优化后的业务流程情况，在 U8 系统中完成生产计划管理相关任务，具体要包括 MPS 处理、MRP 处理、CRP 处理、生产订单生成、材料领用和产成品入库等相关内容。

单元五　总账及报表系统

学习目标

（1）了解总账系统的基本功能。
（2）学会填制、审核、查询记账凭证。
（3）学会记账、反记账处理。
（4）学会结账、反结账处理。
（5）学会利用报表模板生成报表。

学习情境

锡商拉链财务部需对已经生成的记账凭证进行查询审核，同时要进行记账、结账。通过ERP系统提供的报表功能，生成资产负债表和利润表。

情境分析：根据重组后的业务流程，在ERP系统中以上的总账业务流程可分解成七个具体任务：凭证查询、凭证审核、记账处理、总账查询、期末处理、对账结账、报表生成。具体业务如下：

（1）2013年11月30日，查询爱华公司从存货核算管理系统中传来的记账凭证、应收款管理系统中的销售发票记账凭证和收款单记账凭证。

（2）2013年11月30日，查询华宝公司从存货核算管理系统中传来的记账凭证、应付款管理系统中的采购发票记账凭证和付款单记账凭证。

（3）2013年11月30日，对爱华公司、华宝公司的记账凭证进行审核，并进行记账、对账结账处理。

（4）2013年11月30日，查询总账的发生额及余额。

（5）2013年11月30日，利用报表模板生成资产负债表。

（6）2013年11月30日，利用报表模板生成利润表。

学习任务

任务一　凭　证　查　询

记账凭证查询是会计日常工作中企业会计使用最多的功能之一，它可以用来帮助会计了解当前财务记账凭证的处理情况。

实施步骤：

（1）在企业应用平台，单击“业务工作”标签，选择“财务会计”→“总账”→“凭证”→“查询凭证”选项，弹出“凭证查询”窗口，如图 3-121 所示。

（2）选择凭证类别为“记记账凭证”和月份为 2013.11，单击“确定”按钮，弹出“查询凭证”窗口，如图 3-122 所示。

注 意

外部凭证在总账系统中不能修改。

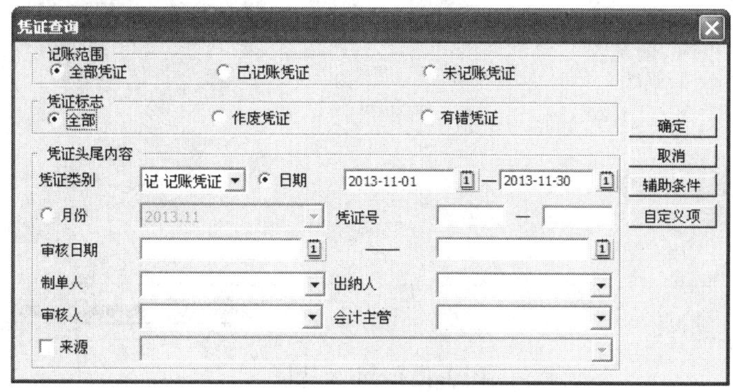

图 3-121　设置凭证查询条件

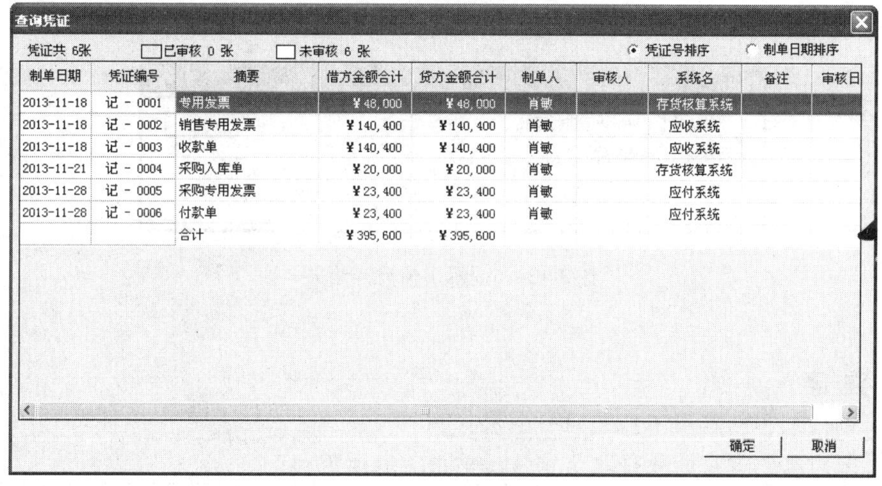

制单日期	凭证编号	摘要	借方金额合计	贷方金额合计	制单人	审核人	系统名	备注	审核日
2013-11-18	记 - 0001	专用发票	¥48,000	¥48,000	肖敏		存货核算系统		
2013-11-18	记 - 0002	销售专用发票	¥140,400	¥140,400	肖敏		应收系统		
2013-11-18	记 - 0003	收款单	¥140,400	¥140,400	肖敏		应收系统		
2013-11-21	记 - 0004	采购入库单	¥20,000	¥20,000	肖敏		存货核算系统		
2013-11-28	记 - 0005	采购专用发票	¥23,400	¥23,400	肖敏		应付系统		
2013-11-28	记 - 0006	付款单	¥23,400	¥23,400	肖敏		应付系统		
		合计	¥395,600	¥395,600					

图 3-122　查询凭证列表

任务二　凭　证　审　核

凭证审核是指由具有审核权限的操作员按照会计制度规定，对制单人填制的记账凭证进行合法性检查，其目的是防止错误及舞弊。凭证审核时，可直接根据原始凭证，对系统中显示的记账凭证进行审核，对正确的记账凭证发出签字指令，在凭证上填入审核人名字。

以账套主管 001 王海，密码为空，选择账套“[111] 江苏锡商拉链有限公司”，操作日期 2013-11-30，登录“企业应用平台”。

实施步骤：

（1）在企业应用平台，单击“业务工作”标签，选择“财务会计”→“总账”→“凭证”→“审核凭证”选项，单击“确定”按钮，弹出“凭证审核”窗口，如图 3-123 所示。

凭证审核

凭证共 6张 □已审核 0 张 □未审核 6 张 ⊙凭证号排序 ○制单日期排序

制单日期	凭证编号	摘要	借方金额合计	贷方金额合计	制单人	审核人	系统名	备注	审核
2013-11-18	记 - 0001	专用发票	¥48,000	¥48,000	肖敏		存货核算系统		
2013-11-18	记 - 0002	销售专用发票	¥140,400	¥140,400	肖敏		应收系统		
2013-11-18	记 - 0003	收款单	¥140,400	¥140,400	肖敏		应收系统		
2013-11-21	记 - 0004	采购入库单	¥20,000	¥20,000	肖敏		存货核算系统		
2013-11-28	记 - 0005	采购专用发票	¥23,400	¥23,400	肖敏		应付系统		
2013-11-28	记 - 0006	付款单	¥23,400	¥23,400	肖敏		应付系统		

对照式审核 取消审核 确定 取消

图 3-123 审核凭证

（2）单击“确定”按钮，打开待审核的第 1 号凭证，单击“审核”菜单下的“成批审核”，系统自动对当前范围内的所有未审核凭证执行审核，如图 3-124 所示。

图 3-124 提示审核凭证结果

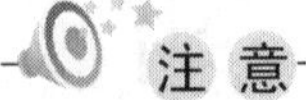

注 意

（1）审核人和制单人不能是同一个人。

（2）若想对已审核的凭证取消审核，单击“取消审核”。

任务三 记 账 处 理

记账是以会计凭证为依据，将经济业务全面、系统、连续地记录到具有账户基本结构的账簿中的一种方法。在 ERP 系统中记账是由有记账权限的操作员发出记账指令，由系统按照预先设计的记账程序自动进行合法性检查、科目汇总、登记账簿等。记账凭证经审核及出纳签字后，即可以进行登记总账、明细账、日记账及往来账等操作。本系统记账采用向导方式，使记账过程更加明确，记账工作由系统自动进行数据处理，不用人工干预。

以账套主管002肖敏，密码为空，选择账套“[111]江苏锡商拉链有限公司”，操作日期2013-11-30，登录“企业应用平台”。

实施步骤：

（1）在企业应用平台，单击“业务工作”标签，选择“财务会计”→“总账”→“凭证”→“记账”选项，弹出“记账”窗口，如图3-125所示。

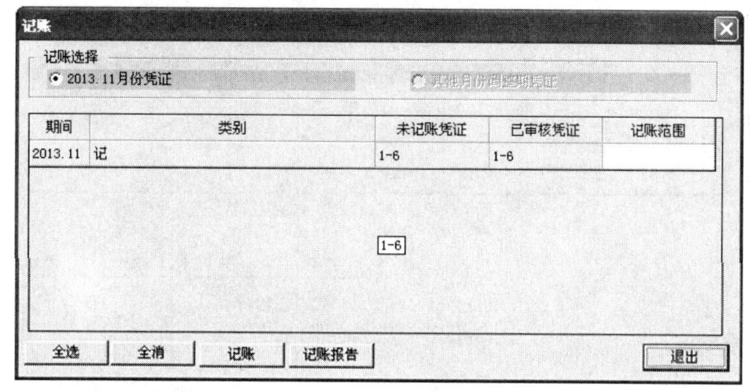

图3-125 设置记账条件

（2）单击“全选”按钮，单击“记账”按钮，做出记账科目报告，再单击“下一步”按钮开始记账，弹出“期初试算平衡表”窗口，如图3-126所示。待“试算结果平衡”后单击“确定”按钮，开始记账。

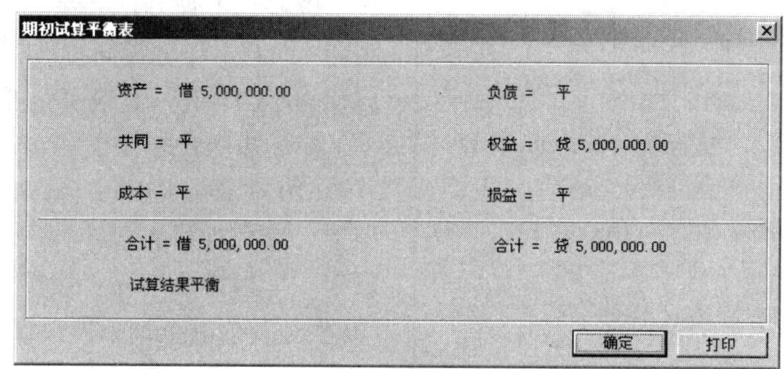

图3-126 期初试算平衡表

（3）弹出提示信息“记账完毕！”，单击“确定”按钮，记账完毕，如图3-127所示。

（1）如果期初余额试算不平衡不允许记账。

（2）如果有未审核的凭证不允许记账。

（3）上月未结账本月不能记账。

（4）账套主管在期末对账界面，按下Ctrl+H键，显示“恢复记账前状态功能已被激活”后，选择“凭证”→“恢复记账前状态”选项，即可取消记账。

科目编码	科目名称	外币名称	数量单位	金额合计 借方	金额合计 贷方
1002	银行存款			140,400.00	23,400.00
100201	工行存款			140,400.00	23,400.00
1122	应收账款			140,400.00	140,400.00
1402	在途物资			20,000.00	20,000.00
1403	原材料			20,000.00	
1405	库存商品				48,000.00
2202	应付账款			23,400.00	23,400.00
2221	应交税费			3,400.00	20,400.00
222101	应交增值税			3,400.00	20,400.00
22210101	进项税额			3,400.00	

图 3-127 提示记账结果

任务四 总 账 查 询

总账查询不但可以查询各总账科目的年初余额、各月发生额合计和月末余额，而且还可以查询所有各级明细科目的年初余额、各月发生额合计和月末余额。

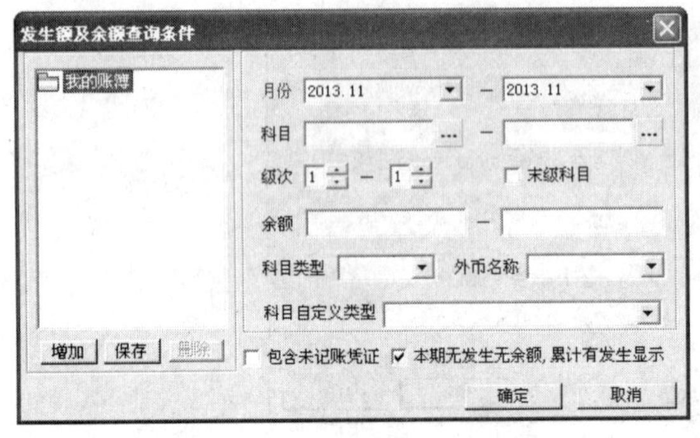

图 3-128 设置发生额及余额查询条件

以账套主管 002 肖敏，密码为空，选择账套“[111] 江苏锡商拉链有限公司”，操作日期 2013-11-30，登录“企业应用平台”。

实施步骤：

（1）在企业应用平台，单击“业务工作”标签，选择“财务会计”→“总账”→“账表”→“科目账”→“余额表”选项，弹出“发生额及余额查询条件”窗口，如图 3-128 所示。

（2）设置月份后单击“确定”按钮，弹出“发生额及余额表”窗口，就能看到相应的信息。

任务五 期 末 处 理

用于在一个会计期间结束将损益类科目的余额结转到本年利润科目中，从而及时反映企业利润的盈亏情况，主要是对于管理费用、销售费用、财务费用、销售收入、营业外收支等科目向本年利润的结转。

以账套主管 002 肖敏，密码为空，选择账套“[111] 江苏锡商拉链有限公司”，操作日期 2013-11-30，登录“企业应用平台”。

实施步骤：

（1）在企业应用平台，单击“业务工作”标签，选择“财务会计”→“总账”→“期末”→“转账定义”→“期间损益”选项，弹出“期间损益设置”窗口，表格上方的本年利润科目是本年利润的入账科目“4103”，单击确定，如图 3-129 所示。

期间损益结转设置

凭证类别 记 记账凭证　　本年利润科目 4103

损益科目编号	损益科目名称	损益科目账类	本年利润科目编码	本年利润科目名称	本年利润科目账类
6001	主营业务收入		4103	本年利润	
6011	利息收入		4103	本年利润	
6021	手续费及佣金收入		4103	本年利润	
6031	保费收入		4103	本年利润	
6041	租赁收入		4103	本年利润	
6051	其他业务收入		4103	本年利润	
6061	汇兑损益		4103	本年利润	
6101	公允价值变动损益		4103	本年利润	
6111	投资收益		4103	本年利润	
6201	摊回保险责任准备金		4103	本年利润	
6202	摊回赔付支出		4103	本年利润	
6203	摊回分保费用		4103	本年利润	
6301	营业外收入		4103	本年利润	
6401	主营业务成本		4103	本年利润	

每个损益科目的期末余额将结转到与其同一行的本年利润科目中．若损益科目与之对应的本年利润科目都有辅助核算，那么两个科目的辅助账类必须相同　。损益科目为空的期间损益结转将不参与

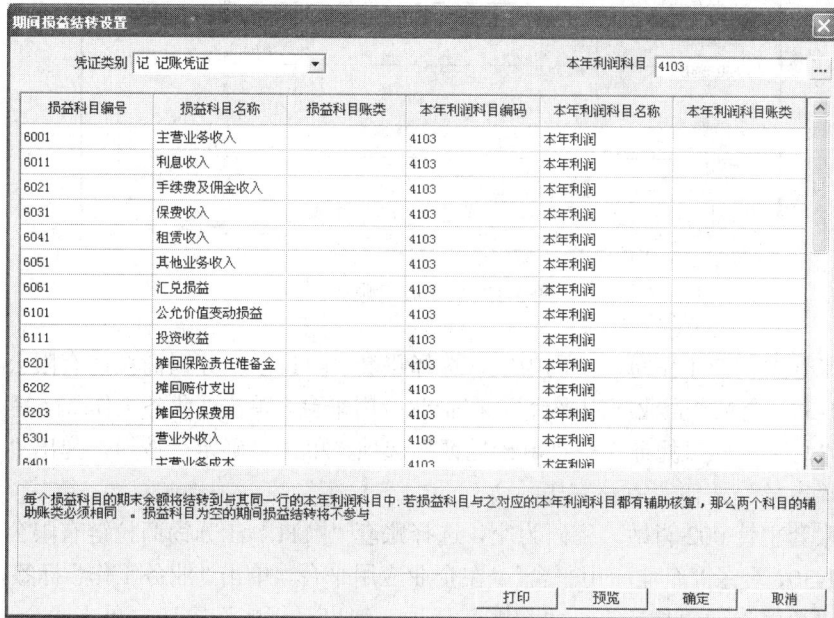

打印　预览　确定　取消

图 3-129　设置期间损益

（2）在企业应用平台，单击“业务工作”标签，选择“财务会计”→“总账”→“期末”→“转账生成”选项，弹出“转账生成”窗口，选择“期间损益结转”选项，按“全选”按钮，如图 3-130 所示，单击“确定”按钮，生成记账凭证，如图 3-131 所示。

转账生成

结转月份 2013.11　　类型 全部　　全选　全消

自定义转账
对应结转
自定义比例结转
销售成本结转
售价（计划价）销售成本结转
汇兑损益结转
期间损益结转
费用摊销与预提

损益科目编码	损益科目名称	损益科目账类	利润科目编码	利润科目名称	利润科目账类	是否结
6001	主营业务收入		4103	本年利润		Y
6011	利息收入		4103	本年利润		Y
6021	手续费及佣金		4103	本年利润		Y
6031	保费收入		4103	本年利润		Y
6041	租赁收入		4103	本年利润		Y
6051	其他业务收入		4103	本年利润		Y
6061	汇兑损益		4103	本年利润		Y
6101	公允价值变动		4103	本年利润		Y
6111	投资收益		4103	本年利润		Y
6201	摊回保险责任		4103	本年利润		Y
6202	摊回赔付支出		4103	本年利润		Y
6203	摊回分保费用		4103	本年利润		Y
6301	营业外收入		4103	本年利润		Y

按科目+辅助核算+自定义项展开

确定　取消

图 3-130　设置期间损益结转

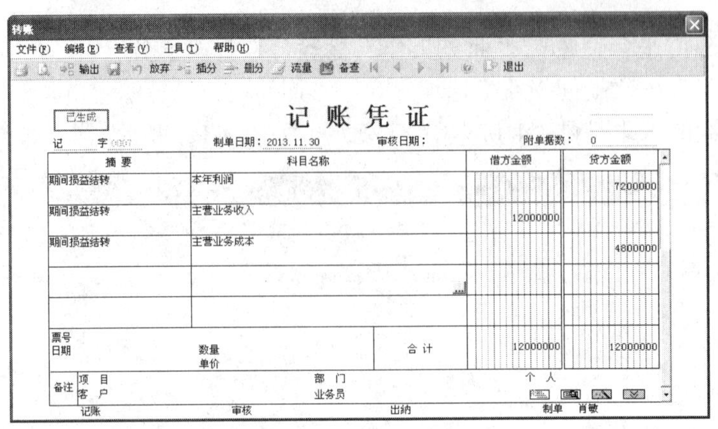

图 3-131　生成记账凭证

（3）以账套主管 001 王海，密码为空，选择账套“[111] 江苏锡商拉链有限公司”，操作日期 2013-11-30，登录“企业应用平台”。在企业应用平台，单击“业务工作”标签，选择“财务会计”→“总账”→“凭证”→“审核凭证”选项，单击“确定”按钮，弹出“凭证审核”窗口，单击“审核”按钮，审核完毕。

（4）以账套主管 002 肖敏，密码为空，选择账套“[111] 江苏锡商拉链有限公司”，操作日期 2013-11-30，登录“企业应用平台”。在企业应用平台，单击“业务工作”标签，选择“财务会计”→“总账”→“凭证”→“记账”选项，弹出“记账”窗口，单击“全选”按钮，单击“记账”按钮，完成记账。

任务六　对 账 结 账

一般来说，只要记账凭证录入正确，系统自动记账后各种账簿都应是正确、平衡的，但由于非法操作、计算机病毒或其他原因有时可能会造成某些数据被破坏，因而引起账证、账账不符，为了保证账证相符、账账相符，用户应经常使用本功能进行对账，至少一个月一次，一般可在月末结账前进行。

以账套主管 002 肖敏，密码为空，选择账套“[111] 江苏锡商拉链有限公司”，操作日期 2013-11-30，登录“企业应用平台”。

实施步骤：

（1）在企业应用平台，单击“业务工作”标签，选择“财务会计”→“总账”→“期末”→“对账”选项，弹出“对账”窗口，双击 11 月份，单击“对账”按钮，系统开始自动对账，如图 3-132 所示，单击“退出”按钮。

（2）在企业应用平台，单击“业务工作”标签，选择“财务会计”→“总账”→“期末”→“结账”选项，弹出“结账”窗口，选择 11 月份后，单击“下一步”按钮，单击“对账”按钮，单击“下一步”按钮，如图 3-133 所示。单击“下一步”按钮，单击“结账”按钮。

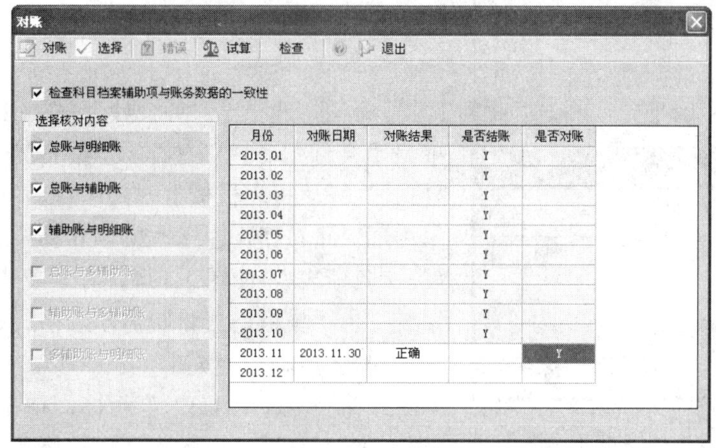

图 3-132　设置对账

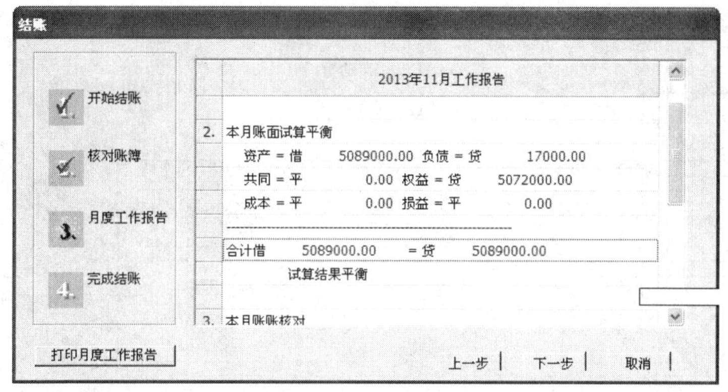

图 3-133　设置结账

注 意

（1）上月未结账，则本月不能记账，但可以填制、复核凭证。

（2）如本月还有未记账凭证时，则本月不能结账。

（3）已结账月份不能再填制凭证。

（4）结账只能由有结账权限的人进行。

（5）若总账与明细账对账不符，则不能结账。

（6）反结账操作只能由账套主管执行，选择“总账”→“期末”→“结账”选项，然后选择要取消结账的月份，按 Ctrl+Shift+F6 键即可进行反结账。

任务七　报　表　生　成

根据用户账套初始设置的默认账套的行业性质自动生成资产负债表、利润表等与该行业性质相关的其他报表。

以账套主管 001 王海，密码为空，选择账套“[111] 江苏锡商拉链有限公司”，操作日期

2013-11-30，登录“企业应用平台”。

实施步骤：

（1）在企业应用平台，单击“业务工作”标签，选择“财务会计”→“UFO 报表”选项，单击“文件”→“新建”，进入报表格式窗口，单击“格式”→“报表模板”，打开“报表模板”对话框，单击下三角按钮，选择“2007 年新会计制度科目”及“资产负债表”，如图 3-134 所示。单击“确认”按钮，系统弹出“模板格式将覆盖本表格式！是否继续”窗口，单击“确认”按钮，打开“资产负债表”，如图 3-135 所示。选中 H37 单元格，单击左上角 fx，弹出“定义公式”窗口，将计算公式修改为 QM("4104",月,,,年,,)+QM("4103",月,,,年,,)，单击“确认”按钮，如图 3-136 所示。

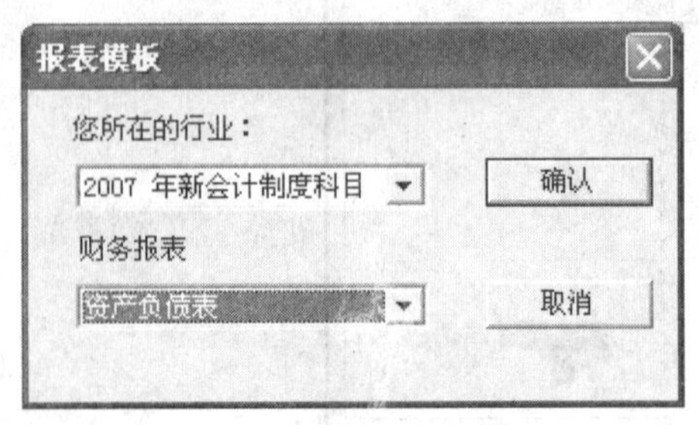

图 3-134　设置报表模板

资产负债表

会企01表

编制单位：　xxxx 年　xx 月　xx 日　单位:元

资　产	行次	年初数	期末数	负债和所有者权益（或股东权益）	行次	年初数	期末数
流动资产:				流动负债:			
货币资金	1	公式单元	公式单元	短期借款	34	公式单元	公式单元
交易性金融资产	2	公式单元	公式单元	交易性金融负债	35	公式单元	公式单元
应收票据	3	公式单元	公式单元	应付票据	36	公式单元	公式单元
应收股利	4	公式单元	公式单元	应付账款	37	公式单元	公式单元
应收利息	5	公式单元	公式单元	预收账款	38	公式单元	公式单元
应收账款	6	公式单元	公式单元	应付职工薪酬	39	公式单元	公式单元
其它应收款	7	公式单元	公式单元	应交税费	40	公式单元	公式单元
预付账款	8	公式单元	公式单元	应付利息	41	公式单元	公式单元
存货	9	公式单元	公式单元	应付股利	42	公式单元	公式单元
一年内到期的非流动资产	10			其他应付款	43	公式单元	公式单元
其它流动资产	11			一年内到期的非流动负债	44		
				其他流动负债	45		
流动资产合计	12	公式单元	公式单元	流动负债合计	46	公式单元	公式单元
非流动资产:				非流动负债:			
可供出售金融资产	13	公式单元	公式单元	长期借款	47	公式单元	公式单元
持有至到期投资	14	公式单元	公式单元	应付债券	48	公式单元	公式单元
投资性房地产	15	公式单元	公式单元	长期应付款	49	公式单元	公式单元
长期股权投资	16	公式单元	公式单元	专项应付款	50	公式单元	公式单元
长期应收款	17	公式单元	公式单元	预计负债	51	公式单元	公式单元
固定资产	18	公式单元	公式单元	递延所得税负债	52	公式单元	公式单元
减：累计折旧	19	公式单元	公式单元	其他非流动负债	53	公式单元	公式单元

图 3-135　设置资产负债表

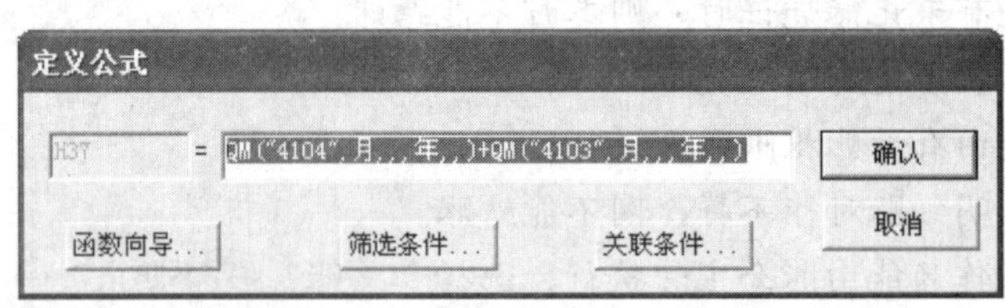

图 3-136　定义公式

（2）在资产负债表的左下角，单击“格式”按钮，变为数据状态，单击“数据”→“关键字”→“录入”，弹出“录入关键字窗口”，录入 2013 年 11 月 30 日，如图 3-137 所示。单击“确认”按钮，弹出“是否重算第 1 页”，单击“是”按钮，生成资产负债表数据。如图 3-138 所示。

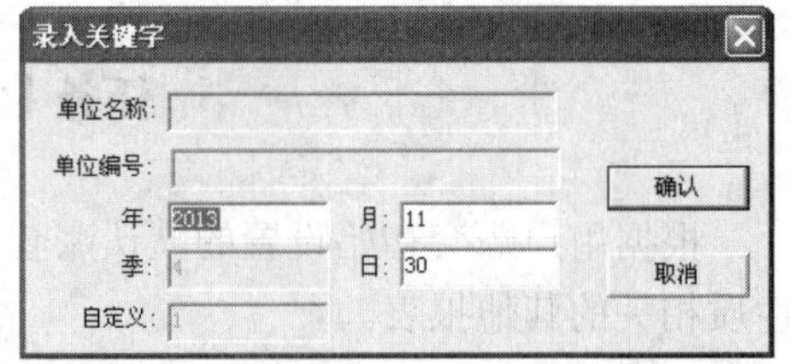

图 3-137　录入关键字

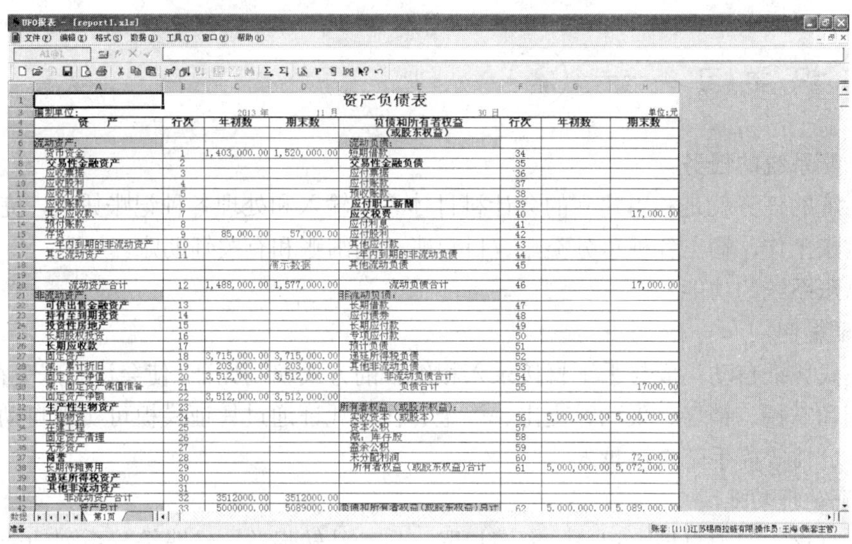

图 3-138 生成资产负债表

（3）在资产负债表中单击“文件”→“另存为”，d 盘中的“锡商拉链”文件夹中，“文件名”文本框中输入“资产负债表”，“文件类型”文本框下三角中选择“MS-Excel文件”，弹出“是否同时将格式转换为 Excel?转换格式可能需要很长时间”窗口，单击“是”按钮。

（4）以此方法继续生成“利润表”，如图 3-139 所示。

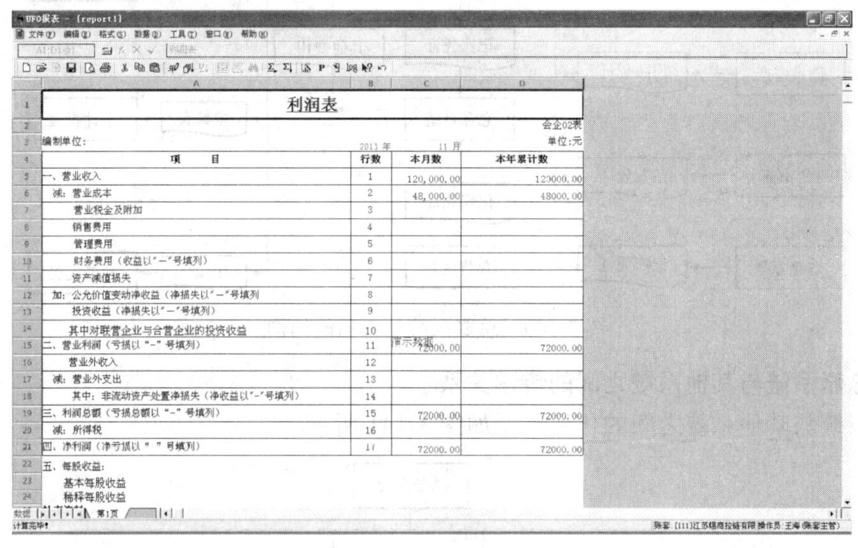

图 3-139 生成利润表

注 意

（1）利用模板文件生成财务数据前，要保证所有凭证都已经记账。

（2）关键字在格式状态下定义，关键字的值必须在数据状态下录入。

（3）单击“格式/数据”按钮可在格式状态和数据状态之间切换。

一、总账系统的任务

总账系统的任务就是利用建立的会计科目体系，输入和处理各种记账凭证，完成记账、结账以及对账工作，输出各种总分类账、日记账、明细账和有关辅助账。

二、总账系统的功能

1. 凭证编制

使用模式凭证自动生成与手工直接录入相结合的方式编制凭证，使会计出账变得更规范、更容易控制和掌握。销售、采购、支出、资金、往来凭证通过凭证模板可实现自动出账；只有如计提、分摊等需手工直接录入。

2. 凭证处理功能

凭证有复核、取消复核、记录、取消记账、自动结转损益、结账等一系列功能。

3. 会计账表编制

系统提供了常用的会计总账、明细表、科目余额表、往来余额表，并通过报表项目和取数关系设置自动生成资产负债表、利润表及现金流量表等。

三、总账系统基本功能结构

总账系统基本功能结构如图 3-140 所示。

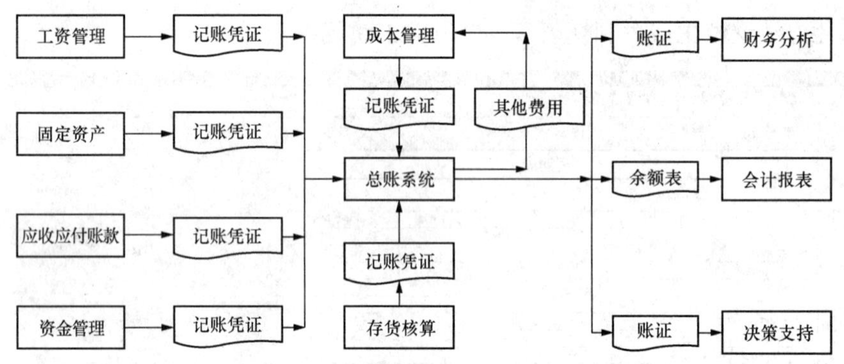

图 3-140　总账系统基本功能结构

四、总账系统与其他系统之间的传递关系

总账系统与其他系统之间的传递关系如图 3-141 所示。

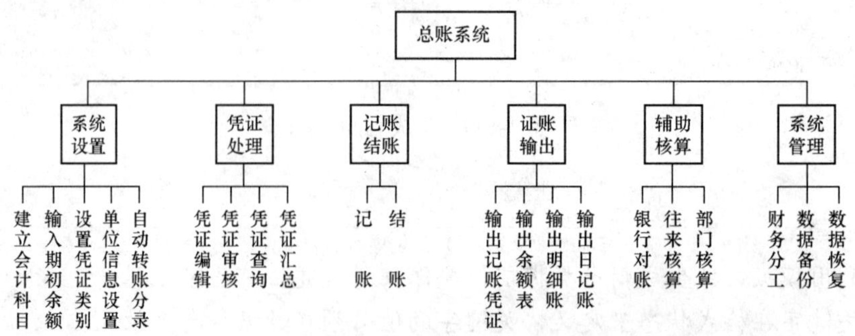

图 3-141　总账系统与其他系统之间的传递关系

学习小结

总账系统根据会计准则和本单位的会计业务规则，对需要产生凭证的其他系统的单据设置自动出账模板，选择出账单据后系统自动生成相应凭证，对手工编制凭证设置相关约束，使会计总账处理变得更为简单、安全、有效，增强对会计出账规范性操作。总账系统与其他业务系统联合使用时，总账系统接收来自于其他系统的制单凭证。

单元练习

1．简述总账系统的任务。

2．简述总账系统的功能。

3．在 U8 系统中，怎样取消记账？怎样进行反结账？

4．在 U8 系统中，利用模板文件生成财务数据前，要保证哪些已经记账？

5．简述总账系统与其他系统之间的传递关系。

6．根据第一篇单元练习中实地调研企业业务流程优化后的业务流程情况，在 U8 系统中完成总账及报表系统相关任务，具体要包括凭证查询、凭证审核、记账处理、总账查询、对账结账、报表生成等相关内容。

单元六 综 合 实 训

学 习 目 标

ERP 系统各业务模块综合应用。

学 习 情 境

锡商拉链等信息与客户新力公司签订销售订单，计划部门按照预测订单、销售订单、当前拉链库存编制主生产计划。同时计划部门按照主生产计划、产品信息、库存等信息编制物需求计划，并生成采购需求和生产需求。采购部门按照采购需求进行采购入库，生产部门按照生产需求生成生产订单，并根据生产订单进行生产领料，生产完毕后将产成品入库。销售部门按期向新力公司交货、开票，新力公司按合同约定及时回款。

情境分析：根据重组后的业务流程，在 ERP 系统中以上的业务流程可分解成四个具体任务：计划管理、采购业务、生产业务和销售业务。具体业务如下：

（1）销售部门 2013 年 12 月 16 日与客户新力公司签订销售订单，拉链 100000 个，15 元/个（无税单价），要求发货日期为 2013 年 12 月 26 日。

（2）计划部门先做 MPS，然后做 MRP。

（3）采购部门根据 MRP 生成采购订单，进行普通采购业务。（要求 12 月 19 日采购入库，12 月 19 日进行成本凭证、应付款凭证和付款凭证的生成）。

（4）生产部门根据 MPS 生成生产订单，并进行审核。

（5）生产部门 12 月 20 日进行生产领料，12 月 24 日生产完工产成品入库。

（6）销售部门 2013 年 12 月 26 日进行销售发货、销售出库，进行成本核算，应收款和收款单的凭证生成进行核销。

学 习 任 务

任务一 计 划 生 成 维 护

任务要求：在 ERP 系统中，计划部门根据预测订单、销售订单以及当前拉链库存量等信息生成 MPS。并根据 MPS、库存量、物料清单、工艺线路等产品信息生成 MRP。通过对 MPS、MRP 计划维护，不仅可查看采购需求和生产需求，也可以修改采购需求和生产需求。

实施步骤：

（1）在销售管理系统中，输入销售订单并进行审核。

（2）在生产制造系统中，根据销售订单生成 MPS、MRP。

（3）通过 MPS、MRP 计划维护，可查看采购需求和生产需求。

任务二 采购业务处理

任务要求：在 ERP 系统中，采购部门根据 MRP 生成的采购需求自动生成采购订单，与供应商签订采购合同。收到货物后，采购部门填写到货单，并经验收合格后，货物入原材料库。仓库部门填写采购入库单。财务部门根据采购入库单进行采购成本核算，生成成本记账凭证。同时根据采购发票进行采购结算，生成应付款记账凭证、付款记账凭证。

实施步骤：

（1）在采购管理系统中，根据“MRP/MPS 计划批量生产单”生成采购订单进行采购。

（2）在采购管理系统中，填制并审核采购到货单。

（3）在库存管理系统中，填制并审核采购入库单。

（4）在采购管理系统中，填制采购发票，并进行结算。

（5）在存货管理系统中，存货核算记账，并生成凭证。

（6）在应付款管理系统中，审核采购发票，生成应付款记账凭证（制单）。

（7）在应付款管理系统中，进行付款单据处理及核销处理。

任务三 生产业务处理

任务要求：在 ERP 系统中，生产部门根据 MPS 生成的生产需求自动生成生产订单。根据生产订单，生产部门去仓库部门领取生产原材料进行生产，仓库部门填写材料出库单。生产完毕，验收合格后，产成品放入成品仓库，仓库部门填写产成品入库单。

实施步骤：

（1）在生产管理系统中，根据 MPS 自动生成生产订单，并审核生产订单。

（2）在库存管理系统中，参照生产订单生成并审核材料出库单。

（3）在库存管理系统中，参照生产订单生成并审核产成品入库单。

任务四 销售业务处理

任务要求：在 ERP 系统中，销售部门按照销售订单通知仓库进行发货，销售部门填写发货单，仓库部门填写销售出库单，销售部门开具销售发票。财务部门根据销售发票进行销售成本核算，生成成本记账凭证，并根据销售发票进行销售结算，生成应收款记账凭证、收款记账凭证。

实施步骤：

（1）在销售管理系统中，填制并审核销售发货单。

（2）在库存管理系统中，填制并审核销售出库单。

（3）在销售管理系统中，根据发货单填制并复核销售发票。

（4）在存货核算系统中，进行成本记账并生成凭证。

（5）在应收款管理系统中，审核销售发票并生成销售收入凭证。

（6）在应收款管理系统中，核销发票与收款单据。

学 习 小 结

企业的运作过程可以概括为将客户的销售订单录入 ERP 系统，而后执行 MPS、MRP，生成采购计划和生产计划。当原材料采购入库后，根据生产订单需求领取原材料进行生产，生产完工验收合格后将产成品入库，再按销售订单进行销售发货，在以上运作过程中还涉及各种单据、发票、凭证的录入、生成、审核及各种报表的处理等相关环节。

单 元 练 习

1．独立需求和相关需求的作用分别是什么？

2．采购需求和生产需求如何生成？

3．在库存管理系统，怎样生成产成品入库单？

4．在应付款管理系统中，怎样进行核销处理？

5．假设某企业接到一张销售订单而且企业库存不足，请简述实现这笔销售业务需要完成哪些业务？

6．根据第一篇单元练习中实地调研企业业务流程优化后的业务流程情况，在 U8 系统中完整完成一次全过程业务相关任务，具体要包括计划生成维护、采购业务处理、生产业务处理、销售业务处理及总账系统等相关内容。

参 考 文 献

[1] 桂海进，汤发俊．ERP 原理与应用［M］．北京：中国电力出版社，2005．

[2] 汪国章，桂海进．ERP 原理、实施与案例［M］．北京：电子工业出版社，2002．

[3] 滕佳东．ERP 沙盘模拟实训教程［M］．大连：东北财经大学出版社，2009．

[4] 刘平．企业经营沙盘模拟实训手册［M］．北京：清华大学出版社，2010．

[5] 韩景倜．ERP 综合实验［M］．北京：机械工业出版社，2010．

[6] 石焱，程新华．用友 ERP 供应链管理系统实验教程［M］．北京：清华大学出版社，2006．

[7] 张莉莉．用友 ERP 生产管理系统实验教程［M］．北京：清华大学出版社，2007．

[8] 郑荆陵，李俊辉，宋永刚．用友 ERP 供应链管理实训教程［M］．北京：清华大学出版社，2009．

[9] 温艳岗．ERP 工程师职业能力认证培训教程（实操能力）——用友 ERP-U8 生产制造管理［M］．北京：电子工业出版社，2006．

[10] 夏家莉．ERP 理论与实践［M］．上海：复旦大学出版社，2012．

[11] 魏玲．ERP 理论与实践［M］．大连：东北财经大学出版社，2013．

[12] 赵建新，宋郁，周宏．新编用友 ERP 供应链管理系统实验教程［M］．北京：清华大学出版社，2009．

[13] 汪刚．会计信息系统［M］．北京：高等教育出版社，2012．